無料音声
ダウンロード付

ダイアローグで身につける

韓国語の言い回し・慣用表現 350

たかぎ・たけや
高木文也
キム・ジュサン
金周祥
ソ・ミンジョン
徐旻廷

ベレ出版

はじめに

韓国のテレビや映画を見たり、韓国の方と話していると、たまに「アッ」と驚く表現に遭遇することがあります。例えば、こんな表現。

마음을 놓다 ……………………（心を置く）
바람이 나다 ……………………（風が出る）
눈 빠지게 ……………………（目が抜けるように）
호떡집에 불난 것 같다 …………（ホットク屋に火が出たようだ）

これらの表現には、決して難しい単語が使われているわけではありません。しかし、日本語訳を見ても、それぞれ一体、何を意味しているのか、どんな場面で使われるのか、よくわからないものばかりです。こうした習慣的な表現＝「慣用句」は日常生活の中で適切なタイミングで使うと、コミュニケーションの潤滑油として絶大な効果を発揮してくれます。しかし、学習者からすると、日本語とは異なる発想から作られるものや、そもそも日本語に対応する表現（概念）がないものもあり、どうしても「難しい」と思われがちで、学習が後回しになってしまうことが少なくないようです。

でも、ちょっと発想を転換してみましょう。韓国語や韓国人のことをより深く理解するには、実はこうした「翻訳」や「直訳」がしにくい表現にこそ、重要な視点が多く詰まっているのではないでしょうか。文化的な背景や、対人コミュニケーションの作法の違いなど、韓国語の慣用句を通して、我々は言葉だけでなく、その裏にある多くのことを学ぶことができるからです。

　このような考えから我々はこの度、より韓国語らしい「表現」や「考え方」を身に付けようとする中上級学習者の皆さんのお役に立てればと、慣用句を集中的に学べるテキストを作成しました。本書では、厳選した350の慣用句すべてにリアルな会話例、注釈を付しました。よく使われる慣用句を集中的にマスターすることができるのはもちろん、会話例はまず初めに日本語訳（意訳だけでなく、直訳も）が提示されているため、韓国語らしい表現のアウトプット練習にも最適な1冊になっています。また、慣用句を覚えるのに役立つイラストや、単語や表現の注釈も充実しています。ハングル検定3級、TOPIK3級相当の学習をされている方であれば、十分に読み進めることができるでしょう。

　本書を執筆するにあたり、多くの方のお世話になりました。ベレ出版の大石裕子さんには企画から編集、出版に至るまで、丁寧なご助言をいただきました。また、黒島規史先生、徐銀永さんには、本書の校正段階で様々なコメントを頂戴し、堀道広さんには、各慣用句をイメージしやすいイラストを描いていただきました。このほか慶應義塾大学SFC朝鮮語研究室の皆さんなど、多くの方々のご協力に支えられて、本書は完成しました。心から御礼申し上げます。

　本書は、日本語ネイティブと韓国語ネイティブの手になる本であり、両言語の話者の言語感覚が凝集されています。この小さな書を通して、慣用句だけでなく、皆さんの韓国語の総合的表現力の向上にお役に立てたなら、こんなに嬉しいことはありません。

2022年5月　著者

本書の使い方

本書には、350の慣用句が가나다順（韓国語の辞書順）で紹介されています。
1つの慣用句につき1ページが割かれており、各ページの構成は次のようになっています。

❶

TRACK 41

ㄴ

PHRASE 041

私、知らないと言う

❷

나 몰라라 하다

知らんぷりする

❸

A：今度のプロジェクトも一人でうまくできるよな？
B：先輩〈様〉、今回〈に〉は**知らんぷりせずに**手伝ってくださいよ。
A：今までうまくやってきたのに、なんでそんなに弱気〔大げさな態度〕なんだ？
B：今度の仕事は、今まで〔前〕のもの〈達〉と（は）違うんですよ〔ですってば〕。先輩〈様〉の助けが絶対に必要なんです。

❹

A 이번 프로젝트도 혼자서 잘 할 수 있지?

B 선배님, 이번에는 **나 몰라라 하지 말고** 도와주세요.

A 지금까지 잘해 왔으면서 왜 엄살이야?

B 이번 일은 전의 것들과 다르다고요. 선배님의 도움이 꼭 필요해요.

❺

□ 프로젝트	《project》	プロジェクト
□ 선배님	《先輩－》	先輩〈様〉
□ Ⅰ-지 말고		～せずに、～しないで
□ Ⅲ-ㅆ으면서		～たのに、～たくせに
□ 엄살		大げさな態度
□ 下称終止形 (-다/ㄴ다/는다) + -고요		～（な）んですって（ば）
□ 도움		助け
□ 필요하다	《必要－》	必要だ

048

※本書では、用言の活用（語幹と語尾の結合）の表記については、以下のような説明方法を用います。

Ⅰ 活用形Ⅰ 基本形から-다を取った形	例 **Ⅰ-고**（～て） **Ⅰ-지요?**（～ですよね？）

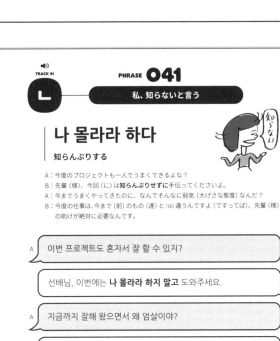

❶ 見出し語 日本語（直訳）

そのページで紹介する**慣用句の直訳**が示してあります。350の慣用句の中には、日本語と発想が似ているものもあれば、かなり違うものもあります。イラストも参考に表現の豊かさを楽しみながら、どんな意味の慣用句なのかを考えてみましょう。

❷ 慣用句 韓国語＋日本語（意訳）

そのページで紹介する**慣用句の韓国語**と、**日本語の意訳**が示してあります。

❸ 会話（日本語）

例文は、3-4行程度から成る対話形式になっており、まず先に日本語訳が示してあります。基本的には意訳になっていますが、**表現の発想方法が異なる主要な部分は〔○○〕**により、直訳も併記してあります。また、**日本語に訳す時に補うとわかりやすい表現は（○○）**で、逆に**韓国語にはあるが、日本語では訳出しないほうがわかりやすい表現は〈○○〉**で示してあります。韓国語を見る前に、どのように言うのか、まずは考えてみましょう。

❹ 会話（韓国語）

上で見た会話の韓国語バージョンです。慣用句の用法はもちろん、〔○○〕や〈○○〉で示した日本語とズレる部分にも注意して表現を確認し、何度も音読しましょう。

❺ 単語・表現

会話の中に出てきた単語・表現のうち、難しいものを中心にピックアップして整理してあります。［　］は発音、《　》は漢字語や外来語を示したもので、**ㄹ変**はㄹ変格用言であるという意味です。覚えたら□に✓をしましょう。

II 活用形II 母音語幹用言は**I**と同じ、 子音語幹用言は**I**に -으- がついた形	例 **II-면**（～たら、～ば） **II-세요**（～なさいます）
III 活用形III 陽母音語幹用言は**I**に -아- が、 陰母音語幹用言は**I**に -어- がついた形	例 **III-요**（～です、～ます） **III-ㅆ어요**（～ました）

※**III**-φ버리다は、**III**と버리다の間を分かち書きすることを示します。

音声ダウンロード方法

DOWNLOAD

ベレ出版ホームページより付属音声を
無料でダウンロードできます。（MP3ファイル形式）

STEP **1**
パソコンのウェブブラウザを立ち上げて
「ベレ出版」ホームページにアクセスします。

www.beret.co.jp

STEP **2**
「ベレ出版」ホームページ内の検索欄から、
『ダイアローグで身につける 韓国語の言い回し・
慣用表現350』の詳細ページへ。

STEP **3**
「音声ダウンロード」をクリック。

STEP **4**
8ケタのダウンロードコードを入力し
ダウンロードを開始します。

ダウンロードコード：**ipSch729**

STEP **5**
パソコンやMP3音声対応の
プレーヤーに転送して、再生します。

お願いと注意点について

・デジタル・オーディオ、スマートフォンへの転送・再生方法など詳しい操作方法については小社では対応しておりません。製品付属の取り扱い説明書、もしくは製造元へお問い合わせください。

・音声は本書籍をお買い上げくださった方へのサービスとして無料でご提供させていただいております。様々な理由により、やむを得なくサービスを終了することがありますことをご了承ください。

ヨイショ
ヨイショ

TRACK 1

ㄱ

PHRASE 001

干ばつに豆（が）生えるように

가뭄에 콩 나듯

ごくまれに（〜する）、滅多に（〜ない）

A：お客さんが少ないですねぇ〔多くいませんねぇ〕。

B：その通りです〔合っています〕。お客さんが**滅多に来ない**〔**干ばつに豆**（が）**生えるように来る**〕**ので**、商売するのが大変です。

A：こんな日が続いたら〔継続されたら〕、本当に損害が大きいでしょうね。

B：〈さあ〉早くコロナウイルスの治療薬〔剤〕が出てくれたら〔出てきたら〕嬉しいです。

A 손님이 많이 없네요.

B 맞아요. 손님이 **가뭄에 콩 나듯 와서** 장사하기 힘들어요.

A 이런 날이 계속되면 정말 손해가 크겠네요.

B 어서 빨리 코로나 19 바이러스 치료제가 나왔으면 좋겠어요.

□ **장사하다**		商売する
□ **I -기 힘들다**		〜するのが大変だ、〜しにくい【困難】
□ **계속되다** [게속−]	《繼續−》	続く
□ **손해**	《損害》	損害、損失
□ **코로나 19** [−일구]	《corona一九》	新型コロナウイルス感染症（COVID-19）
□ **바이러스**	《virus》	ウイルス
□ **치료제**	《治療劑》	治療薬
□ **III -ㅆ으면 좋겠다**		〜たら嬉しい、〜たらよい【願望】

TRACK 2

ㄱ

PHRASE 002

カバンの紐が短い

가방끈이 짧다

学歴が低い

A：コンピューターのプログラムも上手にお作りになるんですねぇ。

B：私が**学歴が低いからって**、馬鹿にされたら〔無視されたら〕ダメですよ。

A：まさか〔そんなはずが (ないですよ)〕。いつからコンピュータープログラムを作り始めたんですか？

B：うーん、小学生〔小学校〕の時からやっ (てい) て、今はもう簡単にできます。

A 컴퓨터 프로그램도 잘 만드시네요.

제가 **가방끈이 짧다고** 무시하시면 안 돼요. B

A 그럴 리가요. 언제부터 컴퓨터 프로그램을 만들기 시작했어요?

음, 초등학교 때부터 해서 이젠 쉽게 할 수 있어요. B

□ **컴퓨터**	《computer》	コンピューター、パソコン
□ **프로그램**	《program》	プログラム
□ **下称終止形 (-다/ㄴ다/는다) + -고**		～と (いって)【引用文】
□ **무시하다**	《無視－》	馬鹿にする、無視する
□ **그럴 리가요.**		まさか〔そんなはずが (ないですよ)〕
□ **초등학교 때**	《初等學校－》	小学生〔小学校〕の時
□ **I -게**		～く、～に、～ように【副詞形】

TRACK 3

ㄱ

PHRASE 003

胸に（感情が）宿る

가슴에 맺히다

心に残る

A：また悪い夢〔悪夢〕をみたんですね。

B：あの一件〔こと〕が**心に残っていて**、夢でも忘れることができないみたいです。

A：早く心の平穏を取り戻せればいいのですが〔安定を探されなければならないでしょうに〕。

B：それでもいつか時間が経てば、全て解決する〔がされる〕だろうと信じています。

A　또 악몽을 꾸었군요.

B　그 일이 **가슴에 맺혀서** 꿈에서도 잊을 수가 없나 봐요.

A　빨리 마음의 안정을 찾으셔야 할 텐데.

B　그래도 언젠가 시간이 지나면 다 해결이 될 거라고 믿어요.

□ **악몽을 꾸다**	《惡夢－》	悪い夢をみる
□ **꿈**		夢
□ **Ⅰ -나 보다**		～ようだ、～みたいだ【推測】
□ **안정**	《安靜》	平穏、安定
□ **찾다**		取り戻す〔探す〕
□ **Ⅱ -ㄹ 텐데**		～でしょうに、～だろうに【推測】
□ **해결이 되다**	《解決－》	解決する〔解決がされる〕
□ **Ⅱ -ㄹ 거라고 (<것이라고) 믿다** ［－ㄹ꺼라고－］		～だろうと信じる

TRACK 4

ㄱ

PHRASE 004

胸を打ち明ける

가슴을 털어놓다

本音を打ち明ける、心を開く

A：もう〈僕達〉**本音を打ち明けて**、正直に話し合おうよ〔率直な対話を交わしてみようよ〕。

B：私達が話し合ったら〔対話を交わしたら〕、問題が本当に解決する〔される〕かな？

A：お互いに隠して話さない〈こと〉よりは、よくなるんじゃないかな？

B：うん、そうだね〔そう、いいよ〕。今日（は）、心〔胸〕の中にあること〔話〕を全部、話して〔全て、ほどいて〕みよう。

A　이제 우리 **가슴을 털어놓고** 솔직한 대화를 나누어 보자.

B　우리가 대화를 나누면 문제가 정말 해결될까?

A　서로 감추고 이야기하지 않는 것보다는 나아지지 않을까?

B　그래 좋아. 오늘 가슴 속에 있는 이야기를 다 풀어 보자.

□ **솔직하다** [솔찌카다]	《率直－》	正直だ、率直だ
□ **대화를 나누다**	《對話－》	話を交わす、対話する
□ **문제**	《問題》	問題
□ **해결되다**	《解決－》	解決する〔される〕
□ **서로**		お互い（に）
□ **감추다**		隠す
□ **나아지다** ※낫다（よい、ましだ ㅅ変）の III -지다（〜くなる）。		よくなる
□ **풀다**		ほどく、解く

TRACK 5

ㄱ

PHRASE 005

胸が降りて座る

가슴이 내려앉다

（驚く知らせを聞いて）びっくりする

A：お母様が交通事故に〔を〕遭われたんだって？

B：うん、その知らせ〔消息〕(を)聞いて、**とてもびっくりして**、しばらく言葉が出なかったよ〔何の言葉も話せなかったよ〕。

A：今はどうなの〔いかがでいらっしゃるの〕？かなり〔たくさん〕ケガされたの？

B：幸い、それほどケガはしなかったよ〔多幸にたくさんケガされはしなかったよ〕。心配してくれて、ありがとう。

A　어머님이 교통사고를 당하셨다면서?

B　응, 그 소식 듣고 **가슴이 내려앉아서** 한동안 아무 말도 못했어.

A　지금은 어떠셔? 많이 다치셨어?

B　다행히 많이 다치지는 않으셨어. 걱정해 줘서 고마워.

□ **교통사고**	《交通事故》	交通事故
□ **-을/를 당하다**	《當－》	（被害）に〔を〕遭う
□ **소식**	《消息》	知らせ、話
□ **한동안**		しばらくの間
□ **아무 ～도 못하다**		何も～できない
□ **다치다**		ケガをする
□ **다행히**	《多幸－》	幸い（なことに）

TRACK 6

PHRASE 006

ㄱ

胸が跳ねる

가슴이 뛰다

心がときめく、心が弾む

A：これからは**心がときめくこと**をやってみたいな。
B：どんなことが〔を〕したいの？
A：歌手に〔が〕なって舞台に立ちたいんだ。
B：お前が羨ましいよ。サインは今から〔前もって〕頼んでもいいよね。

A 이제부터는 **가슴이 뛰는 일**을 해 보고 싶어.

B 무슨 일을 하고 싶은데?

A 가수가 되어서 무대에 서고 싶어.

B 네가 부럽다. 사인은 미리 부탁해도 되겠지?

□ **이제부터는**		これからは
□ **(疑問詞疑問文で) 現在連体形＋데?**		～の？【柔らかい疑問文】
□ **가수**	《歌手》	歌手
□ **무대에 서다**	《舞臺－》	舞台に立つ
□ **부럽다**		羨ましい ㅂ変
□ **사인** ※［싸인］と発音されることが多い。	《sign》	サイン、署名
□ **미리**		前もって

TRACK 7

ㄱ

PHRASE 007

胸がドキっとする

가슴이 뜨끔하다

（思い当たることを指摘されて）ドキっとする

A：冷蔵庫に入れておいたケーキを誰が全部〔全て〕食べたのかと兄さんに聞かれた〔が尋ねた〕時、**ドキっとしました**。

B：ケーキをこっそり食べたんですか？

A：全部〔全て〕は食べてないです〔食べませんでした〕が、半分ぐらい〔半程度〕(は) 食べたんです。

B：じゃあ、残りの半分〔半〕は誰が食べたんでしょうか？

A　냉장고에 넣어 놓은 케이크를 누가 다 먹었냐고 형이 물었을 때 **가슴이 뜨끔했어요**.

B　케이크를 몰래 먹었어요?

A　다는 안 먹었지만 반 정도 먹었거든요.

B　그러면 나머지 반은 누가 먹었을까요?

□ **냉장고**	《冷蔵庫》	冷蔵庫
□ **케이크**	《cake》	ケーキ .
□ **I -냐고 묻다**		～かと聞く/尋ねる ㄷ変
□ **몰래**		こっそり、隠れて
□ **반**	《半》	半分
□ **～ 정도**	《程度》	～ぐらい、～程度
□ **나머지**		残り
□ **II -ㄹ까요?**		～でしょうか【推測】

※양심에 찔리다〔良心に刺さる〕とも。

TRACK 8

ㄱ

PHRASE 008

胸がじんとする

가슴이 뭉클하다

（感動に）心が震える

A：このエッセイ〔随筆〕を読むと、**心が震えるよ。**
B：どんな内容なの〔どんな内容だから、そうなの〕？
A：両親〔父母〕が子供〔子息〕のために惜しみなく愛を与える（という）内容だよ。
B：そうなんだ。私も両親〔父母様〕の惜しみない愛（情）を思い出す〔考える〕と**心が震えるよ。**

A 이 수필을 읽으면 **가슴이 뭉클해져**.

B 무슨 내용이기에 그래?

A 부모가 자식을 위해 아낌없이 사랑을 주는 내용이야.

B 그렇구나. 나도 부모님의 아낌없는 사랑을 생각하니 **가슴이 뭉클해지네**.

□ **수필**	《随筆》	エッセイ、随筆
□ **내용**	《内容》	内容
□ **I -기에**		〜ので、〜からこそ【理由】
□ **부모**	《父母》	両親、親
□ **자식**	《子息》	（自身の）子供
□ **-을/를 위해**	《ー為ー》	〜のために【目的】
□ **아낌없이**		惜しみなく
□ **아낌없다**		惜しみない

※가슴이 찡하다〔胸がじんとする〕、코끝이 찡하다〔鼻の先がじんとする〕とも。

TRACK 9

PHRASE 009

ㄱ 胸が破れる

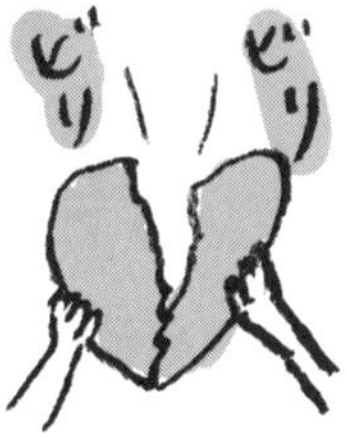

가슴이 찢어지다

胸が張り裂ける

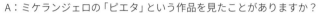

A：ミケランジェロの「ピエタ」という作品を見たことがありますか？
B：先週〈に〉テレビで見ました。
A：どんな感じでしたか？
B：息子を亡くした母親の、**胸が張り裂ける**（ような）**苦痛**が〔を〕表現されていると思いました〔しているみたいです〕。

A　미켈란젤로의 '피에타' 라는 작품을 본 적이 있어요?

B　지난주에 TV에서 봤어요.

A　어떤 느낌이었어요?

B　아들을 잃은 어머니의 **가슴이 찢어지는 고통**을 표현하고 있는 것 같아요.

□ **미켈란젤로**	《Michelangelo》	ミケランジェロ
□ **작품**	《作品》	作品
□ **II -ㄴ 적이 있다**		～たことがある【経験】
□ **느낌**		感じ
□ **잃다** [일타]		失う、なくす
□ **고통**	《苦痛》	苦痛
□ **표현**	《表現》	表現

TRACK 10

PHRASE 010

ㄱ トゲの畑道を行く

가시밭길을 가다

茨の道を歩む

A：大臣への昇進〔長官に昇進なさったこと〕、おめでとうございます。

B：ありがとうございます。しかし、今の状況を見ると、これから**茨の道を歩まなければならないかもしれませんね**。

A：やはり、職務に対する責任感が並外れていらっしゃいますねぇ。

B：公職に就く〔公職を引き受けた〕人間なら、誰でも国民に対する責任感がなければならないです（から）ね。

A　장관으로 승진하신 것 축하드립니다.

B　고맙습니다. 그러나 지금 상황을 보면
앞으로 **가시밭길을 가야 할 수도 있어요**.

A　역시 직무에 대한 책임감이 남다르시네요.

B　공직을 맡은 사람이라면
누구나 국민에 대한 책임감이 있어야지요.

□ **장관**	《長官》	大臣
□ **승진하다**	《昇進－》	昇進する、昇格する
□ **상황**	《狀況》	状況
□ **직무**	《職務》	職務
□ **책임감**	《責任感》	責任感
□ **남다르다**		並外れている、普通ではない 르変
□ **공직**	《公職》	公職
□ **국민**	《國民》	国民

TRACK 11

ㄱ

PHRASE 011

肝が落ちる

간이 떨어지다

(驚いて) ひっくり返る

A：危ない〔操心して (気を付けて) ください〕！
B：あまりにも驚いて、**ひっくり返るかと思ったじゃないですか**。
A：イタズラでした。ごめんなさい。
B：そうですか〔わかりました〕。でも、こういうイタズラは、ちょっとひどいですね。

A 조심해요!

B 너무 놀라서 **간이 떨어질 뻔했잖아요**.

A 장난이었어요. 미안해요.

B 알겠어요. 그래도 이런 장난은 좀 심하네요.

□ **조심하다**	《操心ー》	気をつける
□ **놀라다**		驚く
□ **Ⅱ -ㄹ 뻔했다**		～するかと思った、～するところだった【回避】
□ **Ⅰ -잖아요**		～じゃないですか【反論・確認】
□ **장난**		イタズラ
□ **심하다**	《甚ー》	ひどい、激しい

TRACK 12

ㄱ

PHRASE 012

肝が腫れる

간이 붓다

大胆不敵だ、怖いもの知らずだ

※붓다（腫れる）は、ㅅ変。

A：月給100万ウォンの人〔1か月に100万ウォン稼ぐ人〕が500万ウォンの〔する〕カバンを買ったらしいです。

B：その人、本当に**大胆ですね**。

A：分割〔割賦〕で買ったとはいうのですが、大丈夫なんでしょうかね〔大丈夫だろうかわかりません〕。

B：私も心配ですね。〈人は〉自分の身の丈に合わせて〔自己の分数に合うように〕暮らさなければならないのに。

A　한 달에 100만 원 버는 사람이 500만 원 하는 가방을 샀대요.

B　그 사람 정말 **간이 부었군요**.

A　할부로 샀다고는 하는데 괜찮을지 모르겠어요.

B　저도 걱정이네요. 사람은 자기 분수에 맞게 살아야 하는데.

□ **벌다**		稼ぐ
□ **할부**	《割賦》	分割
□ **II -ㄹ지 모르겠다** ［―ㄹ찌―］		～か（どうか）わからない【不確実】
□ **걱정이다**		心配だ
□ **자기**	《自己》	自分、自身
□ **분수**	《分數》	身の丈
□ **맞다**		合う

TRACK 13

ㄱ

PHRASE 013

肝が豆粒のようになる

간이 콩알만 해지다

(怖くて) 死にそうになる、びくびくする

A：飛行機がずっと〔継続〕揺れ(続け)ていますねぇ。
B：怖すぎて〔あまりに恐れが出て〕、**死にそうです**。
A：少し〈だけ〉経てば、落ち着く〔大丈夫になる〕と思いますよ。
B：どうか早く落ち着く〔穏やかになる〕ことを祈るばかりです。

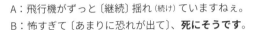

A 비행기가 계속 흔들리고 있네요.

너무 겁이 나서 **간이 콩알만 해졌어요**. B

A 조금만 지나면 괜찮아질 거예요.

제발 빨리 잠잠해지기를 바랄 뿐이에요. B

□ **비행기**	《飛行機》	飛行機
□ **흔들리다**		揺れる
□ **겁이 나다**		怖い、怖がる〔恐れが出る〕
□ **지나다**		経つ、過ぎる
□ **제발**		どうか
□ **잠잠하다**	《潜潜ー》	穏やかだ、静かだ
□ **Ⅰ -기 (를) 바라다**		～ことを願う、祈る【願望】
□ **Ⅱ -ㄹ 뿐이다**		～ばかりだ、～だけだ

TRACK 14

ㄱ

PHRASE 014

肝が大きい

간이 크다

度胸がある

A：昨日、パク代理が社長室に一人で行って、会社に対する社員〔職員達〕の不満を話したそうですよ。

B：そんなことをするなんて、あの人、本当に**度胸がありますねぇ**。

A：社長〈様〉がどのように答えられたか〔答弁されたか〕気になりますねぇ。

B：少ししたら〔待ってみたら〕、結果がわかる〔出てくる〕でしょうね。

A　어제 박 대리가 사장실에 혼자 가서 회사에 대한 직원들의 불만을 이야기했대요.

B　그런 일을 하다니 그 사람 참 **간이 크네요**.

A　사장님이 어떻게 답변하셨을지 궁금하네요.

B　조금 기다려 보면 결과가 나오겠지요.

□ **대리**	《代理》	代理【会社における職位】
□ **-에 대한 …**	《-對-》	～に対する…
□ **불만**	《不滿》	不満
□ **I -다니**		～なんて、～とは【驚き】
□ **답변하다**	《答辯-》	答える
□ **II -셨을지**		～られたか、～なさったか
□ **궁금하다**		気になる
□ **결과가 나오다**	《結果-》	結果がわかる〔出てくる〕

TRACK 15

ㄱ

PHRASE 015

川の向こうの火事見物

강 건너 불구경

対岸の火事

A：今回は〔に〕、大変な仕事(を)引き受けましたねぇ。スジさんなら上手く〈処理〉できると思いますよ。

B：自分〔自己〕の仕事でない(から)って、**対岸の火事のように見ている〔川の向こうの火事見物するようにする〕つもりですか**？

A：どうして〈そう言うん〉ですか？もともと〔元来/原来〕一緒に仕事するの好きじゃなかったじゃないですか。

B：今度の仕事は、とても難しい仕事だからです。手伝っていただけないでしょうか〔くださったら、ダメでしょうか〕？

A　이번에 힘든 일 맡았네요. 수지 씨라면 잘 처리할 수 있을 거예요.

B　자기 일 아니라고 **강 건너 불구경하듯 할 거예요**?

A　왜 그래요? 원래 같이 일하는 것 안 좋아했잖아요.

B　이번 일은 너무 어려운 일이라서요. 도와주시면 안 될까요?

□ **힘들다**		大変だ、つらい
□ **맡다**		引き受ける
□ **指定詞語幹＋-라면**		～なら
□ **처리하다**	《處理ー》	処理する
□ **指定詞語幹＋-라고**		～と、～って【引用文】
□ **원래**	《元來/原來》	もともと
□ **指定詞語幹＋-라 (서)**		～ので、～から【理由】
□ **도와주다**		手伝ってくれる、手伝う、助ける

TRACK 16

ㄱ

PHRASE 016

首を横に振る

고개를 가로젓다

首を横に振る ※젓다 (振る) は、ㅅ変。

A：容疑者は〔が〕容疑〔嫌疑〕を認めたのか〔認定したのか〕？
B：何にも〔何の言葉も〕言わずに**首を横に振りながら**、否認するだけでしたよ。
A：面倒なことになったな〔これ、大きなことだな〕。事件現場には、被害者とその人しかいなかったのに。
B：決定的な証拠を探して、見せつければ認める〔見せてやってはじめて是認する〕でしょうねぇ。

A 용의자가 혐의를 인정했나?

B 아무 말도 안 하고 **고개를 가로저으면서** 부인할 뿐이었어요.

A 이거 큰일이구만. 사건 현장에는 피해자와 그 사람밖에 없었는데.

B 결정적인 증거를 찾아서 보여 줘야 시인할 것 같네요.

□ **용의자** [용이자]	《容疑者》	容疑者
□ **혐의** [혀미]	《嫌疑》	容疑
□ **부인하다**	《否認－》	否認する
□ **사건 현장** [사껀－]	《事件 現場》	事件現場
□ **피해자**	《被害者》	被害者
□ **결정적이다** [결쩡적－]	《決定的－》	決定的だ
□ **증거**	《證據》	証拠
□ **시인하다**	《是認－》	認める

TRACK 17

ㄱ

PHRASE 017

首を頷く

고개를 끄덕이다

首を縦に振る

A：**首を縦に振るということは**、容疑〔嫌疑〕を全て認める〔認定する〕ということですよね？
B：はい、そうです。私がやりました〔そうしました〕。
A：どうして、そんなことをしたのですか〔そうしたのですか〕？
B：あの人のせいで、大好きな〔愛する〕人と別れることになったからです〔別れる（た）ので、そうしました〕。

A **고개를 끄덕인다는 것은** 혐의를 모두 인정한다는 것이지요?

B 네, 그렇습니다. 제가 그랬어요.

A 왜 그랬어요?

B 그 사람 때문에 사랑하는 사람과 헤어져서 그랬어요.

□ **혐의** [혀미]	《嫌疑》	容疑
□ **인정하다**	《認定－》	認める
□ **그러다**		その（あの）ようにする、その（あの）ように言う
□ **～ 때문에**		～のせいで、～のために
□ **헤어지다**		別れる

TRACK 18

PHRASE 018

ㄱ

首を回す

고개를 돌리다

顔を背ける、背を向ける

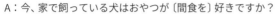

A：今、家で飼っている犬はおやつが〔間食を〕好きですか？
B：うちの犬は、嫌いなおやつ〔間食〕をあげたら、すぐに**顔を背けます**。
A：味にうるさい〔好みが気難しい〕犬みたいですね。うちの犬はどんなおやつ〔間食〕でもよく食べるんですけど。
B：うちの犬もそうだったら嬉しいんです(けど)。高いおやつ〔間食〕ばかり好きなので、お金がたくさんかかりますよ。

A 지금 집에서 키우는 개는 간식을 좋아해요?

B 우리 개는 싫어하는 간식을 주면 바로 **고개를 돌려요**.

A 입맛이 까다로운 개인가 봐요.
우리 개는 무슨 간식이든 잘 먹는데.

B 우리 개도 그랬으면 좋겠어요.
비싼 간식만 좋아해서 돈이 많이 들어요.

□ **키우다**		飼う、育てる
□ **간식**	《間食》	おやつ、間食
□ **입맛이 까다롭다**		味にうるさい〔好みが気難しい〕ㅂ変
□ **-이든/든**		〜でも
□ **돈이 들다**		金がかかる

TRACK 19

PHRASE 019

ㄱ

頭が痛い

골치가 아프다

(悩みがあって) 頭が痛い

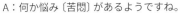

A：何か悩み〔苦悶〕があるようですね。
B：毎日、夜遅く帰ってくる一番下の息子のせいで**頭が痛いんです**。
A：一番下の息子さんは〔息子様が〕お酒(を)飲むのが〔を〕好きなんですか？
B：お酒(を)飲むのが〔を〕好きなわけではないんですが、クラブで〈ダンス〉踊るのが〔を〕好きなんですよ。

A　무슨 고민이 있나 봐요?

B　매일 밤늦게 들어오는 막내아들 때문에 **골치가 아파요**.

A　막내 아드님이 술 마시는 것을 좋아해요?

B　술 마시는 것을 좋아하는 것은 아닌데
클럽에서 춤추는 것을 좋아해요.

□ **고민**	《苦悶》	悩み
□ **밤늦게**		夜遅く
□ **들어오다**		帰ってくる
□ **막내**		(きょうだいの中で) 一番下、末っ子
□ **아들**		息子
□ **아드님**		息子さん、ご子息〔息子様〕
□ **클럽**	《club》	(ナイト) クラブ
□ **춤 (을) 추다**		ダンス/踊りを踊る

TRACK 20

PHRASE 020

ㄱ 功を費やす

공을 들이다

精魂込める、労力を注ぐ

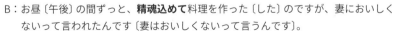

A：どうしてそんなに不機嫌なんですか？

B：お昼〔午後〕の間ずっと、**精魂込めて**料理を作った〔した〕のですが、妻においしくないって言われたんです〔妻はおいしくないって言うんです〕。

A：とても〔たくさん〕悲しかったでしょうねぇ。それでも続けて料理をしていれば〔継続、料理していてみれば〕、もっと上手になりますよ〔よくなるでしょうね〕。

B：そうでしょうか？妻が私の料理〔飲食（食べ物）〕をおいしそうに〔おいしく〕食べる姿を早く見たいですねぇ。

A　왜 그렇게 시무룩해요?

B　오후 내내 **공을 들여** 요리를 했는데 아내는 맛이 없다고 해요.

A　많이 서운했겠네요. 그래도 계속 요리하다 보면 더 나아지겠지요.

B　그럴까요? 아내가 제 음식을 맛있게 먹는 모습을 빨리 보고 싶네요.

□ **시무룩하다**		不機嫌だ
□ **～ 내내**		～の間ずっと
□ **요리하다**	《料理－》	料理する
□ **아내**		妻
□ **서운하다**		悲しい、残念だ、寂しい
□ **Ⅲ -ㅆ겠네요**		～たでしょうねぇ【過去推測】
□ **Ⅰ -다 보면**		～ていたら、～てみれば、～てみると〔～ていてみれば〕
□ **나아지다**		よくなる　※낫다（よい ㅅ変）のⅢ-지다（～くなる）。

※애를 쓰다〔気苦労を使う〕とも。

TRACK 21

PHRASE 021

ㄱ スープもない

국물도 없다

容赦しない

A：ごめんなさい。私のせいでとても苦労したでしょう〔苦生が多かったでしょう〕？

B：今回〈に〉は許しますが、今度同じことしたら〔1回だけもっとそうしたら〕、次〈に〉は**容赦しないですよ〔スープもないでしょう〕**。

A：はい、わかりました。次から（は）気をつけますね〔操心しますね〕。

B：じゃあ、今日はスープの〔が〕おいしいソルロンタン（を）おごって〔買って〕ください。

A　미안해요. 저 때문에 고생이 많았지요?

B　이번에는 용서하지만, 한 번만 더 그러면 다음에는 **국물도 없을 거예요**.

A　네, 알겠어요. 다음부터 조심할게요.

B　그럼 오늘은 국물이 맛있는 설렁탕 사 주세요.

□ **고생이 많다**	《苦生－》	苦労する、大変だ〔苦生が多い〕
□ **용서하다**	《容恕－》	許す
□ **조심하다**	《操心－》	気をつける
□ **국물**		スープ
□ **설렁탕**	《－湯》	ソルロンタン
※牛の肉、骨を煮込んで作った白濁色のスープ。		
□ **사다**		おごる〔買う〕

TRACK 22

PHRASE 022

ㄱ 煙突のようだ

굴뚝같다

やまやまだ、したくてたまらない

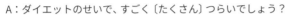

A：ダイエットのせいで、すごく〔たくさん〕つらいでしょう？

B：毎日サラダばかり食べ(てい)たら、**肉が食べたくてたまらないです**〔**肉を食べたい心が煙突のようです**〕。

A：その気持ち〔心情〕〈を〉私もわかる気がします。私も先月〈に〉ダイエットをしていたんですよ。

B：あ、だからとてもお痩せになったんですね〔肉がたくさん落ちられたんですね〕。私もじゃあ、もう少しだけ〔少しだけもっと〕我慢してみますね。

A 다이어트 때문에 많이 힘들지요?

B 매일 샐러드만 먹었더니 **고기를 먹고 싶은 마음이 굴뚝같아요**.

A 그 심정을 저도 알 것 같아요.
저도 지난달에 다이어트를 했었거든요.

B 아, 그래서 살이 많이 빠지셨던 거군요.
저도 그럼 조금만 더 참아 볼게요.

□ **다이어트**	《diet》	ダイエット
□ **～ 때문에**		～のせいで、～のために
□ **샐러드**	《salad》	サラダ
□ **Ⅲ -ㅆ더니** ※主語は1人称に限る。		～たら
□ **심정**	《心情》	気持ち、心情
□ **살이 빠지다**		痩せる〔肉が落ちる〕
□ **참다** [참따]		我慢する、耐える

TRACK 23

ㄱ

PHRASE 023

相性（宮合）が合う

궁합이 맞다

相性がいい

A：キム代理と仕事をする時は、まったくつらいと感じないよ〔ひとつもつらくないようだよ〕。

B：パク課長〈様〉と私は、**相性がいい〔宮合（相性）がよく合う〕みたいですね。**

A：こんなに気がよく合う部下〈の職員〉に〔を〕出会うことも、そうそうないだろうに〔ありふれたことではないのに〕、私って恵まれているなぁ〔私が福が多いみたいだなぁ〕。

B：いえいえ。私（のほう）が恵まれているんですよ〔福が多いんですよ〕。こうして私を認めて〔認定して〕くださる課長〈様〉に〔を〕出会ったんですから。

A　김 대리와 일을 할 때는 하나도 힘들지 않은 것 같아.

B　박 과장님과 저는 **궁합이 잘 맞나 봐요**.

A　이렇게 마음이 잘 맞는 부하 직원을 만나는 것도 흔한 일은 아닌데 내가 복이 많은 것 같네.

B　아니에요. 제가 복이 많은 거지요.
이렇게 저를 인정해 주시는 과장님을 만났으니까요.

□ **과장님**	《課長－》	課長〈様〉
□ **Ⅰ -나 보다**		～ようだ、～みたいだ【推測】
□ **마음이 잘 맞다**		気が合う、心が通じる
□ **부하**	《部下》	部下
□ **흔하다**		ありふれている
□ **복이 많다**	《福－》	恵まれている、幸せだ〔福が多い〕
□ **인정하다**	《認定－》	認める

TRACK 24

ㄱ

PHRASE 024

耳が痒い

귀가 가렵다

誰かが自分の噂をしている　※가렵다（痒い）は、ㅂ変。

A：誰かが私の**悪口を言っているのでしょうかねぇ〔誰かが私の辱（悪口）を言っているのか、継続、耳が痒いですねぇ〕**。

B：まさか〔そんなはずが（ないですよ）〕。〈単に〉耳に何か（が）入ったから、そう感じるんじゃないですか〔そうなのでしょう〕。

A：それならいいん〔多幸そうなん〕ですけど。最近〈に〉、友達と喧嘩なんかしていないんですけどね〔喧嘩したこともなかったんですけどね〕。

B：気にしないで〔神経使わないで〕ください。心配しても余計、不安になるだけですよ〔心配は、また別の心配を呼んでくるだけですよ〕。

A　누가 제 욕을 하는지 계속 **귀가 가렵네요**.

B　그럴 리가요. 그냥 귀에 무엇인가 들어가서 그런 거겠지요.

A　그러면 다행이겠는데. 요즘에 친구들과 다툰 일도 없었는데요.

B　신경 쓰지 마세요. 걱정은 또 다른 걱정을 불러올 뿐이에요.

□ **누가**		誰かが【不定】
□ **욕을 하다**	《辱ー》	悪口を言う
□ **그냥**		ただ単に、何となく、そのまま
□ **무엇인가**		何か【不定】
□ **다투다**		喧嘩する、争う、揉める
□ **신경 (을) 쓰다**	《神經ー》	気にする、気を使う〔神経（を）使う〕
□ **불러오다**		呼んでくる、呼び寄せる
□ **II -ㄹ 뿐이다**		〜だけだ、〜ばかりだ

TRACK 25

PHRASE 025

ㄱ

耳が擦り減る

귀가 닳다

耳にタコができる

A：こんなに〔そんなに〕**耳にタコができるほど**言っても〔話をしても〕、どうして(言うことを)聞かないんですか？

B：ごめんなさい。友達と楽しく1杯、2杯(と)飲んでいたら〔飲んでいてみれば〕、いつの間にか12時を過ぎていて、こうなってしまいました〔12時が超えて、そうです〕。

A：次からは絶対に早く帰ってきますよね？約束ですよ〔約束してください〕。

B：はい、約束します。

A　그렇게 **귀가 닳도록** 이야기를 해도 왜 듣지 않는 거예요?

B　미안해요. 친구들과 즐겁게 한 잔 두 잔 마시다 보면
어느새 12시가 넘어서 그래요.

A　다음부터는 꼭 일찍 들어올 거지요? 약속해요.

B　네, 약속할게요.

□ **Ⅰ -도록**		～ほど、～ぐらい、～ように
□ **즐겁게** ※즐겁다（楽しい ㅂ変）の Ⅰ -게（～く、～に）。		楽しく
□ **어느새**		いつの間にか
□ **넘다** ［넘따］		過ぎる〔超える〕
□ **꼭**		絶対に、必ず、きっと
□ **일찍**		早く
□ **들어오다**		帰ってくる
□ **약속하다**	《約束－》	約束する

TRACK 26

ㄱ

PHRASE 026

耳がヒリヒリする

귀가 따갑다

耳にタコができる ※따갑다（ヒリヒリする）は、ㅂ変。

A：退勤時間を〔が〕とっくに過ぎている〔過ぎた〕のに、どうして帰らないんですか〔退勤しないんですか〕？

B：妻が一日中〔一日終日〕、**耳にタコができるほど**小言を言うからです。

A：大変そうですねぇ。でも、何か怒られるようなことをするから言われる〔間違えることがあるからそう言う〕のではないですか？

B：怒られるようなこと〔過ち〕がないことはないのですが、手短に話してほしいです〔短く簡単に話してくれたら嬉しいです〕。

A　퇴근 시간이 한참 지났는데 왜 퇴근 안 해요?

B　아내가 하루 종일 **귀가 따갑도록** 잔소리를 해서요.

A　힘들겠네요.
그래도 무언가 잘못하는 것이 있으니까 그러는 거 아닐까요?

B　잘못이 없는 것은 아닌데
짧고 간단하게 이야기해 주었으면 좋겠어요.

□ **퇴근**	《退勤》	退勤
□ **한참**		とっくに
□ **하루 종일**	《－終日》	一日中
□ **잔소리를 하다**		小言を言う
□ **잘못하다**		間違える、過ちを犯す、ミスする
□ **잘못**		過ち、間違い、ミス
□ **짧다** [짤따]		短い
□ **간단하다**	《簡単－》	簡単だ

TRACK 27

PHRASE 027

ㄱ

耳が明るい

귀가 밝다

耳がいい

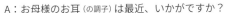

A：お母様のお耳（の調子）は最近、いかがですか？
B：補聴器のおかげで〔助けを受けて〕、**よくなりました〔耳が明るくなられました〕**。
A：本当によかった〔多幸〕ですねぇ。うち〔私ども〕の父（に）もプレゼントして差し上げたいです〔差し上げなければならなそうです〕。
B：いい考えですね。とても気に入られる〔好まれる〕と思いますよ。

A 어머님 귀는 요즘 어떠세요?

B 보청기의 도움을 받아서 **귀가 밝아지셨어요**.

A 참, 다행이네요. 저희 아버지도 선물해 드려야겠어요.

B 좋은 생각이에요. 참 좋아하실 거예요.

□ **보청기**	《補聴器》	補聴器
□ **～의 도움을 받다**		～のおかげだ〔助けを受ける〕
□ **III -지다**		～くなる、～になる【変化（形容詞の動詞化）】
□ **다행이다**	《多幸－》	よかった、幸いだ
□ **저희** [저이]		私ども（の）、わたくし達（の）【謙譲】
□ **선물하다**	《膳物－》	プレゼントする

※귀가 어둡다〔耳が暗い〕、귀가 멀다〔耳が遠い〕で「耳が遠い」。

TRACK 28

PHRASE 028

ㄱ

耳がぱっと開く

귀가 번쩍 뜨이다

(思いがけない朗報に) 耳をそば立てる、聞き耳を立てる

A：今年、会社で全社員〔職員〕に特別ボーナスを出す〔あげる〕らしいですね？
B：はい、そうです〔合っています〕。その話〔消息〕を聞いて、**耳をそば立てましたよ。**
A：いくらぐらいもらえるんでしょうね？
B：1か月分の給料ぐらいでも〔月給程度だけ(に)なっても〕、とても嬉しい〔よさそうな〕んですけどね。

A 올해 회사에서 전 직원에게 특별 보너스를 준다면서요?

네, 맞아요. 그 소식을 듣고 **귀가 번쩍 뜨였어요**. B

A 얼마나 받을 수 있을까요?

한 달 치 월급 정도만 되어도 참 좋을 것 같은데요. B

□ **특별**	《特別》	特別
□ **보너스**	《bonus》	ボーナス
□ **下称終止形 (-다/ㄴ다/는다) + -면서요?**		～んですって？
□ **소식**	《消息》	話、知らせ
□ **얼마나**		どのぐらい
□ **～ 치**		～分
□ **월급**	《月給》	給料、給料
□ **～ 정도**	《程度》	～ぐらい、～程度

귀가 솔깃하다

耳寄りだ、心が惹かれる

A：最近、私が買ったのばかり株価がずっと下がっていて〔株式ばかり価格がしきりに落ちていて〕、心配です。

B：じゃあ、私が**耳寄りな〔耳が惹かれるに値する〕情報**をお教えしましょう〔差し上げましょう〕。

A：私にだけ（教えて）くださる情報なんですか？

B：はい、だから、他の人〔方達〕には話したらダメですよ。

A 요즘 제가 산 주식만 가격이 자꾸 떨어져서 걱정이에요.

그럼 제가 **귀가 솔깃할 만한 정보**를 드리지요. B

A 저에게만 주시는 정보인가요?

네, 그러니까 다른 분들에게는 이야기하면 안 돼요. B

□ **주식**	《株式》	株、株式
□ **가격이 떨어지다**	《價格－》	価格が落ちる
□ **자꾸**		しきりに、やたらと
□ **II -ㄹ 만하다**		〜に値する、〜して当然だ
□ **정보**	《情報》	情報

TRACK 30

PHRASE 030

ㄱ

耳が薄い

귀가 얇다

騙されやすい

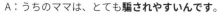

A：うちのママは、とても**騙されやすいんです。**
B：どのぐらい〔程度〕ですか？
A：（テレビの）通販番組でダイエットサプリの広告が出るたびに〔ホームショッピングで広告するダイエット薬ごとに〕全部買おうと〔全て買われようと〕するんですよ。
B：広告が〔を〕とてもうまいから、買ってしまうのでは〔そうなのでは〕ないですかね？周りの人が〔隣で〕しっかり止めたら〔うまくお止めになったら〕、いい〈だろう〉と思いますよ。

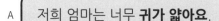

A　저희 엄마는 너무 **귀가 얇아요**.

B　어느 정도인데요?

A　홈쇼핑에서 광고하는 다이어트 약마다 다 사시려고 하는 거예요.

B　광고를 너무 잘해서 그런 것 아닐까요?
옆에서 잘 말리시면 될 것 같네요.

□ **～ 정도**	《程度》	～ぐらい、～程度
□ **홈쇼핑**	《home shopping》	テレビの通販番組
□ **광고하다**	《廣告－》	広告する
□ **-마다**		～のたびに、～ごとに
□ **II -려고 하다**		～ようとする、～ようと思う【意図】
□ **말리다**		止める、やめさせる
□ **II -면 되다**		～ばよい

TRACK 31

PHRASE 031

》コラムp.99

ㄱ

耳（が）抜けた日

귀빠진 날

誕生日

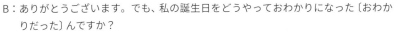

A：今日、**誕生日**ですよね？おめでとうございます。

B：ありがとうございます。でも、私の誕生日をどうやっておわかりになった〔おわかりだった〕んですか？

A：先週〈に〉クリスマス〔聖誕節〕の翌日が誕生日だとおっしゃっ（てい）たじゃないですか。

B：あ、そうでしたね。記憶力がよいですねぇ〔よくていらっしゃいますねぇ〕。

A　오늘 **귀빠진 날**이지요? 축하합니다.

B　고맙습니다. 그런데, 제 생일을 어떻게 아셨어요?

A　지난주에 성탄절 다음날이 생일이라고 말씀하셨잖아요.

B　아, 그랬었지요. 기억력이 좋으시네요.

□ **성탄절**	《聖誕節》	クリスマス
□ **다음날**		翌日、次の日
□ **말씀하시다**		おっしゃる
□ **I -잖아요**		～じゃないですか【確認・反論】
□ **기억력이 좋다** ［기엉녁ー］	《記憶力ー》	記憶力がよい
□ **III -ㅆ었다**		～た、～ていた【大過去】

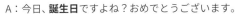

TRACK 32

ㄱ

PHRASE 032

耳に障る

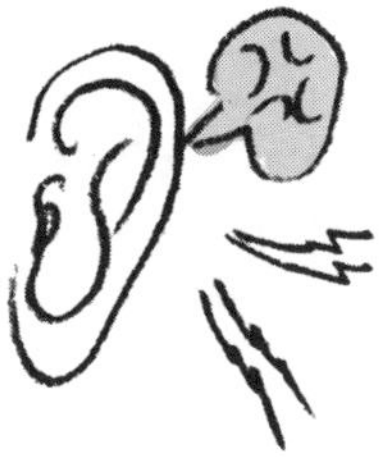

귀에 거슬리다

気に障る

A：今（から）俺がする話は、**気に触るかもしれない**（けど）。
B：どんな話なの？
A：お前は（ほかの部分は）全部〔全て〕いいんだけれど、約束を守らないから、周り〔周囲〕の人達を疲れさせているよ〔つらくするよ〕。
B：うん〔合ってる〕。社会生活の中では〔をしようとしたら〕、約束をしっかり守らなきゃね〔守らなければならないのに〕。アドバイス〔忠告〕してくれて、ありがとう。

A 지금 내가 하는 이야기는 **귀에 거슬릴 수도 있어**.

B 무슨 이야기인데?

A 너는 다 좋은데 약속을 안 지켜서 주위 사람들을 힘들게 해.

B 맞아. 사회생활을 하려면 약속을 잘 지켜야 하는데.
충고해 줘서 고마워.

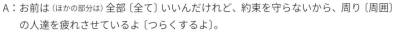

□ **약속을 지키다**	《約束ー》	約束を守る
□ **주위**	《周圍》	周り
□ **힘들게 하다**		疲れさせる〔つらくする〕
□ **사회생활을 하다**	《社會生活ー》	社会生活をする
□ **II -려고 하다**		〜ようとする、〜ようと思う【意図】
□ **충고하다**	《忠告ー》	アドバイスする、忠告する

TRACK 33

ㄱ

PHRASE 033

耳に釘が打ち込まれる

귀에 못이 박히다

耳にタコができる

A：申し訳ございません。

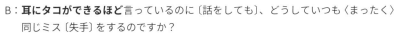

B：**耳にタコができるほど**言っているのに〔話をしても〕、どうしていつも〈まったく〉同じミス〔失手〕をするのですか？

A：〈私が〉まだ仕事に〔が〕慣れていないからです。

B：それなら、次から(は)経験が豊富な〔多い〕先輩達に必ず聞いてから〔尋ねてみて〕仕事をするようにしてください。

A　죄송합니다.

B　**귀에 못이 박히도록** 이야기를 해도
왜 맨날 똑같은 실수를 하는 거예요?

A　제가 아직 일이 익숙하지 않아서요.

B　그럼 다음부터 경험이 많은 선배들에게
꼭 물어보고 일을 하도록 해요.

□ **Ⅲ-도**		～ても
□ **맨날**		いつも、毎日
□ **똑같다**		まったく同じだ
□ **실수를 하다**	《失手－》	ミスをする
□ **익숙하다**		慣れる、馴染む
□ **경험이 많다**	《經驗－》	経験が豊富だ〔多い〕
□ **선배**	《先輩》	先輩
□ **묻다**		聞く、尋ねる **ㄷ変**

TRACK 34

PHRASE 034

ㄱ

鼓膜が落ちる

귀청이 떨어지다

鼓膜が破れる

A：あの音、聞こえましたか〔聞きましたか〕？
B：「ドン！」という音で〔に〕**鼓膜が破れるかと思いましたよ。**
A：何か大きな事件〔こと〕が起こったんでしょうか？
B：大きな事件〔こと〕ではないと〔なかったら〕よいのですが、心配ですねぇ。

A 그 소리 들었어요?

“쾅 !” 하는 소리에 **귀청이 떨어질 뻔했어요**. B

A 무슨 큰일이 일어난 걸까요?

큰일이 아니었으면 좋겠는데 걱정이네요. B

□ **소리**	音、声、言葉
□ **쾅!**	ドン（重いものが強くぶつかる音）
□ **Ⅱ -ㄹ 뻔했다**	～するかと思った、～するところだった【回避】
□ **큰일**	大きな事件〔こと〕
□ **일어나다**	起こる、起きる
□ **連体形＋걸까요? (<것일까요)?**	～のでしょうか？

※귀청이 찢어지다〔鼓膜が破れる〕とも。

TRACK 35

ㄱ

PHRASE 035

ひびが行く

금이 가다

(関係に) ひびが入る

A：チョルスさんのお金をヨンスさんがいまだに返していない〔返さなかった〕そうですね？

B：はい、私もそう聞きました。

A：今回のことで2人の友情に**ひびが入ることはないでしょうね**〔**ひびが行きはしないでしょうね**〕？

B：それはないと思いますよ〔そうではないでしょう〕。2人は30年〈の〉間、親友〔親しい友人〕でしたからね。

A 철수 씨의 돈을 영수 씨가 아직도 안 갚았다면서요?

B 네, 저도 그렇게 들었어요.

A 이번 일로 두 사람의 우정에 **금이 가지는 않겠지요**?

B 그렇지는 않을 거예요. 두 사람은 30년 동안 친한 친구였으니까요.

□ **아직도**		いまだに、まだ
□ **갚다**		返す
□ **下称終止形 (-다/ㄴ다/는다) + -면서요?**		～んですって？
□ **우정**	《友情》	友情
□ **～ 동안** [－똥안]		～の間
□ **친하다**	《親－》	親しい、仲がいい

TRACK 36

PHRASE 036

ㄱ

金よ、玉よ

금이야 옥이야

蝶よ花よ（と大事に育てる）

A：うちの子は、本当に苦労してできた〔珍しく得た〕子だから、叱ることができないんです。

B：**蝶よ花よ**（と）子供を大事に育ててばかりいたら〔大事にだけ育てたら〕、行儀〔癖〕が悪くなるかもしれませんよ。

A：その通りです〔合っているお言葉です〕。それでも、本当に可愛くて、可愛くて。

B：〈可愛くて〉可愛いほど、厳しくしつける〔厳格に訓育する〕時も必要ですよ。

A 우리 아이는 정말 귀하게 얻은 아이라서 야단칠 수가 없어요.

B **금이야 옥이야** 아이를 귀하게만 키우면 버릇이 나빠질 수도 있지요.

A 맞는 말씀이에요. 그래도 너무 귀엽고 예뻐서.

B 귀엽고 예쁠수록 엄격하게 훈육할 때도 필요해요.

□ **귀하다**	《貴－》	珍しい、大事だ、尊い
□ **얻다**		得る
□ **야단치다**	《惹端－》	叱る、怒る
□ **키우다**		育てる
□ **버릇이 나쁘다**		行儀が悪い、マナーがない〔癖が悪い〕
□ **Ⅱ -ㄹ수록**		～（する）ほど
□ **엄격하다** [엄껴카다]	《厳格－》	厳しい
□ **훈육하다**	《訓育－》	しつける

TRACK 37

PHRASE 037

ㄱ

気が詰まる

기가 막히다

素晴らしい

A：今日は私が豆腐で料理を作って〔して〕みたんですが、味は〔が〕どうですか？

B：こんなに**素晴らしい**〔**気が詰まった**〕**料理**は、食べ〈てみ〉たことがありません。

A：本当ですか？豆腐が〔を〕お好きじゃないだろうと思ったので、普段〔平素〕より気〔神経〕を使ってみたんですが、よかった〔多幸〕です。

B：この豆腐料理は、外で売っても人気がある〔多いだろう〕と思いますよ。

A 오늘은 제가 두부로 요리를 해 보았는데 맛이 어때요?

B 이렇게 **기가 막힌 요리**는 먹어본 적이 없어요.

A 정말이에요? 두부를 안 좋아하실 것 같아서
평소보다 신경을 써 보았는데 다행이에요.

B 이 두부 요리는 밖에서 팔아도 인기가 많을 것 같아요.

□ **두부**	《豆腐》	豆腐
□ **II -ㄴ 적이 없다**		～たことがない【経験】
□ **평소**	《平素》	普段、いつも
□ **-보다**		～より
□ **신경을 쓰다**	《神經－》	気を使う、気にする〔神経を使う〕
□ **인기가 많다** [인끼－]	《人氣－》	人気がある〔多い〕

※기가 막히다には、「呆れる」という意味もある。

TRACK 38

PHRASE 038

ㄱ 湯気が漏れる

김이 새다

つまらなくなる、興ざめする

A：面白い映画（を）見に行くって〈言いながら〉自慢していたのに、浮かない表情ですね〔なぜ表情がそうなんですか〕？

B：友達のせいで不愉快に〔気分が悪く〕なったんですよ。

A：どうしてですか？友達に何をされたんですか〔友達の方がどのようにしたんですか〕？

B：大事なシーンで次の展開〔場面〕がどうなるか楽しみにしていた〔期待した〕んですが、友達が先に（結末を）言ってしまったので、**つまらなくなっ（ちゃっ）たんですよ**。

A 재미있는 영화 보러 간다면서 자랑하더니 왜 표정이 그래요?

B 친구 때문에 기분이 나빠졌거든요.

A 왜요? 친구분이 어떻게 했는데요?

B 중요한 대목에서 다음 장면이 어떻게 될까 기대했는데 친구가 먼저 말해 버려서 **김이 샜거든요**.

□ **下称終止形 (-다/ㄴ다/는다) + -(고 하) 면서**		～と言って、～と言いながら【引用文】
□ **Ⅰ -더니**		～のに、～と思ったら
□ **표정**	《表情》	表情
□ **나빠지다**		悪くなる
□ **대목**		シーン、（話や文章の）部分
□ **장면**	《場面》	場面
□ **기대하다**	《期待－》	楽しみにする、期待する
□ **Ⅲ -φ버리다**		～てしまう

TRACK 39

PHRASE 039

11

ゴマが溢れる

깨가 쏟아지다

仲睦まじい

A：この夫婦はとても仲がよくて〔どんなに仲がよいのか〕、いつも新婚のように**仲睦まじいんです〔ゴマが溢れるみたいです〕**。

B：昨日の夜〈に〉も2人の笑い声〔2人が笑う声〕がドア〔門〕の外〈に〉まで聞こえていましたよ。

A：こんな夫婦を天が定めた縁〔天生縁分〕っていうんでしょうね？

B：その通りです〔合っています〕。もっと早く出会うことができなかったことを惜しんでいるでしょうね？

A 이 부부는 얼마나 금슬이 좋은지
늘 신혼처럼 **깨가 쏟아지는 것 같아요**.

B 어젯밤에도 두 사람이 웃는 소리가 문 밖에까지 들리더라고요.

A 이런 부부를 천생연분이라고 하는 것이겠지요?

B 맞아요. 더 빨리 만나지 못한 것을 아쉬워하고 있을 걸요?

□ **부부**	《夫婦》	夫婦
□ **금슬이 좋다**	《琴瑟－》	（夫婦の）仲がよい
□ **신혼**	《新婚》	新婚
□ **-처럼**		～のように
□ **들리다**		聞こえる
□ **천생연분** [천생년분]	《天生緣分》	天が定めた縁
□ **아쉬워하다**		惜しむ、残念がる
□ **II -ㄹ 걸요?** [－ㄹ껄료]		～でしょうね【推測】

TRACK 40

PHRASE 040

11 しっぽを咥える

꼬리를 물다

次から次に、あとを絶たない

A：宝くじ〔福券〕の当選に昇進まで、最近、すごいですねぇ〔すごくていらっしゃいますねぇ〕。

B：いいことではあるのですが、**次から次に**やってくる〔訪れてくる〕幸運がなぜか怖くなります。

A：(そう) 心配なさらないで、同僚達にご飯 (でも) 一度、奢って (あげて) ください。

B：そうしましょうか。色々な人と幸せ〔福〕を分かち合えば〔分ければ〕、気持ちが楽になるような気がします。

A　복권 당첨에 승진까지, 요즘 대단하시네요.

B　좋은 일이기는 한데, **꼬리를 물고** 찾아오는 행운이 왠지 두려워져요.

A　걱정하지 마시고 동료들에게 밥 한번 사세요.

B　그럴까요? 여러 사람과 복을 나누면 마음이 편안해질 것 같아요.

□ **복권**	《福券》	宝くじ
□ **당첨**	《當籤》	当選
□ **행운**	《幸運》	幸運
□ **왠지**		なぜか、どういうわけか
□ **두려워지다**		怖くなる
□ **동료** [동뇨]	《同僚》	同僚
□ **복을 나누다**	《福－》	幸せを分かち合う〔福を分ける〕
□ **마음이 편안하다**	《－便安－》	気持ちが楽だ

TRACK 41

ㄴ

PHRASE 041

私、知らないと言う

나 몰라라 하다

知らんぷりする

A：今度のプロジェクトも一人でうまくできるよな？
B：先輩〈様〉、今回〈に〉は**知らんぷりせずに**手伝ってくださいよ。
A：今までうまくやってきたのに、なんでそんなに弱気〔大げさな態度〕なんだ？
B：今度の仕事は、今まで〔前〕のもの〈達〉と(は)違うんですよ〔ですってば〕。先輩〈様〉の助けが絶対に必要なんです。

A 이번 프로젝트도 혼자서 잘 할 수 있지?

B 선배님, 이번에는 **나 몰라라 하지 말고** 도와주세요.

A 지금까지 잘해 왔으면서 왜 엄살이야?

B 이번 일은 전의 것들과 다르다고요. 선배님의 도움이 꼭 필요해요.

□ **프로젝트**	《project》	プロジェクト
□ **선배님**	《先輩－》	先輩〈様〉
□ **I -지 말고**		～せずに、～しないで
□ **III -ㅆ으면서**		～たのに、～たくせに
□ **엄살**		大げさな態度
□ **下称終止形 (-다/ㄴ다/는다) + -고요**		～(な)んですって(ば)
□ **도움**		助け
□ **필요하다**	《必要－》	必要だ

TRACK 42

ㄴ

PHRASE 042

羽が生えたように

날개가 돋친 듯이

飛ぶように

A：先週〈に〉発売〔出市〕した新製品、どうですか？

B：**飛ぶように**売れています。

A：よかった〔多幸〕ですねぇ。製品（を）開発するのに注いだ労力〔費やした功〕を考えると。

B：よい商品〔物件〕を作ってくださって、本当にありがとうございます。

A　지난주에 출시한 신제품 어때요?

B　**날개가 돋친 듯이** 팔리고 있어요.

A　다행이네요. 제품 개발하는 데 들인 공을 생각하면.

B　좋은 물건을 만들어 주셔서 정말 감사합니다.

□ **출시하다**	《出市ー》	発売する
□ **신제품**	《新製品》	新製品
□ **動詞の II -ㄴ 듯이**		～たように
□ **팔리다**		売れる
□ **개발하다**	《開發ー》	開発する
□ **I -는 데**		～するのに
□ **공을 들이다**	《功ー》	労力を注ぐ、気持ちを込める〔功を費やす〕
□ **물건**	《物件》	商品、品物

TRACK 43

ㄴ

PHRASE 043

日を捕まえる

날을 잡다

日取りを決める

A：倉庫がとても汚いので、掃除をしなければならない〈だろう〉と思うんだけど。
B：明日の業務時間の〔に〕合間にしたら、どうでしょう？
A：片手間にできるほど〔する程度に〕簡単なレベル〔水準〕ではなくて、**日を決めて**やらなければならない〈だろう〉と思うよ。
B：はい、じゃあ、ほかの職員達と相談〔相議〕して、適当な**日取りを決めてみます**。

A 창고가 너무 지저분해서 청소를 해야 할 것 같은데.

B 내일 업무 시간에 틈틈이 하면 어떨까요?

A 틈틈이 할 정도로 간단한 수준이 아니라
날을 잡아서 해야 할 것 같아.

B 네, 그러면 다른 직원들과 상의해서 적당한 **날을 잡아 보겠습니다**.

□ **창고**	《倉庫》	倉庫
□ **지저분하다**		汚い、雑然としている
□ **청소를 하다**	《清掃－》	掃除をする
□ **업무**	《業務》	業務
□ **틈틈이**		合間に、片手間に
□ **수준**	《水準》	レベル、水準
□ **상의하다** [상이－]	《相議－》	相談する
□ **적당하다**	《適當－》	適当だ

TRACK 44

ㄴ

PHRASE 044

顔がくすぐったい

낯이 간지럽다

照れくさい ※간지럽다（くすぐったい）は、ㅂ変。

A：突然、会議室からどうして出て行ったのですか？
B：部長の言葉のせいです〔部長様がなさったお言葉のためでした〕。
A：うちの部署に会社を100年間、安泰にさせてくれる社員〔100年の間、食べさせ、生かす職員〕がいるという言葉〔お言葉〕ですか。
B：はい、その言葉〔お言葉〕を聞いたら、**照れくさくて**、その場〔席〕に座り続けることが〔継続、座っていることが〕できなかったんです。

A 갑자기 회의실에서 왜 나갔어요?

B 부장님이 하신 말씀 때문이었어요.

A 우리 부서에 회사를 100년 동안 먹여 살릴 직원이 있다는 말씀이요?

B 네, 그 말씀을 들으니 **낯이 간지러워서**
그 자리에 계속 앉아 있을 수 없었어요.

□ **갑자기**		突然、急に
□ **회의실** [회이실]	《會議室》	会議室
□ **～ 때문이다**		～のせいだ、～のためだ
□ **부서**	《部署》	部署
□ **먹이다**		食べさせる（먹다の使役形）
□ **살리다**		生かす（살다の使役形）
□ **II -니 (까)**		～たら【契機】
□ **그 자리**		その場、その席

TRACK 45

ㄴ

PHRASE 045

顔が熱い

낯이 뜨겁다

恥ずかしい ※뜨겁다（熱い）は、ㅂ変。

A：子供達と夕方にテレビを見ていたんだ〔見るんだ〕けれど、扇情的な場面が出てきて、とても**恥ずかしかったよ**。

B：夕方にはそんな場面を放送したら、いけないんじゃないの？

A：本当にそうだよね。今回のことは、テレビ〔放送〕局がよくなかった〔間違えた〕と思うよ。

B：その通りだよ〔合っているよ〕。子供達が見たらよくない番組〔プログラム〕は、夕方にやったらダメでしょう。

A 아이들과 저녁에 TV를 보는데
선정적인 장면이 나와서 아주 **낯이 뜨거웠어**.

B 저녁에는 그런 장면을 방송하면 안 되는 거 아닌가?

A 그러게 말이야. 이번 일은 방송국이 잘못한 것 같아.

B 맞아. 아이들이 보면 좋지 않은 프로그램은 저녁에 하면 안 되지.

□ **선정적이다**	《煽情的ー》	扇情的だ
□ **장면**	《場面》	場面
□ **방송하다**	《放送ー》	放送する
□ **방송국**	《放送局》	テレビ局、放送局
□ **잘못하다**		よくない〔間違える〕
□ **프로그램**	《program》	番組
□ **저녁**		夕方、夜ごはん

TRACK 46

PHRASE 046

ㄴ

顔が慣れる

낯이 익다

見覚えがある

A：あの人、知り合い〔知っている人〕なの？
B：どこで会った〔見た〕人なのかはわからないんだけど、**見覚えがある人**だったよ。
A：それなら、この近く〔近処〕に住んでいる人ということなんだけれど。
B：この近く〔近処〕に住んでいるのなら、すぐにまた見かける〔現れる〕だろうね。

A　그 사람, 아는 사람이야?

B　어디에서 본 사람인지는 모르겠지만 **낯이 익은 사람**이었어.

A　그럼 이 근처에 사는 사람이라는 것인데.

B　이 근처에 산다면 머지않아 다시 나타나겠지.

□ **아는 사람**		知り合い〔知っている人〕
□ **보다**		会う、出会う〔見る〕
□ **現在連体形＋지**		～のか
□ **근처**	《近處》	近く
□ **下称終止形 (-다/ㄴ다/는다)＋-(고 하) 면**		～のなら、～と言うのなら【引用文】
□ **머지않아**		すぐに、間もなく
□ **나타나다**		現れる

※눈에 익다〔目に慣れる〕とも。

TRACK 47

ㄴ

PHRASE 047

私の鼻（水）が三尺だ（三尺垂れている）

내 코가 석 자

自分のことで精一杯だ

A：〈私が〉急な事情があるの〔事情が急なの〕ですが、1,000万ウォンだけ貸していただく〔くださる〕ことできますか？

B：悪いんですが、私も今、他人を助ける状況〔形便〕ではないんですよ。**自分のことで精一杯なので。**

A：それなら、500万ウォンだけ〔程度〕でも。

B：10万ウォンぐらい〔程度〕ならともかく、そんな〔そんなに〕大金は今、ありませんよ。

A　제가 사정이 급한데 1,000만 원만 빌려주실 수 있으세요?

B　미안하지만, 저도 지금 남을 도울 형편이 아니에요.
내 코가 석 자라서요.

A　그러면 500만 원 정도라도.

B　10만 원 정도라면 모를까 그렇게 큰돈은 지금 없어요.

□ **사정이 급하다**	《事情－急－》	急な事情がある〔事情が急だ〕
□ **빌려주다**		貸す
□ **남**		他人
□ **형편**	《形便》	状況、暮らし向き、事情
□ **～ 정도**	《程度》	～ぐらい、～程度
□ **-이라도/라도**		～でも
□ **-(이) 라면 모를까**		～ならともかく、～ならまだしも
□ **큰돈**		大金

TRACK 48

PHRASE 048

ㄴ

溶けたロウソクに（が）なる

녹초가 되다

くたくたになる

A：子供達が力があり余っているから〈そうなの〉か、夜に（なって）も寝ようとしないんです〔眠りをよく眠ろうとしません〕。

B：そうですか？〈私に〉いい方法がありますよ。

A：どんな方法ですか？

B：毎日、グラウンド〔運動場〕を5周ぐらい〔程度〕一緒に走れば、**くたくたになるはずですから**、疲れてすぐに〔今方〕寝（られ）ると思いますよ。

A　아이들이 힘이 남아서 그런지 밤에도 잠을 잘 안 자려고 해요.

B　그래요? 저에게 좋은 방법이 있어요.

A　어떤 방법이요?

B　매일 운동장을 다섯 바퀴 정도 같이 뛰면 **녹초가 될 테니** 피곤해서 금방 잘 거예요.

□ **Ⅲ -서 그런지**		～から（そうなの）か
□ **잠을 자다**		寝る、眠る〔眠りを眠る〕
□ **방법**	《方法》	方法
□ **～ 바퀴**		～周
□ **뛰다**		走る
□ **Ⅱ -ㄹ 테니 (까)**		～（はずだ）から、～（だろう）から【推測・理由】
□ **피곤하다**	《疲困－》	疲れ（てい）る
□ **금방**	《今方》	すぐに

汚名を被る

누명을 쓰다

濡れ衣を着せられる

A：**濡れ衣を着せられて**10年〈の〉間、刑務所〔矯導所〕にいた人がようやく再審を受けることになったそうです。

B：本当ですか？本当に犯人でなかったとしたら、どんなに悔しかった〔抑鬱だった〕でしょうか？

A：自分〔自己〕がしてもいない〔してもなかった〕ことで10年の間、刑務所〔矯導所〕で苦労〔苦生〕したのだから、悔しかった〔抑鬱だった〕でしょうね。

B：本当です〔合っています〕。再審でよい結果が出て〔再審の結果がよく出てきて〕、悔しさ〔抑鬱さ〕を晴らせたら〔ほどいたら〕よいですねぇ。

A：**누명을 쓰고** 10년 동안 교도소에 있었던 사람이 드디어 재심을 받게 되었대요.

B：정말이에요? 진짜 범인이 아니었다면 얼마나 억울했을까요?

A：자기가 하지도 않은 일로 10년 동안 교도소에서 고생했으니 억울했을 거예요.

B：맞아요. 재심 결과가 잘 나와서 억울함을 풀었으면 좋겠네요.

□ **교도소**	《矯導所》	刑務所
□ **재심을 받다**	《再審－》	再審を受ける
□ **범인**	《犯人》	犯人
□ **억울하다**	《抑鬱－》	悔しい、無念だ
□ **고생하다**	《苦生－》	苦労する
□ **억울함**	《抑鬱－》	悔しさ
□ **풀다**		（悪い感情が）晴れる〔ほどく〕

TRACK 50

ㄴ

PHRASE 050

目をパチパチさせる間

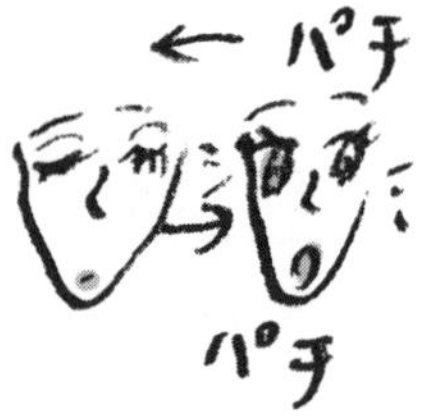

눈 깜짝할 사이

あっという間、瞬く間

A：見ましたか？今、流れ星が落ちたんですが。

B：そうですか？**あっという間**のことだったので〔**目をパチパチさせる間**に起こったことなので〕、ちゃんと見られませんでしたね。

A：残念ですねぇ。〈落ちる星の姿が〉とってもきれいで、忘れられませんよ〔忘れられなさそうです〕。

B：では、私も今から目を見開いて空を見ますね。

A　봤어요? 지금 별똥별이 떨어졌는데.

B　그래요? **눈 깜짝할 사이**에 일어난 일이라 제대로 못 봤어요.

A　아쉽네요. 떨어지는 별의 모습이 너무나 아름다워서
잊지 못할 것 같아요.

B　그럼 저도 지금부터 눈을 부릅뜨고 하늘을 볼게요.

□ **별똥별이 떨어지다**	流れ星が落ちる
□ **일어나다**	起こる、起きる
□ **指定詞語幹＋-라 (서)**	～ので、～から【理由】
□ **제대로**	ちゃんと、きちんと、しっかりと
□ **아쉽다**	残念だ、もったいない ㅂ変
□ **별**	星
□ **부릅뜨다**	（目を）見開く
□ **하늘**	空、天

目つき（が）荒っぽい

눈꼴 사납다

みっともない　※사납다（荒っぽい）は、ㅂ変。

A：今日（は）お盆/お正月〔名節の日〕なのに、あそこの〔あの〕家はどうして兄弟〈達〉どうし（で）争っているのでしょうねぇ？

B：生まれてこの方〔平生〕、親孝行〔孝道〕もできなかったくせに、両親〔父母様〕の遺産を一銭でも多く〔もっと〕もらおうと争う姿が**みっともないですねぇ**。

A：先立たれたご両親〔先に行かれた父母様〕も本当にお気の毒です。

B：その通りですよ〔私の言葉が（まさに）その言葉です〕。子供を育てたって〔子息（を）育てておいてみたところで〕、何の意味（も）ないって言われるでしょうね。

A　오늘 명절날인데 저 집은 왜 형제들끼리 싸우나요?

B　평생 효도도 못했으면서 부모님의 유산을 한 푼이라도
더 받겠다고 싸우는 모습이 **눈꼴 사납네요**.

A　먼저 가신 부모님도 참 안타까우시겠어요.

B　제 말이 그 말입니다.
자식 키워 놓아 봐야 아무 쓸모없다고 하시겠지요.

□ **-끼리**		～どうし
□ **효도하다**	《孝道－》	親孝行する
□ **Ⅲ -ㅆ으면서**		～たのに、～たくせに
□ **유산**	《遺産》	遺産
□ **한 푼**		一銭、一文（昔の貨幣単位）
□ **Ⅲ -φ봐야**		～（てみ）たところで
□ **쓸모（가）없다**		意味（が）ない、使い道（が）ない

TRACK 52

ㄴ

PHRASE 052

目の毒を入れる

눈독을 들이다

目を付ける ※눈독の発音は、[눈똑]。

A：スピードといい、空間認知能力〔空間浸透〕といい、ゴール決定力(も)、何ひとつ欠けるところ〔こと〕がない選手ですねぇ。

B：だから、この選手に**目を付けているチーム**が多いのでしょう。

A：所属チームでも、この選手を奪われるのではないかと心配しているよう〔模様〕ですけど。

B：年俸をどのぐらい上げれば、チームに留まるでしょうかね〔上げてやってこそ、離れないでしょうかね〕？

A 스피드며, 공간 침투며, 골 결정력, 뭐 하나 빠지는 게 없는 선수네요.

B 그러니까 이 선수에게 **눈독을 들이는 팀**이 많지요.

A 소속팀에서도 이 선수를 빼앗길까 봐 걱정하고 있는 모양인데.

B 연봉을 얼마나 올려 주어야 떠나지 않을까요?

□ **名詞＋(이)며, 名詞＋(이)며**		～といい、～といい
□ **빠지다**		欠ける
□ **소속**	《所屬》	所属
□ **빼앗기다**		奪われる
□ **II -ㄹ까 봐**		～する（のではない）かと（思って）
□ **連体形＋모양이다**	《－模様－》	～ようだ、～みたいだ
□ **연봉**	《年俸》	年俸
□ **올리다**		上げる

TRACK 53

PHRASE 053

ㄴ 目を開いて見ることができない

눈 뜨고 볼 수 없다

まともには見られない、見るに堪えない

A：朝鮮戦争の時(に)爆破された漢江大橋の写真を見たことがありますか？
B：はい、あまりにむごたらしくて、とても**まともには見られない写真**でした。
A：二度と〔再びは〕あのような悲劇が起こってはいけません(ね)。
B：私も同じ考えです。同じ民族どうし、仲良く暮らせる〔過ごす〕日が早く来たらよいです(ねぇ)。

A 한국전쟁 때 폭파된 한강대교의 사진을 본 적이 있어요?

B 네, 너무나 끔찍해서 차마 **눈 뜨고 볼 수 없는 사진**이었어요.

A 다시는 그런 비극이 일어나면 안 돼요.

B 저도 같은 생각이에요.
같은 민족끼리 사이좋게 지내는 날이 빨리 왔으면 좋겠어요.

□ **폭파되다**	《爆破－》	爆破される
□ **한강대교**	《漢江大橋》	漢江大橋
□ **끔찍하다**		むごたらしい
□ **차마**		とても、どうしても（耐えられない、～しかねる）
□ **비극**	《悲劇》	悲劇
□ **민족**	《民族》	民族
□ **-끼리**		～どうし
□ **사이좋게**		仲良く

TRACK 54

ㄴ

PHRASE 054

目の外に出る

눈 밖에 나다

嫌われる

A：どうしましょう。社長〈様〉に頼まれた〔がおさせになった〕仕事をきちんと〈処理〉できていないので、心配です。

B：困りましたねぇ〔大きなことですねぇ〕。**社長に嫌われたら〔社長様の目の外に出たら〕**、会社にいづらくなる〔会社生活をまともにすることができない〕でしょうに…。

A：では、会社をやめなければならないでしょうか？

B：しばらく〔当分(の)間〕はつらいでしょうが、次に言われた〔おさせになる〕仕事をしっかり〈処理〉したら、挽回できますよ。

A　어떡하지요? 사장님이 시키신 일을
제대로 처리하지 못 해서 걱정이에요.

B　큰일이네요.
사장님의 눈 밖에 나면 회사 생활을 제대로 할 수 없을 텐데….

A　그럼 회사를 그만두어야 할까요?

B　당분간은 힘들겠지만,
다음에 시키시는 일을 잘 처리하면 만회할 수 있을 거예요.

□ **어떡하지요?**		どうしましょう
□ **처리하다**	《處理ー》	処理する
□ **생활하다**	《生活ー》	生活する
□ **그만두다**		やめる
□ **당분간**	《當分間》	しばらく、当面の間
□ **만회하다**	《挽回ー》	挽回する

TRACK 55

ㄴ

PHRASE 055

目が抜けるように待つ

눈이 빠지게 기다리다

首を長くして待つ

A：どうして ドア〔門〕の前で行ったり来たり〔来たり行ったり〕しているのですか？誰か（を）待っているのですか？

B：宅配（で）注文したもの〔物件（商品）〕を**首を長くして待っているのですが**、待てども来ないんです〔いまだに来なかったんです〕。

A：人ではなく、物〔物件（商品）のため〕だったんですね。宅配の運転手さん〔技士様〕に電話はしてみましたか？

B：出発はした〔なさった〕って言うんですが、道がすごく渋滞して〔たくさん詰まって〕いるみたいですね。

A　왜 문 앞에서 왔다 갔다 해요? 누구 기다려요?

B　택배 주문한 물건을 **눈 빠지게 기다리고 있는데** 아직도 오지 않았어요.

A　사람이 아니라 물건 때문이었군요. 택배 기사님에게 전화는 해 보았어요?

B　출발은 하셨다고 하는데 길이 많이 막히나 봐요.

□ **왔다 갔다 하다**		行ったり来たりする〔来たり行ったりする〕
□ **누구**		誰か【不定】
□ **택배**	《宅配》	宅配、デリバリー
□ **물건**	《物件》	商品、品物
□ **기사님**	《技士ー》	運転手さん〔様〕
□ **길이 막히다**		渋滞する〔道が詰まる〕

TRACK 56

ㄴ

PHRASE 056

眉間のしわをしかめる

눈살을 찌푸리다

不愉快だ、眉をひそめる

A：最近、地下鉄の中で**不愉快な**（ことをする）〔**眉間のしわをしかめさせる**〕**人**〈達〉を見かけるでしょう〔がいるでしょう〕？

B：はい、食べ物〔飲食〕を食べたり、足を広げて座って、他の人達の居心地を悪くする〔不便を与える〕人〈達〉ですね。

A：少しだけ、他人を思いやれば〔配慮すれば〕、そんなことはしないと思うんですけどね〔ないでしょうに〕。

B：本当です〔合っています〕。地下鉄は1人ではなく、皆で〔共に〕利用するものですからね。

A　요즘 지하철 안에서 **눈살을 찌푸리게 하는 사람들**이 있지요?

B　네, 음식을 먹거나, 다리를 벌리고 앉아서
다른 사람들에게 불편을 주는 사람들이요.

A　조금만 남을 배려하면 그런 일은 없을 텐데요.

B　맞아요. 지하철은 혼자가 아니라 함께 이용하는 것이니까요.

□ **Ⅰ -게 하다**		～させる【使役】
□ **Ⅰ -거나**		～たり
□ **다리를 벌리다**		足を広げる
□ **불편을 주다**	《不便－》	居心地を悪くする〔不便を与える〕
□ **남을 배려하다**	《－配慮－》	他人を思いやる
□ **함께**		共に、一緒に
□ **이용하다**	《利用－》	利用する

※얼굴을 찌푸리다〔顔をしかめる〕とも。

TRACK 57

PHRASE 057

L　目に障る

눈에 거슬리다

目に障る、目障りだ

A：パク代理が最近、悩みが多いように見えたんだけど。
B：やることなすこと〔する仕事ごとに〕部長〈様〉の**目に障って**、心配が多いみたいですね。
A：落ち着いて仕事をすればいいのに〔いいだろうに〕、あまりに慌てて〔性急に〕〈処理〉するから問題なんだよ。
B：本人もよくわかってはいるようですが、そう簡単には直らないみたいですね〔直すのが易しくないみたいですね〕。

A　박 대리가 요즘 걱정이 많아 보이던데.

B　하는 일마다 부장님 **눈에 거슬려서** 걱정이 많은가 봐요.

A　차분하게 일을 하면 좋을 텐데, 너무 성급하게 처리해서 문제야.

B　본인도 잘 알고는 있는 것 같은데 고치기가 쉽지 않은가 봐요.

□ **Ⅰ-던데**		～（てい）たけれど【目撃】
□ **차분하다**		落ち着いている
□ **Ⅱ-ㄹ 텐데**		～だろうに【推測】
□ **성급하다**	《性急－》	慌てている、せっかちだ、気が早い
□ **처리하다**	《處理－》	処理する
□ **본인**	《本人》	本人
□ **고치다**		直す、治す
□ **Ⅰ-기 (가) 쉽다**		～するのが簡単だ、～しやすい ㅂ変

TRACK 58

PHRASE 058

ㄴ 目に留まる

눈에 띄다

目立つ

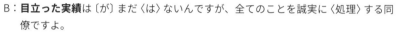

A：キム代理って〔は〕どんな人だい？

B：**目立った実績**は〔が〕まだ〈は〉ないんですが、全てのことを誠実に〈処理〉する同僚ですよ。

A：そうか？今回のプロジェクトを誰に任せようか、迷って〔苦悶して〕いたんだけれど、よかったなぁ。

B：この〔今回の〕機会にキム代理の誠実さが発揮されると〔光を放てば〕いいですねぇ。

A: 김 대리는 어떤 사람이야?

B: **눈에 띄는 실적**이 아직은 없지만
모든 일을 성실하게 처리하는 동료지요.

A: 그래? 이번 프로젝트를 누구에게 맡길까
고민하고 있었는데 잘 되었구먼.

B: 이번 기회에 김 대리의 성실함이 빛을 발하면 좋겠네요.

□ **실적** [실쩍]	《實績》	実績
□ **성실하다**	《誠實－》	誠実だ
□ **맡기다**		任せる
□ **II -ㄹ까**		～ようか
□ **고민하다**	《苦悶－》	悩む
□ **I -구먼**		～なぁ【詠嘆】
□ **성실함**	《誠實－》	誠実さ
□ **빛을 발하다**	《－發－》	光を放つ

TRACK 59

ㄴ

PHRASE 059

目に踏まれる

눈에 밟히다

目に浮かぶ

A：あのおばあさん、写真を見ながら泣かれていますね？

B：はい、戦争の時（に）別れた息子が**目に浮かんで**、泣かれているみたいです〔そうみたいです〕。

A：息子さんは〔が〕、当時、何歳だったんですか〔そうですか〕？

B：たぶん、18歳ぐらい〔程度〕だったと聞きましたが、本当に気の毒ですね。

A　저 할머니, 사진을 보면서 우시네요?

B　네, 전쟁 때 헤어진 아들이 **눈에 밟혀서** 그런가 봐요.

A　아들이 당시 몇 살이었대요?

B　아마 열여덟 살 정도였다고 들었는데 참 안타깝네요.

□ **전쟁**	《戰爭》	戦争
□ **헤어지다**		別れる
□ **당시**	《當時》	当時
□ **-대요?**		～そうですか
□ **아마**		たぶん、おそらく
□ **～ 정도**	《程度》	～ぐらい、～程度
□ **참**		本当に
□ **안타깝다**		気の毒だ、残念だ ㅂ変

TRACK 60

PHRASE 060

ㄴ 目に火を灯す

눈에 불을 켜다

目を皿にする

A：**目を皿にして**探しても見つからない〔見えない〕ですねぇ。

B：何がですか？

A：針です。糸を通そうと思っていたら、落ちてしまいました〔通そうとしていて、落としました〕。

B：私は〔が〕目がいいので〔いいほうだから〕、一緒に探してみますね。

A：**눈에 불을 켜고** 찾아도 안 보이네요.

B：뭐가요?

A：바늘이요. 실을 꿰려고 하다 떨어뜨렸어요.

B：제가 눈이 좋은 편이니까 같이 찾아 볼게요.

□ **Ⅲ -도**		～ても
□ **보이다**		見える、見かける
□ **바늘**		針
□ **실을 꿰다**		糸を通す
□ **Ⅰ -다 (가)**		～ていて、～（する）途中で
□ **떨어뜨리다**		落とす
□ **눈이 좋다**		目（視力）がよい
□ **連体形＋편이다**	《ー便ー》	～ほうだ

TRACK 61

ㄴ

PHRASE 061

目に（ありありと）浮かぶ

눈에 선하다

目に浮かぶ

A：お盆/お正月〔名節〕の時〈に〉は、故郷に余計行きたくなりますよね〔もっと行きたくていらっしゃるでしょう〕？

B：いまだに**目に浮かぶ故郷**ですが、行くことができなくて心が痛いです。

A：いつ頃、(南北は) 統一〈が〉されるでしょうね？

B：私が死ぬ前に統一してくれたら〔死ぬ前にさえされるのなら〕、思い残すことはありません〔所願がなさそうです〕。

A　명절 때에는 고향에 더 가고 싶으시지요?

B　아직도 **눈에 선한 고향**이지만 갈 수 없어서 마음이 아프지요.

A　언제쯤 통일이 될까요?

B　제가 죽기 전에만 된다면 소원이 없겠어요.

□ **명절**	《名節》	民族的な祝祭日（盆と正月）
□ **고향**	《故郷》	故郷、ふるさと、田舎
□ **마음이 아프다**		心が痛い
□ **언제쯤**		いつ頃、いつぐらい
□ **통일이 되다**	《統一−》	（南北が）統一される
□ **죽다**		死ぬ
□ **I -기 전에**	《−前−》	～する前に
□ **소원**	《所願》	願い

TRACK 62

ㄴ

PHRASE 062

目にちらちらする

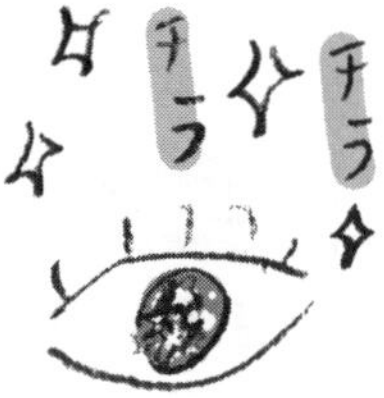

눈에 아른거리다

目にありありと浮かぶ

A：こんなに寒くなると〔寒い日なら〕、思い出す〔考え出る〕人がいますか？
B：今は会えないのですが、布団に入るたびに〔寝床に入る時ごとに〕**目にありありと浮かぶ人**がいます。
A：そんなに〈も〉会いたい〔見たい〕のに、どうして会えないんですか〔会えない理由が何ですか〕？
B：もう亡くなったからですよ。〈私どもの〉母なんです。

A 이렇게 추운 날이면 생각나는 사람이 있나요?

B 지금은 만날 수 없지만, 잠자리에 들 때마다
눈에 아른거리는 사람이 있어요.

A 그렇게도 보고 싶은데 만날 수 없는 이유가 뭔가요?

B 벌써 돌아가셨기 때문이에요. 저희 어머니거든요.

□ **생각 (이) 나다**	思い出す〔考え（が）出る〕
□ **잠자리에 들다** [잠짜리ー]	布団に入る〔寝床に入る〕
□ **그렇게도**	そんなにも、そこまで
□ **뭔가요? (<무엇인가요?)**	何ですか
□ **벌써**	もう、既に
□ **돌아가시다**	亡くなる
□ **I -기 때문이다**	～からだ、～ためだ

TRACK 63

PHRASE 063

ㄴ 目に熟す、慣れる

눈에 익다

見覚えがある、見慣れている

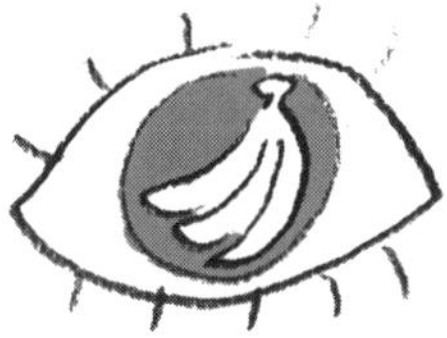

A：あの人、**見覚えがあるんだけど**、誰だったかな？
B：知らないの？夕方のニュースに出ている〔夕方のニュース(を)進行する〕アナウンサーじゃない。
A：あ、毎日見ている人だから、**見覚えがあったのか**。
B：テレビでよく〔しょっちゅう〕見る人は**見慣れているから〈そうなの〉か**、知らない人なのに知っている人みたいだね。

A 저 사람 **눈에 익은데** 누구였더라?

B 몰라? 저녁 뉴스 진행하는 아나운서잖아.

A 아, 매일 보는 사람이어서 **눈에 익었구나**.

B TV에서 자주 보는 사람은 **눈에 익어서 그런지**, 모르는 사람인데도 아는 사람 같아.

□ **III -ㅆ더라?**		～たかな【回想】
□ **저녁 뉴스**	《ーnews》	夕方のニュース
□ **진행하다**	《進行ー》	進行する、進める
□ **아나운서**	《announcer》	アナウンサー
□ **자주**		よく、しょっちゅう【頻度】
□ **III -서 그런지**		～から（そうなの）か
□ **現在連体形＋데도**		～のに（も関わらず）

TRACK 64

ㄴ

PHRASE 064

目に満ちる

눈에 차다

十分に満足する

A：その程度（で）〔やって〕部長〈様〉、**満足するでしょうか**？
B：もっとしっかりやらなければならないのですが、これが私の限界だと思います。
A：努力して〔気苦労（を）使って〕いるのは皆〔誰でも〕、わかっているのですが、部長〈様〉の理想〔目〕がなにしろ高くて。
B：それでも、うちの部長〈様〉のもとで仕事を学べば、他の人達より早く成長できる〔伸びる〕でしょうね？

A　그 정도 해서 부장님 **눈에 찰까요**?

B　더 잘해야 하는데 이게 저의 한계 같아요.

A　애쓰고 있는 것은 누구나 아는데 부장님의 눈이 워낙 높아서.

B　그래도 우리 부장님 밑에서 일을 배우면 남들보다 빨리 늘겠지요?

□ **한계** [한게]	《限界》	限界
□ **애 (를) 쓰다**		努力する、骨を折る〔気苦労（を）使う〕
□ **누구나**		皆〔誰でも〕
□ **눈이 높다**		理想が高い、目が高い〔目が高い〕
□ **워낙**		なにしろ、なにせ
□ **밑**		もと、下
□ **남**		他人
□ **늘다**		伸びる、上達する

TRACK 65

PHRASE 065

ㄴ

目に土が入る

눈에 흙이 들어가다

死ぬ

A：**私が死ぬ〔私の目に土が入る〕前〈に〉は**、この結婚は絶対(に)ダメよ。
B：お母さん、私もこの人ではなくてはダメなんです。
A：何ですって？私がどんなに苦労してあんたを育てたと思っているの〔あんたをどうやって育てたの〕。
B：お母さん、結婚だけは私が望むとおりにしたいです。

A **내 눈에 흙이 들어가기 전에는** 이 결혼은 절대 안 돼.

B 어머니, 저도 이 사람이 아니면 안 됩니다.

A 뭐라고? 내가 너를 어떻게 키웠는데.

B 어머니, 결혼만큼은 제가 원하는 대로 하고 싶습니다.

□ **I -기 전에**	《ー前ー》	～する前に
□ **결혼하다**	《結婚ー》	結婚する
□ **절대 (로)** [절때ー]	《絶對 (ー)》	絶対 (に)
□ **키우다**		育てる
□ **～ 만큼은**		～だけは
□ **원하다**	《願ー》	望む、願う
□ **I -는 대로**		～するとおりに

※세상을 떠나다〔世の中を離れる〕で「世を去る、亡くなる」。

TRACK 66

ㄴ

PHRASE 066

目にトゲ

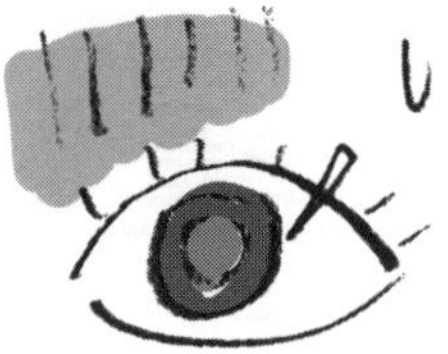

눈엣가시

目の上のたんこぶ

A：最近チョン理事〈様〉とユン理事〈様〉の仲がよくないんですって？
B：今度の定期人事で社長の座〔席〕をめぐって〔置いて〕、チョン理事〈様〉とユン理事〈様〉が競争をしているらしいですよ。
A：お互いを**目の上のたんこぶ**のように見ている(のには)わけ〔理由〕があったんですね。
B：お2人は〔が〕〈入社〉同期なので、若い〔若かった〕時はとても仲がよかったと言っていたのに、世の中〔世上〕〈のこと〉って本当にわからない〔難しい〕ものですね。

A 요즘 정 이사님과 윤 이사님 사이가 안 좋다면서요?

B 이번 정기 인사에서 사장 자리를 놓고 정 이사님과 윤 이사님이 경쟁을 하고 있대요.

A 서로를 **눈엣가시**처럼 보고 있는 이유가 있었군요.

B 두 분이 입사 동기여서 젊었을 때는 아주 친했다고 하던데 세상일이란 참 어려운 것이네요.

□ **정기 인사**	《定期 人事》	定期人事
□ **자리**		座、席
□ **-을/를 놓고**		～をめぐって〔置いて〕
□ **경쟁을 하다**	《競争ー》	競争をする
□ **입사 동기**	《入社 同期》	(入社) 同期
□ **친하다**	《親ー》	仲がいい、親しい
□ **세상일** [세상닐]	《世上ー》	世の中〈のこと〉

TRACK 67

ㄴ

PHRASE 067

目を回す

눈을 돌리다

目をそらす

A：最近、恵まれない人達を助ける（ための）寄付金〔不遇な隣人助け誠金〕がうまく集まらなくて、問題になっているそうです〔問題だそうです〕。

B：恵まれない〔難しい〕隣人を助けようとする訴え〔呼訴〕から〔に〕**目をそらす人〈達〉**が多くて、残念ですね。

A：〈世の中（世上）の〉人情〔人心〕がどうしてこんなになくなってしまったのでしょう〔刻薄になったのか〕。

B：経済状況がよくなれば、人情〔人心〕ももっと厚く〔豊かに〕なるでしょうね？

A 요즘 불우이웃돕기 성금이 잘 걷히지 않아서 문제라고 해요.

B 어려운 이웃을 돕자는 호소에 **눈을 돌리는 사람들**이 많아서 아쉽네요.

A 세상의 인심이 왜 이렇게 각박하게 되었는지.

B 경제 상황이 좋아지면 인심도 더 넉넉해지겠지요?

□ **불우이웃돕기**	《不遇ー》	恵まれない人々を助けること
□ **성금**	《誠金》	寄付金、義援金
□ **걷히다** [거치다]		集まる
□ **호소**	《呼訴》	訴え
□ **인심**	《人心》	人情、人の心
□ **각박하다**	《刻薄ー》	厳しい、世知辛い、刻薄だ
□ **경제 상황**	《經濟 狀況》	経済状況
□ **넉넉하다**		豊かだ、余裕がある、十分だ

TRACK 68

PHRASE 068

ㄴ 目をピタッと閉じる

눈을 딱 감다

思い切る

A：今回、1回だけ**思い切って**見逃して〔越えていって〕くれたら、金は十分に準備してあげよう。

B：何を言っているんだ〔何の話だ〕？ルールがあるってことが〔原則通りにしなければならないこと〕わからないのか？

A：それはわかっているが、今のような給料をもらい続けて〔月給もらって〕、金持ちに〔富者が〕なれる（っていう）のか？

B：それでも〈私は〉ルールは〔原則を〕守らなければ。君の話は聞かなかった〔聞けなかった〕ことにするよ。

A　이번 한 번만 **눈을 딱 감고** 넘어가 주면 돈은 넉넉히 챙겨 주겠네.

B　무슨 소리인가? 원칙대로 해야 하는 거 모르나?

A　그건 아는데 지금 같은 월급 받아서 부자가 될 수 있을까?

B　그래도 난 원칙을 지켜야겠네.
자네 이야기는 못 들은 것으로 하겠네.

□ **넘어가다**		見逃す、許す〔越えていく〕
□ **넉넉히**		十分に
□ **챙겨 주다**		準備してやる
□ **원칙**	《原則》	原則
□ **월급**	《月給》	給料、月給
□ **부자**	《富者》	金持ち
□ **Ⅲ -야겠다**		～なければ（ならない）、～ないと（いけない）
□ **자네**		君

TRACK 69

ㄴ

PHRASE 069

目を開ける

눈을 뜨다

目覚める

A：この選手(は)、昨年まで(は)打率が高くなかったのに、今年は本当によく打ちますねぇ。
B：今になってやっと、打撃に**目覚めたのでは**ないでしょうか？
A：このぶんだと〔今のような流れなら〕、これからの成績が〈もっと〉楽しみですね〔期待がされます〕。
B：はい、そうですね。私も期待して見守りたいと思います〔期待を持って、継続、守り見るつもりです〕。

A 이 선수 작년까지 타율이 높지 않았는데 올해는 정말 잘 치네요.

B 이제야 타격에 **눈을 뜬 게** 아닐까요?

A 지금과 같은 흐름이라면 앞으로의 성적이 더 기대가 됩니다.

B 네, 그렇습니다. 저도 기대를 갖고 계속 지켜보겠습니다.

□ **타율**	《打率》	打率
□ **치다**		打つ
□ **이제야**		今になってやっと
□ **타격**	《打撃》	打撃
□ **흐름**		流れ
□ **성적**	《成績》	成績
□ **기대가 되다**	《期待−》	楽しみだ、期待できる〔期待がされる〕
□ **지켜보다**		見守る〔守り見る〕

TRACK 70

ㄴ

PHRASE 070

目を付ける

눈을 붙이다

仮眠をとる

A：徹夜で〔夜を明かして〕潜伏捜査〔勤務〕をしたら、とても疲れたな。

B：先輩〈様〉、少し〔暫時〕**仮眠でもとって**〔**目でも付けて**〕**ください**。こんなにずっと〔継続〕無理されたら、体に悪いですよ〔大きなこと出ますよ〕。

A：だけど、犯人は捕まえなきゃな。

B：私がいるじゃないですか？今回〈に〉は私が捕まえます。

A 밤을 새워 잠복근무를 했더니 너무 피곤하구먼.

B 선배님, 잠시 **눈이라도 붙이세요**.
이렇게 계속 무리하시면 큰일 납니다.

A 그래도 범인은 잡아야지.

B 제가 있지 않습니까? 이번에는 제가 잡겠습니다.

□ **밤을 새우다**		徹夜する、夜更かしする〔夜を明かす〕
□ **잠복근무**	《潜伏勤務》	潜伏捜査
□ **선배님**	《先輩－》	先輩〈様〉
□ **잠시**	《暫時》	少し（の間）、しばらく
□ **무리하다**	《無理－》	無理する
□ **큰일 (이) 나다**		大変なことになる〔大きなこと（が）出る〕
□ **범인**	《犯人》	犯人
□ **잡다**		捕まえる

PHRASE 071

目が遠い

눈이 멀다

目がくらむ

A：お金のために友達を裏切っても〔背信しても〕いいものでしょうか？

B：お金に**目がくらんで**友達を裏切っては〔背信しては〕、もちろん〔当然に〕いけませんよ。

A：でも、私は5,000万ウォンのために友達に裏切られました〔私の友達が5,000万ウォンのために私を背信しました〕。

B：友情はお金でも買えないものなのに、本当に残念〔ほろ苦い〕ですねぇ。

A 돈 때문에 친구를 배신해도 되는 건가요?

B 돈에 **눈이 멀어** 친구를 배신하면 당연히 안 되지요.

A 근데 제 친구가 5,000만 원 때문에 저를 배신했어요.

B 우정은 돈으로도 살 수 없는 것인데 참 씁쓸하네요.

□ **～ 때문에**		～のために、～のせいで
□ **배신하다**	《背信ー》	裏切る
□ **당연히**	《當然ー》	もちろん、当然
□ **우정**	《友情》	友情
□ **참**		本当に
□ **씁쓸하다**		ほろ苦い、苦々しい

TRACK 72

ㄴ

PHRASE 072

目が明るい

눈이 밝다

目ざとい、目がくらむ

A：あの人、親切で印象がよさそうに見えるんだけど、一度会ってみようか？

B：利益にばかり**目ざとくて**、近寄るのが怖い人だよ。

A：本当？ 人には裏表があるって〔表違い、中違うのが人だと〕いうけれど。

B：私も最初〈に〉はわからなかったけど、経験してみたら気が付いたよ〔してみたあとにわかったよ〕。

A　저 사람 친절하고 인상이 좋아 보이는데 한번 만나 볼까?

B　잇속에만 **눈이 밝아서** 가까이하기 두려운 사람이야.

A　정말? 겉 다르고 속 다른 게 사람이라더니.

B　나도 처음에는 몰랐는데 겪어본 후에 알았지.

□ **친절하다**	《親切ー》	親切だ
□ **잇속**	《利（ㅅ）ー》	利益、実利
□ **가까이하다**		近寄る
□ **I -기 두렵다**		～するのが怖い ㅂ変
□ **겉 다르고 속 다르다**		裏表がある〔表違い、中違う〕 르変
□ **名詞＋-(이) 라더니 (＜名詞＋-(이) 라고 하더니)**		～だというけれど
□ **겪어보다**		経験する〔経験してみる〕
□ **II -ㄴ 후에**	《ー後ー》	～たあとに、～てから

TRACK 73

PHRASE 073

ㄴ

目が暗い

눈이 어둡다

目（視力）が悪い

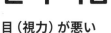

※귀가 어둡다〔耳が暗い〕で耳（聴力）が悪い。어둡다（暗い）は、ㅂ変。

A：年（を）取って〔食べて〕、**目と耳が悪くなって**、この頃は外にあまり出られません〔よく出て行けません〕。

B：それでも近いところをたくさん散歩すると〔ところはしょっちゅう散策をしてこそ〕、健康にいいですよ。

A：最近のように寒い日〔時〕は、散歩〔散策〕も楽じゃない〔易しくない〕んですが、どうしたらいいでしょうか？

B：それなら、リビング〔居室〕や部屋で簡単な〔素手の〕体操でもしなければ〔なさらなければ〕いけませんよ。

A：나이 먹고 **눈과 귀가 어두워져서** 요즘은 밖에 잘 나가지 못해요.

B：그래도 가까운 곳은 자주 산책을 해야 건강에 좋습니다.

A：요즘같이 추울 때는 산책도 쉽지 않은데 어떻게 하면 좋을까요?

B：그럼 거실이나 방에서 맨손체조라도 하셔야 합니다.

□ **나이 (를) 먹다**		年（を）取る〔食べる〕
□ **산책을 하다**	《散策－》	散歩をする、散策をする
□ **Ⅲ -야**		～てこそ
□ **건강에 좋다**	《健康－》	健康によい
□ **거실**	《居室》	リビング、居間
□ **-이나/나**		～や
□ **맨손체조**	《－體操》	簡単な体操〔素手の体操〕

※器具を使わない簡単な体操。

PHRASE 074

ㄴ 眼差しがヒリヒリする

눈총이 따갑다

視線が冷たい ※따갑다（ヒリヒリする）は、ㅂ変。

A：この頃、政府に対する市民〈達〉の**視線が冷たいですね**？

B：過ちを認めない大臣〔認定しない長官〕の厚かましい態度のせいだと思います。

A：「立派な人ほど、おごり高ぶらず謙虚でなければならない」と言いますけどね〔「稲は熟するほど頭を下げる」と言いましたけどね〕。

B：自分の〔自身が〕得た地位が、国民〈達〉の支持から出〈てき〉たものだということを忘れないでほしいですね〔忘れなかったら嬉しいです〕。

A　요즘, 정부에 대한 시민들의 **눈총이 따갑지요**?

B　잘못을 인정하지 않는 장관의 뻔뻔한 태도 때문인 것 같아요.

A　벼는 익을수록 고개를 숙인다고 했는데.

B　자신이 얻은 지위가 국민들의 지지로부터
나온 것임을 잊지 않았으면 좋겠어요.

□ **정부**	《政府》	政府
□ **장관**	《長官》	大臣
□ **태도**	《態度》	態度
□ **벼는 익을수록 고개를 숙인다**		立派な人ほど、おごり高ぶらず謙虚でなければならない〔稲は熟するほど頭を下げる〕
□ **자신**	《自身》	自分、自身
□ **지위**	《地位》	地位
□ **지지**	《支持》	支持
□ **II -ㅁ**		〜こと【名詞化】

TRACK 75

ㄴ

PHRASE 075

機転がない

눈치가 없다

機転が利かない、察しが悪い

A：**機転が利かなくても**、いい暮らしをする〔よく生きる〕人がいるようです。

B：そうです〔合っています〕。うちの義兄弟/姉妹も**本当に気を使わないんだから〔どんなに機転が利かないことか〕**。

A：どうしてですか？

B：今、家（を）1軒買うのも皆〈達〉大変な〔難しい〕のに、またマンション〔アパート〕（の抽選）に当たったって自慢していたんですよ。

A　**눈치가 없어도** 잘 사는 사람이 있는 것 같아요.

B　맞아요. 우리 동서도 **얼마나 눈치가 없는지**.

A　왜요?

B　지금 집 한 채 사기도 다들 어려운데,
또 아파트에 당첨되었다고 자랑하더라고요.

□ **잘 살다**		いい暮らしをする〔よく生きる〕
□ **동서**	《同壻》	義兄弟/姉妹
□ **채**		軒【家を数える助数詞】
□ **I -기**		〜こと【名詞形】
□ **아파트**	《apart (ment)》	マンション
□ **당첨되다**	《當籤－》	当たる、当選する
□ **자랑하다**		自慢する

TRACK 76

ㄴ

PHRASE 076

顔色を見る

눈치를 보다

視線を気にする、顔色を伺う

A：ライバルの会社〔競争業体達〕は、この事業を皆、避けているけれど、大丈夫だろうか。

B：こういうことは（周りの）**視線を気にせずに**、信念〔所信〕のとおりにやるべきですよ。

A：そうしているうちに私達だけ損をしたら〔損害見たら〕、君が責任（を）とるつもりなのか？

B：誰もしない事業で成功してこそ、より大きな利益を得ることができますよ。

A 경쟁업체들은 이 사업을 모두 꺼리고 있는데 괜찮을지.

B 이런 일은 **눈치를 보지 말고** 소신대로 해야 합니다.

A 그러다가 우리만 손해 보면 자네가 책임질 건가?

B 아무도 하지 않는 사업에서 성공해야 더 큰 이익을 얻을 수 있습니다.

□ **경쟁업체**	《競争業體》	ライバル会社
□ **꺼리다**		避ける、嫌う
□ **소신**	《所信》	信念、所信
□ **그러다가**		そうしているうちに
□ **손해 (를) 보다**	《損害－》	損（を）する〔損害（を）見る〕
□ **책임 (을) 지다**	《責任－》	責任（を）とる/負う
□ **성공하다**	《成功－》	成功する
□ **이익을 얻다**	《利益－》	利益を得る

TRACK 77

ㄴ

PHRASE 077

目鼻（を）開ける間（が）ない

눈코 뜰 새 없다

目が回るほど忙しい

A：とても〔たくさん〕お忙しいでしょう？

B：最近〈に〉は、注文量が増えたので、仕事をするのに**目が回るほど忙しいです**。

A：いくらお忙しくても、食事は必ずとらなければ〔おとりにならなければ〕いけませんよ。

B：ご飯を食べるために仕事をしている〔ご飯食べようとしている仕事な〕のに、ご飯（を）食べる時間がないんだから、世の中〔世上〕〈のこと〉は本当にわからない〔知ることができない〕ですねぇ。

A　많이 바쁘시지요?

B　요즘에는 주문량이 늘어나서 일하느라 **눈코 뜰 새도 없어요**.

A　아무리 바쁘시더라도 끼니는 꼭 챙기셔야 해요.

B　밥 먹자고 하는 일인데 밥 먹을 시간이 없으니
세상일은 참 알 수 없네요.

□ **주문량** [주문냥]	《注文量》	注文量
□ **늘어나다**		増える
□ **I -느라 (고)** ※前後の主語は同一。後ろには否定的な内容が来る。		～するのに、～するために
□ **아무리 I -더라도**		いくら～ても【譲歩】
□ **끼니를 챙기다**		食事を（欠かさず）とる
□ **I -자고**		～ようと（して）【引用文】
□ **세상일** [세상닐]	《世上一》	世の中〈のこと〉

TRACK 78

ㄷ

PHRASE 078

橋をかける

다리를 놓다

(関係を) 繋ぐ

A：この2人はどうやって結婚することになったんですか？

B：**あの2人を繋いだのは**〔**2人の間に橋をかけたのは**〕、私だったんだよ。

A：じゃあ、2人は〔が〕初めて会った時から、お互いに好感を持っていたんですかね〔好感があったんですか〕？

B：さぁ、どうかな、最初〈に〉は違ったと思うけど、ずっと〔継続〕会っていたら情がわいてきた〔会っていてみたら、情が入った〕みたい。

A　이 두 사람은 어떻게 결혼하게 되었어요?

B　**그 두 사람 사이에 다리를 놓은 건** 나였지.

A　그럼 둘이 처음 만났을 때부터 서로 호감이 있었나요?

B　글쎄, 처음에는 아니었던 것 같은데
계속 만나다 보니 정이 들었나 봐.

□ **서로**		お互い（に）
□ **호감**	《好感》	好感
□ **글쎄**		さぁ、どうかな、そうだなぁ
□ **I -다 보니 (까)**		～ていたら〔ていてみたら〕
□ **정이 들다**	《情－》	情がわく〔入る〕
□ **I -나 보다**		～みたいだ、～ようだ【推測】

TRACK 79

ㄷ

PHRASE 079

足を伸ばして寝る

다리를 뻗고 자다

(重荷となっているものから解放され、ほっとして) ゆっくりと寝る

A：返さなければならない借金が多くて、心配だろうね。

B：借金を全部〔全て〕、返すまでは〔前には〕、〈ちゃんと〉**ゆっくりと寝ることができない〈だろう〉と思います**。

A：そう、そういう気持ちを持ってこそ、早く返すことができるんだよ。

B：借金を全部〔全て〕返したら、とても嬉しくて、万歳と〔を〕叫ぶと思いますよ。

A 갚아야 할 빚이 많아서 걱정이겠네.

B 빚을 다 갚기 전에는 제대로 **다리를 뻗고 잘 수 없을 것 같아요**.

A 그래, 그런 마음을 가져야 빨리 갚을 수 있어.

B 빚을 다 갚으면 너무 기뻐서 만세를 부를 거예요.

□ **갚다**		返す
□ **빚**		借金
□ **Ⅰ-기 전에**	《ー前ー》	～する前に
□ **제대로**		ちゃんと、きちんと、しっかりと
□ **Ⅲ-야**		～てこそ
□ **만세를 부르다**	《萬歲ー》	万歳と〔を〕叫ぶ 르変

TRACK 80

ㄷ

PHRASE 080

大当たりが出る

대박이 나다

ヒットする

A：映画『パラサイト』見た？
B：いや。俺は〔が〕映画（に）はあまり興味〔関心〕がないので。
A：アカデミー映画祭で作品賞と監督賞を受賞した〔もらった〕作品なのに、いまだに知らないの？
B：本当に**ヒットした作品**だったんだねぇ。俺も絶対に見なきゃ。

A 영화 '기생충' 봤어?

B 아니. 내가 영화는 별로 관심이 없어서.

A 아카데미 영화제에서 작품상과 감독상을 받은 작품인데 아직도 몰라?

B 정말 **대박이 난 작품**이었네. 나도 꼭 봐야겠다.

□ **기생충**	《寄生蟲》	パラサイト
※2019年にヒットしたポン・ジュノ（봉준호）監督による映画。邦題は『パラサイト 半地下の家族』。		
□ **관심이 없다**	《關心ー》	興味がない、関心がない
□ **아카데미 영화제**	《academy 映畫祭》	アカデミー映画祭
□ **작품상**	《作品賞》	作品賞
□ **감독상**	《監督賞》	監督賞
□ **아직도**		いまだに、まだ
□ **Ⅲ-야겠다**		～なければ（ならない）、～ないと（いけない）

ㄷ

加える必要なく

더할 나위 없이

これ以上ないぐらい、申し分なく

A：最近の天気は、**これ以上ないぐらい**よいですねぇ。
B：そうですね〔合っています〕。暑くもなく、湿気が多くもないので、とてもいいです。
A：やはり韓国は、秋が一番美しい季節だと思います。
B：多くの穀物や〔穀食と〕果物を収穫する季節なので、豊かな〔豊盛な〕季節でもありますよね。

A 요즘 날씨는 **더할 나위 없이** 좋네요.

B 맞아요. 덥지도 않고 습기가 많지도 않아서 너무 좋아요.

A 역시 한국은 가을이 가장 아름다운 계절인 것 같아요.

B 많은 곡식과 과일을 수확하는 계절이라 풍성한 계절이기도 하지요.

□ **습기**	《濕氣》	湿気
□ **가장**		一番、最も
□ **계절** [게절]	《季節》	季節
□ **곡식**	《穀食》	穀物
□ **과일**		果物
□ **수확하다**	《收穫－》	収穫する
□ **풍성하다**	《豐盛－》	豊かだ
□ **I -기도 하다**		～でもある、～しもする

TRACK 82

ㄷ

PHRASE 082

首根っこを捕まえられる

덜미를 잡히다

捕まる、悪事がばれる

A：犯人はどうやって捕まったんだって？
B：同じ手口〔手法〕でほかの店の金庫をあさっていて、**捕まったらしいよ。**
A：他人の財産にむやみに手を付ける〔をむやみに持っていく〕(ような) 人は、絶対に罰を受けなければならないと思うよ。
B：僕もそう思うよ〔同じ考えだよ〕。

A 범인은 어떻게 잡혔대?

B 같은 수법으로 다른 가게의 금고를 털다가 **덜미를 잡혔대**.

A 남의 재산을 함부로 가져가는 사람은 꼭 벌을 받아야 한다고 생각해.

B 나도 같은 생각이야.

□ **잡히다**		捕まる
□ **수법** [수뻡]	《手法》	手口、手法
□ **금고를 털다**	《金庫ー》	金庫をあさる
□ **남**		他人
□ **재산**	《財産》	財産
□ **함부로**		むやみに
□ **가져가다**		持っていく
□ **벌을 받다**	《罰ー》	罰を受ける

TRACK 83

ㄷ

PHRASE 083

金の座布団に座る

돈방석에 앉다

大金持ちになる

A：株式投資で**大金持ちになったという人**を私の周り〔周辺〕でいまだ〔まだまで〕見たことがありません。

B：じゃあ、巷には株によって〔市中で株式を通じて〕お金を儲けたという人達の本が〔は〕どうしてこんなに多いのでしょうか？

A：成功した人達（に）だけ注目する社会の雰囲気のせいではないでしょうか？

B：そうですね。まじめ〔着実〕に働いて、正当な対価を得る〔もらう〕人〈達〉がこの社会に〈で〉は、もっと必要なのですが。

A　주식 투자로 **돈방석에 앉았다는 사람**을
제 주변에서 아직까지 본 적이 없어요.

B　그럼 시중에서 주식을 통해 돈을 벌었다는 사람들의 책은
왜 이렇게 많을까요?

A　성공한 사람들만 주목하는 사회 분위기 때문이 아닐까요?

B　그래요. 착실하게 일하고 정당한 대가를 받는 사람들이
이 사회에서는 더 필요한데요.

□ **주식 투자**	《株式 投資》	株式投資
□ **시중**	《市中》	巷、街中
□ **-을/를 통해**	《ー通ー》	〜を通じて
□ **착실하다**	《着實ー》	まじめだ、着実だ
□ **정당하다**	《正當ー》	正当だ
□ **대가를 받다** [대까ー]	《對價ー》	対価を得る〔もらう〕

TRACK 84

ㄷ

PHRASE 084

後頭部を殴る

뒤통수를 치다

裏切る

A：俺は絶対（に）違う。

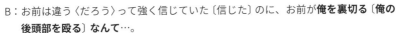

B：お前は違う〈だろう〉って強く信じていた〔信じた〕のに、お前が**俺を裏切る〔俺の後頭部を殴る〕なんて**…。

A：お前と俺は〔が〕30年（来）の友達なのに、俺がお前を裏切るなんてありえないだろう〔俺がお前をどうやって背信することができるんだ〕？

B：じゃあ、お前の言葉を信じられるように〈お前の〉潔白を証明してみろよ。

A　나는 절대 아니야.

B　너는 아닐 거라고 단단히 믿었는데 네가 **내 뒤통수를 치다니**….

A　너와 내가 30년 친구인데 내가 너를 어떻게 배신할 수 있겠어?

B　그럼 네 말을 믿을 수 있게 너의 결백을 증명해 봐.

□ **단단히 믿다**		強く信じる、固く信じる
□ **Ⅰ-다니**		～なんて、～とは【驚き】
□ **배신하다**	《背信－》	裏切る
□ **네 …**		お前の…、あんたの…
□ **Ⅰ-게**		～ように、～く、～に【副詞形】
□ **결백**	《潔白》	潔白
□ **증명하다**	《證明－》	証明する

TRACK 85

PHRASE 085

ㄷ

後の鼓を打つ

뒷북을 치다

後手後手になる

A：市民〈達〉が故障した〔出た〕信号〈燈〉を替えて〔交替して〕ほしいと要請してから〔したのが〕1か月が経ちましたねぇ。

B：行き来するのに不便で危ない〔危険な〕のに、一体〔都大体〕どのくらい待てば替えてくれるのやら〔待ってこそ交替をしてくれるのか〕。

A：聞くところによれば〔聞こえる言葉では〕、市役所〔市庁〕で来週ぐらい〔程度〕にでも替える〔交替する〕予定だそうです。

B：遅れて〔遅く〕でもしてくれてよかった〔多幸〕ですが、**後手後手になっている気がしますねぇ〔後の鼓を打つという考えが入りますねぇ〕**。

A　시민들이 고장 난 신호등을 교체해 달라고 요청한 것이 한 달이 지났네요.

B　다니기에 불편하고 위험한데 도대체 얼마나 기다려야 교체를 해 줄 것인지.

A　들리는 말로는 시청에서 다음 주 정도에나 교체할 예정이라고 해요.

B　늦게라도 해 주어서 다행이지만 **뒷북을 친다는 생각이 드네요**.

□ **신호등**	《信號燈》	信号
□ **교체하다**	《交替－》	替える、交替する
□ **Ⅲ -φ달라고 요청하다**	《－要請－》	～てほしい/くれと要請する
□ **Ⅰ -기 (에) 불편하다**	《－不便－》	～するのに不便だ
□ **위험하다**	《危險－》	危ない、危険だ
□ **시청**	《市廳》	市役所、市庁
□ **늦게라도**		遅れて〔遅く〕でも

TRACK 86

ㄷ

PHRASE 086

バレ（ること）が出る

들통이 나다

バレる

A：最近あの俳優、あまり見かけませんが〔よく見えていなかったんですが〕、何かあった〔ことがある〕んでしょうか？

B：人妻〔有夫女〕と密会〔密かに〕デートしたことが**バレて**、芸能〔演芸〕界を追放されたそうです〔去らなければならなかったそうです〕。

A：そんなことがあったんですね。ところで、どうして〔どうやって〕わかったんですか？

B：インターネットの新聞記事に今日、出ていたんですよ。

A 요즘 그 배우 잘 안 보이던데 무슨 일이 있는 걸까요?

B 유부녀와 몰래 데이트한 것이 **들통이 나서** 연예계를 떠나야 했대요.

A 그런 일이 있었군요. 근데 어떻게 알았어요?

B 인터넷 신문 기사에 오늘 났더라고요.

□ **배우**	《俳優》	俳優
□ **보이다**		見かける、見える
□ **유부녀**	《有夫女》	人妻
□ **몰래**		密かに、こっそり
□ **데이트하다**	《date－》	デートする
□ **연예계** [여녜게]	《演藝界》	芸能界
□ **떠나다**		去る、離れる
□ **신문 기사**	《新聞 記事》	新聞記事

TRACK 87

ㄷ

PHRASE 087

背を回す

등을 돌리다

関係を絶つ、別れる

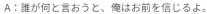

A：誰が何と言おうと、俺はお前を信じるよ。

B：家族〈達〉も友達も皆、**関係を絶った**〔**背を回す**〕**時**、お前〈1つ〉だけは俺を信じてくれて、ありがとう。

A：お前が私にし(てくれ)たこと〈達〉を考えたら、俺がそば〔隣〕にいるのは〔が〕当たり前〔当然〕でしょう。

B：(俺には)お前しかいないよ、友よ。

A 누가 뭐라고 해도 나는 너를 믿어.

B 가족들도 친구들도 모두 **등을 돌릴 때**
너 하나만은 나를 믿어 주어서 고마워.

A 네가 나에게 한 일들을 생각하면 내가 옆에 있는 것이 당연하지.

B 너밖에 없다, 친구야.

□ **당연하다**	《當然－》	当たり前だ、当然だ
□ **-밖에**		～しか
□ **(母音終わりの名前など) + -야!**		～(よ)！【呼びかけ】

TRACK 88

PHRASE 088

CC

鐘を鳴らす

땡땡이를 치다

サボる

A：今日（は）天気もいいし、午後の授業は**サボって**、漢江に遊びに行こうか？

B：ねえ、高い授業料を払っているのに、**サボる気**〔登録金がいくらなのに、**鐘を鳴らす考えをするの**〕？

A：でも、今日は教室にずっと〔講義室にばかり〕いるには、あまりにもいい〔のどかな〕天気なんだけど。

B：うーん、じゃあ、ちょっとだけ出かけてこようか？

A　오늘 날씨도 좋은데 오후 수업은 **땡땡이치고** 한강에 놀러 갈까?

야, 등록금이 얼마인데 **땡땡이칠 생각을 해**?　B

A　그래도 오늘은 강의실에만 있기에는 너무 화창한 날씨인데.

으음, 그럼 잠깐만 나갔다 올까?　B

□ **날씨**		天気
□ **한강**	《漢江》	漢江（ソウルの中心を流れる川の名前）
□ **등록금**	《登録金》	授業料、学費
□ **강의실** [강이실]	《講義室》	教室、講義室
□ **I -기에는**		〜するには
□ **화창하다**	《和暢ー》	のどかだ、うららかだ
□ **나갔다 오다**		出かけてくる

TRACK 89

CC

PHRASE 089

熱い味を見る

뜨거운 맛을 보다

痛い目に遭う

A：お父さん、僕は本当に知らないんです〔知らないことです〕。
B：知らない〈こと〉だって？お前は〔が〕〈本当に〉**痛い目に遭わなければ**、本当のことを言えないのか〔**熱い味を見てこそ**、事実どおりに話すつもりか〕？
A：僕は本当に知らない〈ことな〉んです。
B：優しい〔いい〕言葉で言ったら、わからないようだな〔言っては、ならないんだな〕。部屋に行って、ムチを持って来なさい。

A 아버지, 저는 정말 모르는 일입니다.

B 모르는 일이라니? 네가 정말 **뜨거운 맛을 보아야** 사실대로 말할 것이냐?

A 저는 정말 모르는 일입니다.

B 좋은 말로 해서는 안 되겠구나. 방에 가서 회초리 가져오너라.

□ **指定詞語幹＋-라니**		～だなんて
□ **Ⅲ -야**		～てこそ
□ **사실**	《事實》	事実
□ **-대로**		～どおりに
□ **좋은 말**		優しい〔いい〕言葉
□ **Ⅲ -서는 안 되다**		～てはならない
□ **회초리**		（細い木の枝のような）ムチ
□ **오다/～오다の語幹＋-너라**		来なさい、～て来なさい【命令】

TRACK 90

PHRASE 090

ㄸ

ご飯を蒸らすのに時間をかける

뜸을 들이다

焦らす、もったいぶる

A：あのさぁ〔あるじゃない〕、俺、お前に話〔言う言葉〕があるんだけど…。
B：うん、何なの？
A：俺〈が〉、お前(のこと)〈を〉ずっと〔継続〕考えてみたんだけど…。
B：**焦らさないで**〔**もうそのぐらいでご飯を蒸らすのに時間をかけるのをやめて**〕早く言ってよ。

A 있잖아, 나 너한테 할 말이 있는데….

B 응, 뭔데?

A 내가 너를 계속 생각해 봤는데….

B **그만 뜸 들이고** 빨리 말해.

□ **있잖아**		あのさぁ〔あるじゃない〕
□ **할 말이 있다**		話〔言う言葉〕がある
□ **계속＋動詞**［계속－］	《繼續－》	ずっと〜する、〜し続ける【継続】
□ **그만＋動詞**		もうそのぐらいで〜するのをやめる

간（肝臓）に関する慣用句

本書では、「간이 붓다（肝が腫れる→大胆不敵だ）」(012)、「간이 콩알만 해지다（肝が豆粒のようになる→怖くて死にそうになる）」(013)、「간이 크다（肝が大きい→度胸がある）」(014)など、人間の臓器「肝臓」に関する慣用句がいくつか紹介されている。

これらの慣用句を見ると、「肝臓」の大きさが「勇気」と関係があることがわかる。韓国人は肝臓が大きいほど勇気のある大胆な人、肝臓が小さいほど怖がりで勇気がない人だと思うようだ。

特に「간이 붓다（肝が腫れる）」の場合は、普段はあまり勇気がない人が突然、大胆で勇気のある行動をした時に「怖いもの知らずだ」という意味で使われる。

実際に肝臓の大きさによって性格が変わることはないだろうが、伝統的な漢方医学でも「肝臓」を「将軍の官」といい、あたかも将軍のように人間の身体を防御、解毒し、勇気と決断力を司ると言われている。

このように「肝臓」に関する様々な慣用句は、韓国人が抱いてきた「肝臓」と人間の性格に関する考え方をよく表していると言えるだろう。

031 귀빠진 날
耳（が）抜けた日 → 誕生日

どうして「耳が抜けた日」が、誕生日を意味する慣用表現となったのか——。これは、出産の時のことを考えると、納得ができるだろう。赤ちゃんが産まれる時は、まず頭から出てきて、続いて身体が出てくるのが普通である。赤ちゃんの身体の中で頭が一番大きいので、頭が出てくると、身体はするっと出てくる。

ところが、その頭が出てくるためには、頭の両側に付いている耳が必ず抜け出なければならない。つまり、耳が出てくる（抜け出る）ことは、完全にこの世に生まれたことを意味する。

したがって「耳が抜けた日」は、赤ちゃんが産まれる時に、最大の苦難を乗り越えて、この世に出会った日、つまり「誕生日」という意味を持つようになったのである。

TRACK 91

ㅁ

PHRASE 091

心を置く

마음을 놓다

安心する

A：お宅〔この家〕は、息子（さん）が2人（いるん）ですね。

B：いたずら好きな〔いたずらっ子の〕子供達のせいで、少し〔暫時〕も**安心できませんよ**。

A：それでも活発〔活動的〕に飛び回って〔跳ねて〕遊ぶ子供達は〔が〕健康（的）じゃないですか。

B：いたずらっ子でもいいですよ。たくましく育ってくれさえすれば〔たくましくさえ育つのならですね〕。

A　이 집은 아들이 둘이네요.

B　장난꾸러기 아이들 때문에 잠시도 **마음을 놓을 수가 없어요**.

A　그래도 활동적으로 뛰어노는 아이들이 건강하잖아요.

B　개구쟁이라도 좋아요. 씩씩하게만 자란다면요.

□ **장난꾸러기**		いたずらっ子
□ **잠시**	《暫時》	少し（の間）、しばらく
□ **활동적** [활똥적]	《活動的》	活動的
□ **뛰어놀다**		飛び回って〔跳ねて〕遊ぶ
□ **건강하다**	《健康－》	健康だ
□ **개구쟁이**		いたずらっ子、わんぱく
□ **씩씩하다**		たくましい
□ **자라다**		育つ

TRACK 92

ㅁ

PHRASE 092

心を食べる

마음을 먹다

決心する

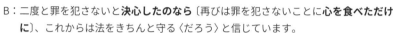

A：これからは罪を犯さず、善良に生き（ていき）ます。

B：二度と罪を犯さないと**決心したのなら**〔再びは罪を犯さないことに**心を食べただけに**〕、これからは法をきちんと守る〈だろう〉と信じています。

A：ありがとうございます。裁判官さん〔判事様〕。

B：私も被告人の将来が幸せに満ちたものになる〔前の日に幸福が充満する〕ことを願っています。

A 이제는 죄짓지 않고 착하게 살겠습니다.

B 다시는 죄를 짓지 않기로 **마음을 먹은 만큼** 앞으로는 법을 잘 지킬 것으로 믿습니다.

A 감사합니다. 판사님.

B 저도 피고인의 앞날에 행복이 충만하길 빌겠습니다.

□ **죄 (를) 짓다**	《罪ー》	罪を犯す
□ **착하다**		善良だ、心優しい
□ **법을 지키다**	《法ー》	法を守る
□ **판사**	《判事》	裁判官、判事
□ **피고인**	《被告人》	被告人
□ **앞날**		将来〔前の日〕
□ **행복**	《幸福》	幸せ、幸福
□ **충만하다**	《充満ー》	満ちる

TRACK 93

PHRASE **093**

ロ ─ 心を空ける

마음을 비우다

欲を捨てる

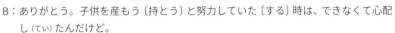

A：妊娠したんだって？おめでとう。
B：ありがとう。子供を産もう〔持とう〕と努力していた〔する〕時は、できなくて心配し(てい)たんだけど。
A：私も子供がほしい〔を持ちたい〕んだけど、もしかして秘訣でもあるの？
B：心配して気にしていた〔神経使う〕時はできなかったんだけど、むしろ**欲を捨てたら**、うまくいったように思うよ。

A　임신했다면서? 축하해.

B　고마워. 아기를 가지려고 노력할 때는 생기지 않아서 걱정했는데.

A　나도 아이를 갖고 싶은데 혹시 비결이라도 있어?

B　걱정하고 신경 쓸 때는 안 되었는데
오히려 **마음을 비우니** 된 것 같아.

□ **임신하다**	《妊娠－》	妊娠する
□ **아기를 가지다/갖다**		子供を産む〔持つ〕
□ **II -려고 노력하다**	《－努力－》	～ようと努力する【意図】
□ **비결**	《秘訣》	秘訣
□ **신경 (을) 쓰다**	《神經－》	気にする、気を使う〔神経（を）使う〕
□ **오히려**		むしろ
□ **II -니 (까)**		～たら【契機】

TRACK 94

PHRASE 094

ㅁ

心が行く

마음이 가다

心が惹かれる

A：いつも授業時間に〔授業時間のたびに〕問題を起こす学生〈達〉がいますよね？

B：そのせいで、余計に**可愛い**〔それで、もっと**心が行く→心が惹かれる**〕**学生**がいますよね。※意訳

A：どうして**余計に可愛い**〔**心がもっと行かれるのですか→心がもっと惹かれられるのですか**〕？※意訳

B：私も学校（に）通っていた〔通う〕時、問題をたくさん起こしていたんですよ。

A 수업 시간마다 말썽을 피우는 학생들이 있지요?

B 그래서 더 **마음이 가는 학생**이 있지요.

A 왜 **마음이 더 가세요**?

B 저도 학교 다닐 때 말썽을 많이 피웠거든요.

□ **-마다**	～のたびに、～ごとに
□ **말썽을 피우다**	問題を起こす

TRACK 95

ㅁ

PHRASE 095

味を入れる

맛을 들이다

興味を持つ、味を占める

A：最近、キャンプ〔キャンピング〕を楽しむ人〈達〉が増えたように思うよ。

B：キャンプ〔キャンピング〕こそ、一度、**興味を持ったら**、やめられない（趣味）みたいだよね〔抜け出てくることができないみたいだね〕。

A：どんな魅力があるから（人気）なんだろうね〔そうなんだろうね〕？

B：自然の中〔と近いところ〕でゆっくり休みながら、おいしいものを〔も〕自分で〔直接〕作って食べることができるからではないかな？

A 요즘 캠핑을 즐기는 사람들이 늘어난 것 같아.

B 캠핑이야말로 한번 **맛을 들이면** 빠져나올 수 없나 봐.

A 어떤 매력이 있어서 그럴까?

B 자연과 가까운 곳에서 한가롭게 쉬면서
맛있는 것도 직접 만들어 먹을 수 있어서가 아닐까?

□ **즐기다**		楽しむ
□ **늘어나다**		増える
□ **-이야말로/야말로**		～（のほう）こそ
□ **빠져나오다**		抜ける、抜け出る〔抜けて出てくる〕
□ **매력**	《魅力》	魅力
□ **자연**	《自然》	自然
□ **한가롭다**	《閑暇－》	ゆっくりしている、のんびりしている **ㅂ変**
□ **직접＋動詞**	《直接－》	自分で～する、直接～する

TRACK 96

PHRASE 096

ㅁ 味が行く

맛이 가다

おかしくなる

A：最近、うちの車〈が〉騒音も大きくなったし、ブレーキもあまり〔よく〕効かないみたい。
B：20年〈の〉間乗ったから、**車がおかしくなっても**変〔異常なこと〕ではないよね。
A：じゃあ、もう新しい車を買わないといけないかな？
B：お金(を)節約して、どうするのよ〔どこに使おうとするの〕。安全が一番ってこと、わかってるの〔第一重要なこと、わからないの〕？

A 요즘 우리 차가 소음도 커지고 브레이크도 잘 안 듣는 것 같아.

B 20년 동안 탔으니 **차가 맛이 가도** 이상한 게 아니지.

A 그럼 이제 새 차를 사야 하나?

B 돈 아꼈다가 어디에 쓰려고 그래? 안전이 제일 중요한 것 몰라?

□ **소음**	《騒音》	騒音
□ **커지다** ※크다 (大きい) の III-지다 (〜くなる)。		大きくなる
□ **브레이크**	《brake》	ブレーキ
□ **듣다**		効く、聞く
□ **이상하다**	《異常ー》	変だ、おかしい
□ **새** …		新しい…
□ **돈 (을) 아끼다**		お金を節約する
□ **안전**	《安全》	安全

TRACK 97

PHRASE 097

ㅁ ムチを稼ぐ

매를 벌다

怒られるようなことをする

A：注意だけで許してやろう〔言葉で(注意)して終わらせよう〕と思ったのに、お前は〔が〕**怒られるようなことをするんだな**〔**ムチを稼ぐんだな**〕。

B：僕が何か間違ったことでもしたって言うんですか〔何の過ちをしたとこう言われるんですか〕？

A：いや、お前〔こいつが〕、父さんのタバコを全部〔全て〕切っておいて、口答えだけは一人前にするんだな〔堂々と口答えはするんだな〕。

B：父さん、タバコ(を)たくさん吸ったら健康によくないこと、わかっている〔ご存知〕じゃないですか？

A 말로 해서 끝내려고 했는데 네가 **매를 버는구나**.

B 제가 무슨 잘못을 했다고 이러세요?

A 아니, 이 녀석이 아비의 담배를 다 잘라 놓고 당당하게 대꾸는 하네.

B 아버지 담배 많이 피우면 건강에 안 좋은 거 아시잖아요?

□ **말로 하다**		言葉〔言葉でする〕
□ **잘못을 하다**		間違ったこと〔過ち〕をする
□ **이러다**		このように言う、このようにする
□ **녀석**		やつ
□ **아비**		父親
□ **자르다**		切る 르変
□ **당당하다**	《堂堂－》	堂々としている
□ **대꾸하다**		口答えする、返事する

TRACK 98

PHRASE 098

ロ

辛い味を見る

매운맛을 보다

痛い目に遭う

A：昨日、ライオンズ〈チーム〉とタイガーズ〈チーム〉の試合〔競技〕、見た？
B：いや。でも、ライオンズ〈チーム〉はトップ〔最強チーム〕で、タイガーズ〈チーム〉はビリ〔最弱チーム〕なのに、結果はわかりきっているんじゃないの？
A：皆の予想とは裏腹に〔予想を割って〕、タイガーズ〈チーム〉がライオンズ〈チーム〉に〔を〕勝ったそうだよ。
B：ほほぅ、最弱チームだって見下していたら、**痛い目に遭ったんだねぇ**。

A 어제 라이온즈 팀과 타이거즈 팀 경기 봤어?

B 아니. 근데 라이온즈 팀은 최강팀이고
타이거즈 팀은 최약팀인데 결과는 뻔하지 않겠어?

A 모두의 예상을 깨고 타이거즈 팀이 라이온즈 팀을 이겼대.

B 허허, 최약팀이라고 얕보았다가 **매운맛을 보았구나**.

□ **최강**	《最强》	最強
□ **최약**	《最弱》	最弱
□ **결과**	《結果》	結果
□ **뻔하다**		わかりきっている、明らかだ、目に見えている
□ **예상을 깨다**	《豫想－》	予想を覆す〔割る〕
□ **이기다**		勝つ
□ **얕보다**		見下す
□ **Ⅲ -ㅆ다가**		～ていたら、～てから

TRACK 99

ㅁ

PHRASE 099

脈も知らない

맥도 모르다

わけもわからない、いきさつも知らない

※모르다（知らない）は、르変。

A：何、（この）ケーキ〔どこから出たケーキ〕？

B：今日、ジンスの誕生日じゃない。知らなかったの？

A：あら、ジンスが今、すぐに来て〔速く来い〕って言うから、**わけもわからず**来たんだよ。

B：そうだったんだ。たぶん自分〔自己〕の誕生日って言ったら、負担に感じる〔負担持つ〕かと思ってそう言ったみたいだね。

A　웬 케이크야?

B　오늘 진수 생일이잖아. 몰랐어?

A　어머, 진수가 지금 빨리 오라고 하길래 **맥도 모르고** 왔지.

B　그랬구나. 아마 자기 생일이라고 말하면
부담 가질까 봐 그랬나 보다.

□ **웬…**		どこから出た…、どんな…
□ **케이크**	《cake》	ケーキ
□ **Ⅱ-라고 하다**		～しろと/するように言う【引用文】
□ **Ⅰ-길래**		～ので、～て【理由】
□ **자기**	《自己》	自分、自身
□ **부담 (을) 가지다**	《負擔－》	負担に感じる〔負担（を）持つ〕
□ **Ⅱ-ㄹ까 봐**		～する（のではない）かと（思って）
□ **Ⅰ-나 보다**		～みたいだ、～ようだ【推測】

TRACK 100

PHRASE 100

ㅁ

脈が解ける

맥이 풀리다

(緊張が解けて) 力が抜ける

A：昨日、どうして夜の集まりに来なかったの〔出てこなかったの〕？

B：ごめん、実は〔事実〕、昨日、面接試験(が)終わって、**力が抜け(ちゃっ)て**、早く寝ちゃったんだ〔眠りが入ったよ〕。

A：あ、そうだったんだ。面接はうまくいったの〔よく見たの〕？

B：いや、面接の後〔以後には〕、ずっと〔継続〕**力が抜けた状態**で、元気が出ないんだ〔出ないなぁ〕。

A 어제 왜 저녁 모임에 안 나왔어?

미안, 사실 어제 면접시험 끝나고 **맥이 풀려서** 일찍 잠이 들었어. B

A 아, 그랬구나. 면접은 잘 봤니?

아니, 면접 이후에는 계속 **맥이 풀린 상태**라 기운이 안 나네. B

□ **모임**		集まり
□ **면접시험**	《面接試験》	面接試験
□ **잠이 들다**		眠る、眠りにつく〔眠りが入る〕
□ **면접을 보다**	《面接－》	面接を受ける〔見る〕
□ **～ 이후**	《以後》	～のあと
□ **상태**	《状態》	状態
□ **기운이 나다**		元気が出る、力が出る

TRACK 101

ㅁ

PHRASE 101

頭を突き合せる

머리를 맞대다

ともに知恵を絞る、膝を突き合わせる

A：来週の月曜日がミンスさんの誕生日だそうですね？

B：はい、ミンスさんの誕生日パーティーの時（に）何をするか、〈私達〉**ともに知恵を絞って**話してみましょう。

A：私はプレゼントを用意しますね。

B：じゃあ、私はパーティーの場所を調べてみます。

A 다음 주 월요일이 민수 씨 생일이라면서요?

B 네, 민수 씨의 생일 파티 때 무엇을 할지
우리 **머리를 맞대고** 이야기해 봅시다.

A 저는 선물을 준비할게요.

B 그럼 저는 파티 장소를 알아보겠습니다.

□ **指定詞語幹＋-라면서요?**		～（だ/ではない）そうですね
□ **파티**	《party》	パーティー
□ **준비하다**	《準備－》	用意する、準備する
□ **장소**	《場所》	場所
□ **알아보다**		調べ（てみ）る

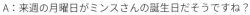

TRACK 102

ㅁ

PHRASE 102

頭を下げる

머리를 숙이다

屈する

A：息子よ、お前はこれから誰に対しても〔誰にでも〕**屈すること**がないようにしなさい。
B：お父さん、じゃあ、僕〔わたくし〕が謝るようなことをした〔間違ったことがある〕時は、どうするんですか？
A：そんな時でも〔そんなことがあるとしても〕、堂々と謝罪〔謝過〕はしても、**屈することはないように**しなさい。
B：はい、お父さんの言葉〔お言葉〕を肝に銘じます〔銘心します〕。

A 아들아, 너는 앞으로 누구에게든 **머리를 숙이는 일**이 없도록 하여라.

B 아버지, 그럼 제가 잘못한 일이 있을 때는 어떻게 해요?

A 그런 일이 있다 해도 당당하게 사과는 하되
머리는 숙이지 말도록 하여라.

B 네, 아버지의 말씀을 명심하겠습니다.

□ **-이든/든**		～でも
□ **下称終止形 (-다/ㄴ다/는다) + -(고) 해도**		～としても【譲歩】
□ **당당하다**	《堂堂－》	堂々としている
□ **사과하다**	《謝過－》	謝罪する、お詫びする
□ **I -되**		～としても【譲歩】
□ **I -지 말다**		～しない
□ **I -도록 하다**		～ようにする
□ **명심하다**	《銘心－》	肝に銘じる

TRACK 103

ㅁ

PHRASE 103

頭を冷やす

머리를 식히다

休む、リラックスする、ストレスを解消する

A：スミさん、すごくつらそうですね〔たくさんつらそうに見えるんですが〕。
B：そうなんです〔合っています〕。少し〔暫時〕**休んだほうがいいですね**〔**頭を冷やすことがよそさそうです**〕。
A：それがいいと思いますよ〔よく考えました〕。休憩室に行って、一休みして〔しばらく休んで〕きてください。
B：はい、ありがとうございます。残りの〔残った〕仕事は、よろしくお願いします。

A 수미 씨, 많이 힘들어 보이는데요.

B 맞아요. 잠시 **머리를 식히는 것이 좋겠어요**.

A 잘 생각했어요. 휴게실에 가서 잠깐 쉬고 오세요.

B 네, 고마워요. 남은 일은 잘 부탁해요.

□ **Ⅲ-φ보이다**		～ように見える、～く見える
□ **잠시**	《暫時》	少し（の間）、しばらく
□ **휴게실**	《休憩室》	休憩室
□ **잠깐**		しばらく、ちょっと
□ **남다** [남따]		残る

TRACK 104

PHRASE 104

ㅁ 喉が詰まる

목이 메이다

涙にむせぶ

A：私には**涙にむせぶほど**叫んでも〔**喉が詰まるように**呼んでも〕会えない人がいます。
B：誰なんですか？
A：私〔私ども〕の兄です。子供の頃〔幼かった時〕、交通事故で亡くなったんです〔天の国に行かれたんです〕。
B：生きておられたら〔いらっしゃったのなら〕本当によかったでしょうに、お気の毒です〈ねぇ〉。

A　저에게는 **목이 메이게** 불러도 만날 수 없는 사람이 있어요.

B　누구인데요?

A　저희 형이요. 어렸을 때 교통사고로 하늘나라에 가셨거든요.

B　살아 계셨다면 참 좋았을 텐데 안타깝네요.

□ **III -도**		～ても
□ **어렸을 때**		子供の頃、幼い頃〔幼かった時〕
□ **교통사고**	《交通事故》	交通事故
□ **하늘나라**		天国〔天の国〕
□ **下称終止形 (-다/ㄴ다/는다)＋-(고 하)면**		～のなら、～と言うのなら【引用文】
□ **II -ㄹ 텐데**		～でしょうに、～だろうに【推測】
□ **안타깝다**		気の毒だ、残念だ ㅂ変

TRACK 105

PHRASE **105**

ㅁ 首が抜けるように待つ

목이 빠지게 기다리다

首を長くして待つ

A：お前だけ（を）**首を長くして待っているのに**、いつ（になったら）来るの？
B：わかった。すぐ〔速く〕行くよ。
A：まだ出てないの〔出発もしなかったの〕？
B：ごめん、会議が思った〔考え〕より遅く終わって、今、整理しているんだ。

A　너만 **목이 빠지게 기다리고 있는데** 언제 올 거야?

알았어. 빨리 갈게.　B

A　아직 출발도 안 한 거야?

미안해, 회의가 생각보다 늦게 끝나서 지금 정리하고 있어.　B

□ **출발하다**	《出發－》	（家や会社を）出る、出発する
□ **회의** [회이]	《會議》	会議
□ **생각보다**		思った〔考え〕より
□ **늦다**		遅い、遅れる
□ **I -게**		～く、～に、～ように【副詞形】
□ **정리하다** [정니－]	《整理－》	整理する

※눈이 빠지게 기다리다〔目が抜けるように待つ〕とも。

TRACK 106

PHRASE **106**

ロ　体を置くところが（を）わからない

몸 둘 바를 모르다

身の置きどころがない　※모르다（知らない）は、르変。

A：本当に申し訳なくて、**身の置きどころがありません**〈ねぇ〉。
B：いえいえ〔いいえ〕。人生〔生きていてみれば〕、そんなこともありますよ。
A：ご理解いただき〔理解してくださって〕、ありがとうございます。〈私が〉お詫びはどのようにしたらよろしいでしょうか〔どのように賠償をして差し上げればよいでしょうか〕？
B：修理費だけいただければ〔程度なら〕、よいですよ〔よさそうですねぇ〕。

A　너무나 죄송해서 **몸 둘 바를 모르겠네요**.

B　아니에요. 살다 보면 그럴 수도 있지요.

A　이해해 주셔서 감사합니다. 제가 어떻게 배상을 해 드리면 될까요?

B　수리비 정도면 되겠네요.

□ **너무나**		あまりにも、大変
□ **죄송하다**	《罪悚－》	申し訳ない
□ **살다 보면**		生きていれば〔生きていてみれば〕
□ **이해하다**	《理解－》	理解する
□ **배상을 하다**	《賠償－》	賠償をする
□ **수리비**	《修理費》	修理費
□ **～ 정도**	《程度》	～ぐらい、～程度

TRACK 107

ㅁ

PHRASE 107

疲れによる病気が出る

몸살이 나다

疲れで体調を崩す

A：今日、チェ課長〈様〉がお見えにならないですね？
B：数日〈の〉間、働きすぎたせいか〔過労をなさったからそうなのか〕、**体調を崩されたようです。**
A：夜勤もたくさんされて、無理されていた〔なさる〕ので、心配し(てい)たのですが。
B：もともと〔元来/原来〕健康な方なので、家〔お宅〕で一日休まれれば〔休んで来られたら〕、元気〔大丈夫〕になられると思いますよ。

A 오늘 최 과장님이 안 보이시네요?

B 며칠 동안 과로를 하셔서 그런지 **몸살이 나신 것 같아요**.

A 야근도 많이 하시고 무리하셔서 걱정했는데.

B 원래 건강한 분이시니 댁에서 하루 쉬고 오시면 괜찮아지실 거예요.

□ **보이다**		見える、見かける
□ **과로를 하다**	《過勞－》	働きすぎる、過労する
□ **Ⅲ-서 그런지**		～から（そうなの）か
□ **야근 (을) 하다**	《夜勤－》	夜勤（を）する
□ **무리하다**	《無理－》	無理する
□ **원래**	《元來/原來》	もともと
□ **건강하다**	《健康－》	健康だ
□ **댁**	《宅》	お宅

TRACK 108

ㅁ

PHRASE 108

体を入れる

몸을 담다

身を置く

A：貫禄の舞台を見せてくださいました。

B：ただ日々〔毎日毎日〕、最善を尽くす〈こと〉のみですよ。

A：私が知るところでは、芸能〔演芸〕活動の経歴がもう20年を〔は〕ゆうに超えられたようですが。

B：芸能〔演芸〕界(に) **身を置いて〈から〉**、今年で30年に〔が〕なりましたねぇ。

A 관록의 무대를 보여 주셨습니다.

B 그저 매일매일 최선을 다하는 것뿐이지요.

A 제가 알기로는 연예 활동 경력이
벌써 20년은 족히 넘으신 듯합니다만.

B 연예계 **몸을 담은 지** 올해로 30년이 되었네요.

□ **관록**	《貫祿》	貫禄
□ **보이다**		見せる
□ **그저**		ただ、ひたすら
□ **최선을 다하다**	《最善－》	最善を尽くす
□ **제가 알기로는**		私が知るところでは
□ **연예 활동** [여녜활똥]	《演藝 活動》	芸能活動
□ **경력** [경녁]	《經歷》	経歴
□ **족히**	《足－》	ゆうに、十分に

TRACK 109

PHRASE **109**

膝をひざまずく

무릎을 꿇다

負ける

A：昨日、ジャパンシリーズでジャイアンツが結局、タイガースに**負けてしまったね**。
B：ジャイアンツファンの〔である〕私としては、とても残念な試合〔競技〕でした。
A：9回にツーランホームランさえ打たれなければ〔打たれなかったとしても〕、ジャイアンツが勝てたんですけどね。
B：そうですね〔合っています〕。あの逆転ホームランを打たれた時、あまりに気が抜けて、言葉を失ってしまいましたよ〔虚脱して、言葉も出てこなかったんですよ〕。

A　어제 재팬시리즈에서 자이언츠가 결국
타이거즈에게 **무릎을 꿇었네**.

B　자이언츠 팬인 저로서는 너무 안타까운 경기였어요.

A　9회에 투런 홈런만 맞지 않았어도 자이언츠가 이길 수 있었는데.

B　맞아요. 그 역전 홈런을 맞았을 때
너무 허탈해서 말도 나오지 않더라고요.

□ **결국**	《結局》	結局
□ **팬**	《fan》	ファン
□ **-로서는**		～としては
□ **경기**	《競技》	試合、競技
□ **맞다**		打たれる
□ **Ⅲ -ㅆ어도**		～たとしても
□ **역전**	《逆轉》	逆転
□ **허탈하다**	《虚脱ー》	気が抜ける

TRACK 110

PHRASE 110

››› コラム p.248

ㅁ

水火を選ばない

물불을 가리지 않다

手段を選ばない

A：あの人は子供のことになると〔子息のことなら〕、**手段を選ばないようです。**
B：そうなんですよ〔だからです〕。公私〔公と私〕は区別して行動するべきなのに。
A：公職にある人なら、余計にしっかりしなければならない〔もっと徹底しなければならない〕と思います。
B：その通りです〔合っています〕。公職者は能力も重要ですが、姿勢がもっと重要ですよね。

A 그 사람은 자식의 일이라면 **물불을 가리지 않는 것 같아요**.

B 그러니까요. 공과 사는 구별해서 행동해야 하는데요.

A 공직에 있는 사람이라면 더 철저해야 한다고 생각해요.

B 맞아요. 공직자는 능력도 중요하지만, 자세가 더 중요하지요.

□ **공과 사**	《公ー私》	公私〔公と私〕
□ **구별하다**	《區別ー》	区別する
□ **행동하다**	《行動ー》	行動する
□ **공직**	《公職》	公職
□ **철저하다** [철쩌ー]	《徹底ー》	徹底する
□ **공직자**	《公職者》	公職者
□ **능력** [능녁]	《能力》	能力
□ **자세**	《姿勢》	姿勢

TRACK 111

PHRASE 111

ㅁ 水（を）使うように使う

물 쓰듯 쓰다

湯水のように使う

A：お金がいくらたくさんあるといっても〔多くても〕、そんなに**湯水のように使ってもいいわけ**〔**水使うように使ってもいいの**〕？

B：宝くじ〔福券〕の当選金がまだ半分も残っているから、いいじゃない〔残ったのに、何どうなの〕？

A：楽して得た〔易しく入ってきた〕お金だからって〔だと〕、あまりにも適当に〔易しく〕使っているんじゃないの？

B：わかったよ。これから(は)節約して使うよ。

A 돈이 아무리 많아도 그렇게 **물 쓰듯 써도 되는 거야**?

B 복권 당첨금이 아직 반이나 남았는데 뭐 어때?

A 쉽게 들어온 돈이라고 너무 쉽게 쓰는 거 아니야?

B 알았어. 이제부터 아껴서 쓸게.

□ **아무리 Ⅲ -도**		いくら〜ても【譲歩】
□ **복권**	《福券》	宝くじ
□ **당첨금**	《當籤金》	当選金
□ **Ⅰ -게**		〜く、〜ように、〜に【副詞形】
□ **指定詞語幹＋-라고**		〜と、〜って【引用文】
□ **아끼다**		節約する

TRACK 112

ㅂ

PHRASE **112**

ひょうたんを掻く

바가지를 긁다

（妻が夫に）小言を言う

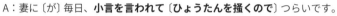

A：妻に〔が〕毎日、**小言を言われて〔ひょうたんを掻くので〕**つらいです。

B：私〔私ども〕の妻も毎日、小言を言う〔そうな〕ので、家に帰る〔入っていく〕のが嫌なぐらい〔程度〕です。

A：どうしたらいいでしょうかね？

B：そうですね、妻の心をよく読むしかないでしょうね。

A　아내가 매일 **바가지를 긁어서** 힘들어요.

B　저희 아내도 매일 그래서 집에 들어가기 싫을 정도예요.

A　어떻게 하면 좋을까요?

B　글쎄요, 아내의 마음을 잘 읽는 수밖에 없겠지요.

□ **아내**		妻
□ **저희** ［저이］		私ども（の）、わたくし達（の）【謙譲】
□ **집에 들어가다**		家に帰る〔入っていく〕
□ **Ⅰ-기 싫다** ［－실타］		～するのが嫌だ
□ **Ⅱ-ㄹ 정도다** ［－ㄹ쩡도－］	《－程度－》	～ぐらいだ、～ほどだ
□ **Ⅰ-는 수밖에 없다**		～するしかない

TRACK 113

ㅂ

PHRASE 113

ひょうたんをかぶる

바가지를 쓰다

ぼったくられる

A：いや、〈これ〉5,000ウォンのものを10,000ウォンで買ってきて〔に買ってきたら〕どうするの？

B：僕〈が〉**ぼったくられたのかな**？

A：買う前に私に電話で聞いてくれたら、よかったのに〔電話して尋ねてみなければ、ならなかったよ〕。

B：ごめん。今度〈に〉はお金を払う〔計算する〕前に電話するよ。

A　아니, 이거 5,000원짜리를 10,000원에 사 오면 어떻게 해?

B　내가 **바가지를 쓴 건가**?

A　사기 전에 나에게 전화해서 물어봤어야지.

B　미안해. 다음에는 계산하기 전에 전화할게.

□ **(値段) 짜리**		(値段) のもの
□ **-에 사다**		(値段) で〔に〕買う
□ **Ⅰ-기 전에**	《ー前ー》	～する前に
□ **물어보다**		聞く〔尋ねてみる〕
□ **Ⅲ-ㅆ어야지**		～たらよかったのに〔なければならなかったよ〕
□ **계산하다** [계산ー]	《計算ー》	金を払う、会計する、計算する

ㅂ 底が出る

바닥이 나다

なくなる、底をつく

A：家族〔食口〕が多くて、ご飯をたくさん炊いて〔して〕おいてもすぐに〔今方〕**なくなります。**

B：一度にたくさん作って〔して〕おくこともできないし、悩むところですねぇ〔苦悶でしょうねぇ〕。

A：でも、家族〔食口達〕が私の料理〔飲食（食べ物）〕をおいしく〔よく〕食べてくれるので、感謝もしています〔ありがたくもあります〕。

B：羨ましいですねぇ。私は料理〔飲食（食べ物）〕の腕がよくないから、いつもご飯が残っているんですね〔みたいですね〕。

A 식구가 많아서 밥을 많이 해 놓아도 금방 **바닥이 나요**.

B 한 번에 많이 해 놓을 수도 없고 고민이겠네요.

A 그래도 식구들이 제 음식을 잘 먹어 주어서 고맙기도 해요.

B 부럽네요. 저는 음식 솜씨가 좋지 않아서 늘 밥이 남아 있나 봐요.

□ **식구**	《食口》	家族
□ **밥을 하다**		ご飯を炊く〔する〕
□ **Ⅲ-놓다**		～ておく
□ **금방**	《今方》	すぐ
□ **고민**	《苦悶》	悩み
□ **부럽다**		羨ましい ㅂ変
□ **솜씨가 좋다**		腕がよい、腕前がよい
□ **남아 있다**		残っている

PHRASE 115

ㅂ 風を入れる

바람을 넣다

そそのかす

A：うちの子〔息子〕、野球をやらせてみたらどうかな？

B：まじめな〔着実な〕子を〔に〕**そそのかそうとなんて、しないでくださいよ〔風を入れる考えは、するのもやめください〕**。

A：**そそのかすだなんて**〔風を入れるなんて〕？素質があるから、言っているんだけどな〔する話なのに〕。

B：昨年〈に〉、テコンドーが流行った〔流行る〕時〈に〉は、テコンドー（を）やらせようとしたじゃないですか。

A 우리 아들, 야구를 시켜 보면 어떨까?

B 착실한 애한테 **바람을 넣을 생각은 하지도 말아요**.

A **바람을 넣다니**? 소질이 있어서 하는 이야기인데.

B 작년에 태권도가 유행할 때에는 태권도 시키려고 했잖아요.

□ **야구**	《野球》	野球
□ **시키다**		させる
□ **착실하다**	《着實－》	まじめだ、着実だ
□ **애**		子
□ **Ⅰ-다니**		～だなんて
□ **소질이 있다**	《素質－》	素質がある
□ **태권도** [태꿘도] ※武道の一種。韓国の国技。	《跆拳道》	テコンドー
□ **유행하다**	《流行－》	流行する

TRACK 116

PHRASE 116

ㅂ 風を食らわせる

바람을 맞히다

すっぽかす

A：今、何時だと思っているの〔時間が何時なの〕？約束したの忘れたの？
B：あ、うっかり忘れ(て)た。ごめん。**すっぽかそうとしたわけでは、なかったんだけど。**
A：〈俺が〉どれだけ待っ(てい)たと思うの？俺も暇じゃないんだけど〔忙しい人だって〕。
B：わかってる、わかってる。次〈に〉は約束の時間に遅れないようにする〔来る〕から。

A 지금 시간이 몇 시야? 약속한 것 잊었어?

B 앗, 깜빡했다. 미안해. **바람을 맞히려고 한 것은 아니었는데**.

A 내가 얼마나 기다린 줄 알아? 나도 바쁜 사람이라고.

B 알지 알지. 다음에는 약속 시간에 늦지 않게 올게.

□ **약속하다**	《約束ー》	約束する
□ **깜빡하다**		(うっかり) 忘れる
□ **Ⅱ -려고 하다**		～ようとする、～ようと思う【意図】
□ **動詞の Ⅱ -ㄴ 줄 알다**		～たと思う
□ **指定詞語幹＋-라고**		～って、～と【引用文】
□ **늦다**		遅れる、遅い

TRACK 117

ㅂ

PHRASE 117

風に（を）当たる

바람을 쐬다

気分転換をする

A：今日は、本当に疲れましたねぇ。

B：心も体も〔体と心がすべて〕、疲れているように見えるんですが、少し〔暫時〕でも**気分転換をしてくるのが**いいですよ。

A：公園でも一周して〔周って〕きましょうか？

B：いい考えですね。新鮮な空気も吸って〔飲んで〕、思いっきり深呼吸も〔深呼吸も大きく〕してみたらいいですよ。

A 오늘은 진짜 피곤하네요.

B 몸과 마음이 다 피곤해 보이는데
잠시라도 **바람을 쐬고 오는 것이** 좋겠어요.

A 공원이나 한 바퀴 돌고 올까요?

B 좋은 생각이네요.
신선한 공기도 마시고 심호흡도 크게 해 보면 좋겠어요.

□ **진짜**	《眞－》	本当に
□ **마음**		心、気持ち
□ **잠시**	《暫時》	少し（の間）、しばらく
□ **～바퀴**		～周
□ **돌다**		周る
□ **신선하다**	《新鮮－》	新鮮だ
□ **공기**	《空氣》	空気
□ **심호흡하다**	《深呼吸－》	深呼吸する

TRACK 118

ㅂ

PHRASE 118

風を吸う

바람을 피우다

浮気をする

A：あんた、聞いた？ 最近、週末ドラマに出ている〔出てくる〕俳優が**浮気したんだって**。
B：本当に？ そんな〔そうするような〕人には見えなかったのに、ショック〔衝撃〕だな。
A：やっぱり人は上辺だけでは〔外側だけ見ては〕、わからない〈みたいだ〉ね。
B：そうだね〔合っているよ〕。僕達も結婚相手〔配偶者〕を選ぶ時、しっかり考えたほうが〔几帳面に問い正してみるのが〕よさそうだね？

A 너 들었어? 요즘 주말 드라마에 나오는 배우가 **바람을 피웠대**.

B 정말? 그럴 사람으로는 보이지 않았는데 충격이야.

A 역시 사람은 겉만 보아서는 모르는 것 같아.

B 맞아. 우리도 배우자를 고를 때 꼼꼼하게 따져 보는 게 좋겠지?

□ **-(으)로 보이다**		～に見える
□ **충격**	《衝撃》	ショック、衝撃
□ **겉**		上辺、外側、表面 .
□ **Ⅲ-서는**		～ては
□ **배우자**	《配偶者》	配偶者
□ **고르다**		選ぶ 르変
□ **꼼꼼하다**		几帳面だ
□ **따져 보다**		問い正してみる

風が出る

바람이 나다

浮気する

A：監督と俳優が映画を撮影している間に〔撮っていて〕**浮気**(を)**すること**がよく〔しょっちゅう〕あるんですか？

B：どうでしょうね、よく〔しょっちゅう〕あることではないと思いますが。

A：作品のために現場に〔で〕長く一緒にいれば〔いてみれば〕、そんなこともあるんじゃないでしょうか？

B：俳優同士〔俳優達の間で〕ならともかく(ですね)。俳優は監督と接する〔を対する〕のが難しい〈だろう〉と思うんですけどね。

A　감독과 배우가 영화를 찍다가 **바람이 나는 일**이 자주 있나요?

B　글쎄요, 자주 있는 일은 아닌 것 같은데.

A　작품 때문에 현장에서 오래 같이 있다 보면
그런 일도 있지 않을까요?

B　배우들 사이에서라면 모를까.
배우는 감독을 대하는 일이 어려울 것 같은데요.

□ **감독**	《監督》	監督
□ **작품**	《作品》	作品
□ **名詞 + 때문에**		～のために、～のせいで
□ **현장**	《現場》	現場
□ **Ⅰ-다 보면**		～ていたら、～てみれば、～てみると〔～ていてみれば〕
□ **-(이) 라면 모를까**		～ならともかく、～ならまだしも
□ **-을/를 대하다**	《對－》	～と接する、～の相手をする、〔～を対する〕

TRACK 120

ㅂ

PHRASE 120

足首をつかむ

발목을 잡다

足を引っ張る

A：昨日、政府でブリーフィングをしましたよね？どんな内容でしたか？

B：推進する政策にいちいち〔政策ごとに〕**足を引っ張る行為**を当分（の）間、自制してほしいと政府の報道官〔代弁人〕が野党に要請しました。

A：それでも野党は、政府をけん制しなければならないのではないですか？

B：政府も野党も国民を大事にすると言っていますが、どちらが〈もっと〉大事に思っているのかは、わかりませんねぇ。

A 어제 정부에서 브리핑을 했지요? 무슨 내용이었어요?

B 추진하는 정책마다 **발목을 잡는 행위**를 당분간 자제해 달라고 정부 대변인이 야당에 요청했어요.

A 그래도 야당은 정부를 견제해야 하는 것 아닌가요?

B 정부도 야당도 국민을 위한다고 하는데 어느 쪽이 더 위하고 있는지는 모르겠네요.

□ **추진하다**	《推進－》	推進する
□ **정책**	《政策》	政策
□ **행위**	《行爲》	行為
□ **자제하다**	《自制－》	自制する
□ **대변인**	《代辯人》	報道官、スポークスパーソン
□ **요청하다**	《要請－》	要請する
□ **견제하다**	《牽制－》	けん制する
□ **-을/를 위하다**	《爲－》	～を大事にする、大事に思う

※발목을 잡히다：足を引っ張られる〔つかまれる〕

TRACK 121

ㅂ

PHRASE 121

足を脱いで進み出る

발 벗고 나서다

積極的に関わる、一肌脱ぐ

A：うちの兄は、村のことなら**積極的に関わるほう**です。

B：村でとても有名でしょうね？

A：はい、有名ですよ。兄は自分〔自己〕がいないと、うちの村が回らないと言ってました〔言います〕。

B：自分〔自己〕のこと（だけで）も一生懸命にするのが難しいのに、村の仕事までするなんて〔すると言うから〕、すごい方だと思いますよ。

A　우리 형은 마을의 일이라면 **발 벗고 나서는 편**이에요.

B　마을에서 아주 유명하겠네요?

A　네, 유명하지요.
형은 자기가 없으면 우리 마을이 돌아가지 않는대요.

B　자기 일도 열심히 하기 어려운데,
마을의 일까지 한다니 대단한 분 같아요.

□ **마을**		村
□ **連体形＋편이다**	《―便―》	～ほうだ
□ **유명하다**	《有名―》	有名だ
□ **자기**	《自己》	自分、自身
□ **돌아가다**		回る
□ **Ⅰ-기 어렵다**		～するのが難しい ㅂ変
□ **下称終止形 (-다/ㄴ다/는다)＋-(고 하)니 (까)**		～と言うから【引用文】
□ **대단하다**		すごい、素晴らしい

TRACK 122

ㅂ

PHRASE 122

足を踏み鳴らす

발을 구르다

地団太を踏む ※구르다（踏み鳴らす）は、르変。

A：あそこ（見て！）、私の弟/妹が溺れました〔水に落ちました〕。

B：大変〔大きなこと〕ですね。でも、どうして（水に）入らずに、**地団太を踏んでばかりいるんですか〔足ばかり踏み鳴らしているんですか〕**？

A：私も入りたいんですが、泳げないんです〔水泳をできないからです〕。

B：わかりました。じゃあ、私が入って助けて〔救って〕あげますよ。

A 저기 제 동생이 물에 빠졌어요.

B 큰일이네요. 그런데 왜 들어가지 않고 **발만 구르고 있어요**?

A 저도 들어가고 싶지만, 수영을 못 해서요.

B 알겠어요. 그럼 제가 들어가서 구해 줄게요.

□ **물에 빠지다**		溺れる〔水に落ちる〕
□ **큰일**		大変（なこと）〔大きなこと〕
□ **들어가다**		入る
□ **수영을 하다**	《水泳－》	泳ぐ、水泳をする
□ **구하다**	《救－》	助ける、救う

TRACK 123

ㅂ

PHRASE 123

足を絶つ

발을 끊다

行くのをやめる

A：あのお店〔食堂〕はおいしいことで有名だったのに、最近どうしてお客さん〈達〉がいないんですか？

B：料理に虫が入っていた〔飲食(食べ物)から虫が出てくる(きた)〕ので、お客さん〈達〉が**行くのをやめたらしいですよ**。

A：そんなことがあったんですね。やはり飲食店は、衛生が大事だと思います。

B：その通りです〔合っています〕。どんなにおいしくても、清潔でない飲食店(に)は私も行きたくないです。

A　저 식당은 맛있기로 유명했는데 요즘 왜 손님들이 없지요?

B　음식에서 벌레가 나와서 손님들이 **발을 끊었대요**.

A　그런 일이 있었군요. 역시 음식점은 위생이 중요한 것 같아요.

B　맞아요.
아무리 맛있어도 청결하지 않은 음식점은 저도 가고 싶지 않아요.

□ **Ⅰ-기로 유명하다**	《ー有名ー》	～ことで有名だ
□ **벌레**		虫
□ **역시**	《亦是》	やはり
□ **음식점**	《飲食店》	飲食店
□ **위생**	《衛生》	衛生
□ **중요하다**	《重要ー》	大事だ、重要だ
□ **아무리 Ⅲ-도**		いくら～ても【譲歩】
□ **청결하다**	《清潔ー》	清潔だ

TRACK 124

ㅂ

PHRASE 124

足を踏み入れる

발을 들여놓다

手を出す、足を踏み入れる

A：私の友達がギャンブル〔賭博〕〈に〉中毒になって（しまい）心配です。

B：そんなことには**手を出したらいけないのに**。どうしてそうなっ（てしまっ）たんですか？

A：初めてやった時（に）お金を儲けたこと〔経験〕があって、やめられなくなってしまった〔やめられなさそう〕みたいです。

B：むしろその時、お金を失っ（てい）たら、中毒に〔が〕ならなかったはずなのに、世の中ってわかりませんねぇ〔世上のことは知ることができませんねぇ〕。

A 제 친구가 도박에 중독되어서 걱정이에요.

B 그런 일에는 **발을 들여놓으면 안 되는데요**. 왜 그렇게 되었어요?

A 처음 했을 때 돈을 딴 경험이 있어서 끊지를 못하겠나 봐요.

B 오히려 그때 돈을 잃었으면 중독이 안 되었을 텐데,
세상일은 알 수 없네요.

□ **도박**	《賭博》	ギャンブル、賭博
□ **중독되다**	《中毒－》	中毒になる
□ **돈을 따다**		お金を儲ける（勝ち取る）
□ **끊다** [끈타]		（悪い習慣を）やめる
□ **오히려**		むしろ
□ **잃다** [일타]		失う、なくす
□ **Ⅲ -ㅆ으면**		～（てい）たら
□ **Ⅲ -ㅆ을 텐데**		～たでしょうに、～ただろうに【過去推測】

TRACK 125

PHRASE 125

ㅂ

足が広い

발이 넓다

顔が広い

A：私の友達は、どこへ〔を〕行っても知り合い〔知っている人〕がいますねぇ。
B：**顔が広い人**のようですね？
A：〈**足（顔）が**〉**とても広いですよ**。年も性別も職業も問わず〔選ばず〕、友達を作るんですよ。
B：すごいですねぇ。どんな方なのか私も一度会ってみたいですねぇ。

A　제 친구는 어디를 가도 아는 사람이 있네요.

B　**발이 넓은 사람**인가 봐요?

A　**발이 아주 넓지요**.
나이도 성별도 직업도 가리지 않고 친구를 만들지요.

B　대단하네요. 어떤 분인지 저도 한번 만나 보고 싶네요.

□ **Ⅲ-도**		～ても
□ **現在連体形＋가 보다**		～ようだ、～みたいだ【推測】
□ **성별**	《性別》	性別
□ **직업**	《職業》	職業
□ **가리다**		選ぶ
□ **대단하다**		すごい、素晴らしい
□ **現在連体形＋지**		～（の）か

TRACK 126

PHRASE 126

ㅂ

足が縛られる

발이 묶이다

足止めを食う

A：済州島旅行 (は) 楽しかったですか？

B：ああ、聞かないでください〔言葉もしないでください〕。台風のせいで**足止めを食って**、苦労〔苦生〕ばかりして〔していて〕きましたよ。

A：じゃあ、ずっと外には出られなかったんですね〔継続、室内でばかりいらっしゃったでしょうね〕？

B：はい、そうです〔合っています〕。済州島の美しい景色が恋しくて行ったんですけど、とても〔たくさん〕残念でした。

A 제주도 여행 재미있었어요?

B 아이고 말도 마세요. 태풍 때문에 **발이 묶여서** 고생만 하다 왔어요.

A 그럼 계속 실내에서만 계셨겠네요?

B 네, 맞아요.
제주도의 아름다운 경치가 그리워서 간 건데 많이 아쉬웠어요.

□ **제주도**	《濟州島》	済州島
□ **태풍**	《颱風》	台風
□ **고생하다**	《苦生－》	苦労する
□ **Ⅰ-다 (가)**		～ていて、～(する) 途中で
□ **실내**	《室內》	室内
□ **Ⅲ-ㅆ겠네요**		～たでしょうねぇ【過去推測】
□ **그립다**		恋しい、懐かしい ㅂ変
□ **아쉽다**		残念だ、もったいない ㅂ変

TRACK 127

PHRASE 127

ㅂ 昼夜を選ばない

밤낮을 가리지 않다

朝から晩まで、昼夜を問わない

A：最近、選挙シーズンなので、世論調査の電話がたくさんかかってきますねぇ。
B：**朝から晩まで**電話のせいで、とても疲れますよ〔つらいです〕。
A：いくら選挙が重要でも、こんなに市民〈達〉を苦しめてはいけない〈だろう〉と思うんですが。
B：その通りです〔合っています〕。世論調査にも市民〈達〉のための配慮が必要だと思います。

A 요즘 선거철이라 여론 조사 전화가 많이 걸려 오네요.

B **밤낮을 가리지 않는** 전화 때문에 너무 힘들어요.

A 아무리 선거가 중요해도 이렇게 시민들을 괴롭혀서는 안 될 것 같은데요.

B 맞아요. 여론 조사에도 시민들을 위한 배려가 필요하다고 생각해요.

□ **선거철**	《選擧－》	選挙シーズン
□ **여론 조사**	《輿論調査》	世論調査
□ **걸려 오다**		かかってくる
□ **중요하다**	《重要－》	重要だ、大事だ
□ **괴롭히다**		苦しめる、いじめる
□ **Ⅲ-서는 안 되다**		～てはならない
□ **-을/를 위한 …**	《－爲－》	～のための…
□ **배려**	《配慮》	配慮

PHRASE 128

ㅂ ご飯の力で生きる

밥심으로 살다

ご飯が生きる原動力だ

A：秋に〔が〕なったから〈そうなの〉か、最近、ご飯がおいしい〔ご飯の味がもっとよい〕と思います。

B：韓国人は**ご飯が生きる原動力じゃないですか**。

A：そうです〔合っています〕。お腹が空いたら力が出ないし、力が出ないと、仕事が〔を〕しっかりできないですからね。

B：じゃあ、私達(も)まずご飯を〔から〕食べて、仕事をし〈てみ〉ましょうか？

A 가을이 되어서 그런지 요즘 밥맛이 더 좋은 것 같아요.

B 한국 사람은 **밥심으로 살잖아요**.

A 맞아요. 배고프면 힘이 나지 않고,
힘이 나지 않으면 일을 잘 못하니까요.

B 그럼, 우리 밥부터 먹고 일을 해 볼까요?

□ **Ⅲ-서 그런지**	～から（そうなの）か
□ **밥맛이 좋다**	ご飯がおいしい〔ご飯の味がよい〕
□ **Ⅰ-잖아요**	～じゃないですか【確認・反論】

TRACK 129

ㅂ

PHRASE 129

お腹が南山ぐらいだ

배가 남산만 하다

お腹がすごく出ている

A：妹さん〔年下のきょうだいの方〕(は)、妊娠何か月ですか〔妊娠なさってから、何か月(に)なりましたか〕?

B：もう臨月に〔が〕なって、今**お腹がすごく出ていますよ**。

A：そうなんですね。生活するのに大変そうですね。

B：そうなんです〔合っています〕。だから、最近〈に〉は、靴下も義弟が履かせてくれるんですって。

A 동생분 임신하신 지 몇 달 되었지요?

B 이제 만삭이 되어서 지금 **배가 남산만 해요**.

A 그렇군요. 생활하는 데 힘드시겠어요.

B 맞아요. 그래서 요즘에는 양말도 매제가 신겨 준대요.

□ **임신하다**	《妊娠－》	妊娠する
□ **動詞の II -ㄴ 지**		～てから
□ **만삭**	《滿朔》	臨月
□ **생활하다**	《生活－》	生活する
□ **I -는 데**		～するのに
□ **양말**	《洋襪》	靴下
□ **매제**	《妹弟》	義弟（妹の夫）
□ **신기다**		履かせる【使役】

TRACK 130

ㅂ

PHRASE **130**

お腹がいっぱいだ

배가 부르다

現状に甘んじる、満足する ※**부르다「(お腹が) いっぱいだ」は、르変。**

A：私、あの仕事、やらないことにしたんだ。

B：あんな(いい)機会を断る〔も拒絶する〕なんて、お前は〔が〕もう**現状に甘んじているんだね**〔**お腹がいっぱいだったんだね**〕?

A：**現状に甘んじているわけではないんだけれど**、私には合わない仕事だと思ってさ〔仕事みたいでそうなんだよ〕。

B：お前は〔が〕今、選り好みしている時じゃないでしょう〔冷たい水、熱い水選ぶ時なの〕? 与えられた〔入ってくる〕仕事は〔なら〕、何でも頑張らなくちゃ。

A　나 그 일 안 하기로 했어.

B　그런 기회도 거절하다니 네가 이제 **배가 불렀구나**?

A　**배가 부른 건 아닌데** 나에게는 안 맞는 일 같아서 그래.

B　네가 지금 찬물 더운물 가릴 때야?
들어오는 일이라면 뭐라도 열심히 해야지.

□ **I -기로 하다**		～ことにする【決定】
□ **기회**	《機會》	機会、チャンス
□ **거절하다**	《拒絶－》	断る、拒絶する
□ **I -다니**		～なんて、～とは【驚き】
□ **찬물 더운물 가리다**		選り好みする〔冷たい水、熱い水選ぶ〕
□ **指定詞語幹 + -라면**		～なら
□ **III -야지**		～なくては(ならないよ)

TRACK 131

PHRASE 131

ㅂ お腹が痛い

배가 아프다

妬ましい、嫉妬する

A：友達が宝くじ〔福券〕に当たったと自慢するので、とても**妬ましかったです**。

B：**いとこが土地を買うと妬ましい**ということわざがありますが、まさにこんな状況のことですねぇ〔状況を言ったものなのですねぇ〕。

A：自慢ばかりしないで、ご飯でも一度おごってくれたら〔買ったら〕、心から〔真心で〕お祝い〔祝賀〕してあげるんでしょうけどね。

B：とても〔たくさん〕寂しかった〔寂しくていらっしゃった〕んですね。いくらなん〔そう〕でも友達にご飯（ぐらい）は一度、おごってくれる〔買う〕でしょう。

A　친구가 복권에 당첨되었다고 자랑해서 너무 **배가 아팠어요**.

B　**사촌이 땅을 사면 배가 아프다**는 속담이 있는데
바로 이런 상황을 말한 거네요.

A　자랑만 하지 말고 밥이나 한번 사면 진심으로 축하해 줄 텐데요.

B　많이 섭섭하셨군요. 아무리 그래도 친구들에게 밥은 한번 사겠지요.

□ **복권**	《福券》	宝くじ
□ **당첨되다**	《當籤ー》	当たる、当選する
□ **사촌이 땅을 사면 배가 아프다**	《四寸ー》	いとこが土地を買うと妬ましい〔お腹が痛い〕【ことわざ】
※身近な人が成功することを妬ましく思うこと。		
□ **바로**		まさに
□ **상황**	《狀況》	状況
□ **진심으로**	《眞心ー》	心から〔真心で〕
□ **II-ㄹ 텐데요**		～でしょうに【推測】
□ **섭섭하다**		寂しい

TRACK 132

PHRASE 132

ㅂ へそが抜けるほど笑う

배꼽이 빠지도록 웃다

大笑いする、腹を抱えて笑う

A：もしかして昨日、ソン・ガンホさんが出ている〔出てきた〕演劇の公演、ご覧になりましたか？

B：はい、その公演（を）見て、**大笑いしました**。

A：私も本当にたくさん笑いましたよ。ソン・ガンホさんは本当に演技が〔を〕上手だと思います。

B：本当ですね〔合っています〕。どんな役柄を演じても〔配役を引き受けても〕観客〈達〉を満足させる素晴らしい俳優です。

A 혹시 어제 송강호 씨가 나온 연극 공연 보셨어요?

B 네, 그 공연 보고 **배꼽이 빠지도록 웃었어요**.

A 저도 진짜 많이 웃었거든요.
송강호 씨는 정말 연기를 잘하는 것 같아요.

B 맞아요. 어떤 배역을 맡아도 관객들을 만족시키는 훌륭한 배우예요.

□ **연극**	《演劇》	演劇
□ **공연**	《公演》	公演、ステージ
□ **연기**	《演技》	演技
□ **배역**	《配役》	配役
□ **맡다**		引き受ける
□ **관객**	《觀客》	観客
□ **만족시키다**	《滿足－》	満足させる
□ **훌륭하다**		素晴らしい

TRACK 133

PHRASE 133

ㅂ 肝っ玉がよい

배짱이 좋다

度胸がある

A：私が最近、注目している企業があって、投資したんだけど、あんたもしてみない〔してみる〕？

B：実績もあまりない新しい〔新生〕企業に投資するなんて、お前本当に**度胸があるな**。

A：できてからは間もない〔いくらならなかった〕けれど、その〔該当〕分野に新技術を持っているから、見通しは明るいよ〔展望がいいよ〕。

B：それでもまだ実績がない〔大きくない〕のに、気が早すぎるんじゃないの〔あまりに性急なんじゃないの〕？

A 내가 요즘 눈여겨보는 기업이 있어서 투자했는데 너도 해 볼래?

B 실적도 별로 없는 신생 기업에 투자하다니 너 참 **배짱이 좋구나**.

A 생긴 지는 얼마 안 되었지만,
해당 분야에 신기술을 가지고 있어서 전망이 좋아.

B 그래도 아직 실적이 크지 않은데 너무 성급한 게 아닐까?

□ **눈여겨보다**		注目する
□ **투자하다**	《投資－》	投資する
□ **신생 기업**	《新生 企業》	新しい企業、スタートアップ
□ **얼마 안 되다**		間もない〔いくら（も）ならない〕
□ **해당 분야**	《該當 分野》	当該分野
□ **신기술**	《新技術》	新技術
□ **전망**	《展望》	見通し、先行き、展望
□ **성급하다**	《性急－》	気が早い、慌てている、せっかちだ

TRACK 134

ㅂ

PHRASE 134

癖がない

버릇이 없다

行儀が悪い

A：子供に厳しすぎる〔あまりに厳格でいらっしゃる〕んじゃないですか？
B：甘やかしすぎても〔あまりに可愛がっても〕**行儀が悪くなるので**、いけませんよ。
A：それでも子供は子供らしく、失敗〔失手〕もしながら育てば〔育ってこそ〕いいと思いますけどね〔いいでしょうに〕。
B：**行儀悪く**育ったら、他人〈達〉に迷惑をかけてしまうから〔かけることになるから〕、厳しく〔厳格に〕育てるしかないですよ。

A　아이에게 너무 엄격하신 거 아니에요?

B　너무 귀여워해도 **버릇이 없어져서** 안 돼요.

A　그래도 아이는 아이답게 실수도 하면서 자라야 좋을 텐데.

B　**버릇없게** 자라면 남들에게 폐를 끼치게 되니
엄격하게 키울 수밖에 없어요.

□ **귀여워하다**		可愛がる
□ **-답게**		～らしく
□ **실수 (를) 하다**	《失手ー》	失敗（を）する、間違い（を）する
□ **자라다**		育つ
□ **Ⅱ-ㄹ 텐데**		～でしょうに、～だろうに【推測】
□ **폐를 끼치다** [페ー]	《弊ー》	迷惑をかける
□ **키우다**		育てる
□ **Ⅱ-ㄹ 수밖에 없다**		～しかない

TRACK 135

PHRASE 135

ㅂ 病気（を）与え、薬（を）与える

병 주고 약 준다

人に被害を与えておいて助ける（ふりをする）

A：お姉ちゃん、昨日、あたしのスカート履いて〔着て〕〈出て〉いったでしょう？
B：あ、ごめん。あたしの服は、気に入った〔入る〕のがなくて。代わりにあたしが新しいスカート買ってあげる。
A：**人に被害を与えておいて助けるって言うけど**、〈じゃあ〉高いの買ってくれるの？
B：当り前〔当然〕じゃない。誰の妹だと思ってるのよ〔誰の年下のきょうだい（妹）なのに〕。

A　언니, 어제 내 치마 입고 나갔지?

B　아, 미안해. 내 옷은 맘에 드는 것이 없어서.
대신 내가 새 치마 사 줄게.

A　**병 주고 약 준다더니**, 그럼 비싼 거 사 줄 거야?

B　당연하지. 누구 동생인데.

□ **치마 (를) 입다**		スカートを履く〔着る〕
□ **맘 (＜마음) 에 들다**		気に入る
□ **대신**	《代身》	代わりに
□ **새 …**		新しい…
□ **下称終止形 (-다/ㄴ다/는다) ＋ -(고 하) 더니**		～と言うけれど、～と言っていたけれど【引用文】

賑わいを成す

북새통을 이루다

ごった返す

A：今日、韓国と日本のサッカーの試合〔競技〕があるそうですよね？
B：スタジアムの周り〔競技場の周辺〕は、すでに人〈達〉で**ごった返しているそうです。**
A：応援合戦〔応援戦〕もすごいでしょうねぇ？
B：はい、両〔2つの〕チームの実力はほぼ同じなので〔が似ているので〕、観客〈達〉も〔が〕一生懸命、応援する〔熱い応援を送る〕と思いますよ。

A　오늘 한국과 일본의 축구 경기가 있다고 하지요?

B　경기장 주변은 이미 사람들로 **북새통을 이루고 있다고 해요**.

A　응원전도 대단하겠네요?

B　네, 두 팀의 실력이 비슷해서 관객들이 뜨거운 응원을 보낼 거예요.

□ **경기장**	《競技場》	スタジアム、競技場
□ **이미**		すでに、もう
□ **응원전**	《應援戰》	応援合戦
□ **실력**	《實力》	実力
□ **비슷하다**		ほぼ同じだ、似ている
□ **관객**	《觀客》	観客
□ **뜨겁다**		熱い ㅂ変
□ **응원**	《應援》	応援

TRACK 137

PHRASE 137

ㅂ

火の粉が出るくらい売れる

불티나게 팔리다

飛ぶように売れる

A：この店で（は）最近、この服が**飛ぶようによく売れているそうです。**

B：どうしてこんなに人気がある〔多い〕んでしょうか？

A：多分、ドラマのせいでしょうね。あのドラマに出ている女性の主人公〔出てくる女主人公〕がこの服を着（てい）たんですよ。

B：やはりドラマが人気あると、主人公が着ていた服も人気になる〔を得る〕んですねぇ。

A　이 가게에서 요즘 이 옷이 **불티나게 잘 팔린대요**.

B　왜 이렇게 인기가 많지요?

A　아마, 드라마 때문일 거예요.
그 드라마에 나오는 여주인공이 이 옷을 입었거든요.

B　역시 드라마가 인기 있으면 주인공이 입었던 옷도 인기를 얻는군요.

□ **팔리다**		売れる
□ **인기가 많다** [인끼ー]	《人氣ー》	人気がある〔多い〕
□ **드라마**	《drama》	ドラマ
□ **～ 때문이다**		～のせいだ、～のためだ
□ **여주인공**	《女主人公》	女性の主人公
□ **역시**	《亦是》	やはり
□ **인기를 얻다** [인끼ー]	《人氣ー》	人気になる〔を得る〕

TRACK 138

PHRASE 138

ㅂ (目障りなことに耐える) 腹を合わせる

비위를 맞추다

機嫌を取る

A：どうかしたの〔何かことあるの〕？浮かない表情だね〔表情がどうしてそうなの〕？
B：**機嫌を取るのも**一、二度（まで）だよ。これ〔もっと〕以上は耐えられない〔醜くてできなさそうだよ〕。
A：またチョン部長のこと〔部長なの〕？
B：うん、僕は将来、部長に〔が〕なっても絶対（に）部下〈の職員〉はいじめ（たく）ないよ。

A 무슨 일 있어? 표정이 왜 그래?

비위를 맞추는 것도 한두 번이지. 더 이상은 더러워서 못 하겠어. B

A 또 정 부장이야?

응, 나는 나중에 부장이 되어도 절대 부하 직원은 안 괴롭힐 거야. B

□ **표정**	《表情》	表情
□ **더 이상**	《-以上》	これ〔もっと〕以上
□ **더럽다**		醜い、下品だ、汚い ㅂ変
□ **부장**	《部長》	部長
□ **나중에**		将来、あとで、今度
□ **부하**	《部下》	部下
□ **괴롭히다**		いじめる、苦しめる

TRACK 139

PHRASE 139

ㅃ

抜くことも打つこともできない

빼도 박도 못 하다

身動きがとれない

A：例の件〔前にあの仕事〕、うまく処理できましたか〔されましたか〕？
B：**身動きがとれない状況**に〔が〕なって、とても困っています〔難堪です〕。
A：**身動きがとれない状況**なんですか〔だなんて〕？
B：続けて進める〔継続、進行する〕のもなんだし、やめるのも難しい状況です。

A 전에 그 일 잘 처리되었어요?

빼도 박도 못 하는 상황이 되어서 아주 난감해요. B

A **빼도 박도 못 하는 상황**이라니요?

계속 진행하기도 그렇고 그만두기도 어려운 상황이에요. B

□ **처리되다**	《處理－》	処理する
□ **상황**	《狀況》	状況
□ **난감하다**	《難堪－》	困る、困り果てる
□ **指定詞語幹＋-라니요?**		～だなんて
□ **진행하다**	《進行－》	進行する、進める
□ **Ⅰ -기도 그렇고**		～するのもなんだし
□ **그만두다**		やめる
□ **Ⅰ -기 어렵다**		～するのが難しい ㅂ変

뼈를 깎다

身を削る

A：新任の経済副大臣〔総理〕として、今年の世界経済の見通し〔展望〕をお願いいたします。

B：世界金融危機が我が国にも影響を与えるものと思われます。

A：どのように対応なさるつもりなのか（について）も一言〔一つのお言葉〕、お願いいたします。

B：**身を削る覚悟**でこの危機を乗り越えられる〔克服することができる〕よう努力いたします。

A 신임 경제 부총리로서 올해 세계 경제 전망을 부탁드립니다.

B 세계 금융 위기가 우리나라에도 영향을 줄 것으로 보입니다.

A 어떻게 대응하실 것인지도 한 말씀 부탁드립니다.

B **뼈를 깎는 각오**로 이 위기를 극복할 수 있도록 노력하겠습니다.

□ **신임**	《新任》	新任
□ **경제 부총리** [－부총니]	《經濟 副總理》	経済副大臣
□ **세계** [세게]	《世界》	世界
□ **금융 위기** [금늉/그뮹－]	《金融 危機》	金融危機
□ **영향을 주다**	《影響－》	影響を与える
□ **Ⅱ -ㄹ 것으로 보이다** [－ㄹ꺼스로－]		～ものと思われる
□ **대응하다**	《對應－》	対応する
□ **극복하다**	《克服－》	乗り越える、克服する

TRACK 141

PHRASE 141

人

想像が行く

상상이 가다

想像がつく

A：私が子供の頃〔幼かった時〕は、容易に〔易しく〕**想像がつかないこと**でした。

B：何が〔どんなこと〕ですか？

A：手で持ち運ぶ〔手に持って行き来する〕電話〈機〉で外国にいる人に手紙を送るということ〈のこと〉です。

B：今はあまりにも当たり前〔当然〕なことなのに、技術の発展とは本当にすごいですねぇ。

A　제가 어렸을 때는 쉽게 **상상이 가지 않는 일**이었어요.

B　무슨 일이요?

A　손에 들고 다니는 전화기로 외국에 있는 사람에게 편지를 보낸다는 일 말이에요.

B　지금은 너무나 당연한 일인데, 기술의 발전이란 참 대단하네요.

□ **들고 다니다**		持ち運ぶ〔持って行き来する〕
□ **전화기**	《電話機》	電話（機）
□ **편지를 보내다**	《便紙－》	手紙を送る
□ **～ 말이에요**		～のことです
□ **당연하다**	《當然－》	当たり前だ、当然だ
□ **기술**	《技術》	技術
□ **발전** [발쩐]	《發展》	発展
□ **-이란/란**		～とは

TRACK 142

PHRASE 142

ㅅ　考えが入る

생각이 들다

(〜と) 思う

A：お母さんをよく〔しょっちゅう〕殴る子供〈達〉がいるそうですね？

B：はい、大きな問題ですよ。でも、私は**その子供だけの間違いではないと思います〔子供達の間違いだけではないという考えが入ります〕**。

A：どうしてそう思われるのですか？

B：子供〈達〉の問題もあるでしょうが、両親〔父母〕の教育にも問題があると思います。

A　엄마를 자주 때리는 아이들이 있다면서요?

B　네, 큰 문제지요. 그렇지만 저는
그 아이들의 잘못만은 아니라는 생각이 들어요.

A　왜 그렇게 생각하세요?

B　아이들의 문제도 있겠지만
부모의 교육에도 문제가 있다고 생각해요.

□ **자주**		よく、しょっちゅう【頻度】
□ **때리다**		殴る
□ **문제**	《問題》	問題
□ **잘못**		間違い、過ち、ミス
□ **부모**	《父母》	両親、親
□ **교육**	《教育》	教育

TRACK 143

PHRASE 143

≫ コラム p.249

ㅅ 無実の人（を）捕まえる

생사람 잡다

濡れ衣を着せる

A：今度の事件もあんたがやったん〔そうしたん〕でしょう？
B：どうしてですか〔こう言うんですか〕、わけもなく**濡れ衣を着せないでください**。
A：事件現場からあんたの指紋が出てきたのよ。
B：本当に悔しい〔抑鬱〕です。そこ（に）は絶対（に）行ったことがないんですって。

A　이번 사건도 네가 그랬지?

왜 이래요, 괜히 **생사람 잡지 말아요**.　B

A　사건 현장에서 너의 지문이 나왔어.

정말 억울해요. 그곳은 절대 간 적이 없다고요.　B

□ **사건** [사껀]	《事件》	事件
□ **괜히**		わけもなく、やたらに、なんだか
□ **Ⅰ -지 말아요**		～ないでください【禁止】
□ **현장**	《現場》	現場
□ **지문**	《指紋》	指紋
□ **억울하다**	《抑鬱－》	悔しい、無念だ
□ **절대 (로)** [절때－]	《絶對（－）》	絶対（に）
□ **Ⅱ -ㄴ 적이 없다**		～たことがない【経験】

TRACK 144

PHRASE 144

ㅅ

(心の) 中を腐らせる

속을 썩이다

心配をかける

A：今度のお盆/お正月〔名節〕に田舎〔故郷〕に行かれるのですか？

B：いえ。就職試験に合格でき（てい）ないので、行けません。

A：それでもご両親〔父母様〕は、会いたがって〔見たがって〕いらっしゃるでしょうね。

B：こんなに**心配をかける息子**〔子息〕でも会いに行ったら〔探して伺ったら〕、喜んでくださるでしょうね？

A 이번 명절에 고향에 가시나요?

B 아니요. 취직 시험에 합격하지 못해서 갈 수 없어요.

A 그래도 부모님은 보고 싶어 하실 거예요.

B 이렇게 **속을 썩이는 자식**이라도 찾아뵈면 좋아해 주시겠지요?

□ **명절**	《名節》	民族的な祝祭日（盆と正月）
□ **고향**	《故郷》	故郷、ふるさと、田舎
□ **취직**	《就職》	就職
□ **시험**	《試験》	試験
□ **합격하다**	《合格−》	合格する
□ **I -고 싶어 하다**		～たがる
□ **찾아뵙다** ※ II は뵈-、III は봬-（<뵈어-）。		会いに行く〔探して伺う〕
□ **좋아해 주다**		喜んでくれる

TRACK 145

PHRASE 145

人 （心の）中が見える

속이 보이다

魂胆が見え見えだ

A：よくそんなことができますね〔どうやって、そんなことまでできるのですか〕？
B：**魂胆が見え見えであったとしても**〔（心の）**中が見える行動だと言ったとしても**〕、ほしいものを得るためなら〔望むものを得ようとすると〕、仕方ないですよね。
A：目的のためなら、どんな手段でも使う人なんですねぇ。
B：どんな手段でも目的を達成できなければ、意味がないと思っていますからね。

A 어떻게 그런 일까지 할 수 있어요?

B **속이 보이는 행동이라고 하더라도**
원하는 걸 얻으려면 어쩔 수 없지요.

A 목적을 위해서라면 무슨 수단이든 쓸 사람이군요.

B 무슨 수단이든 목적을 이루지 못하면 의미가 없다고 생각하니까요.

□ **I -더라도**		～たとしても、～ても【譲歩】
□ **원하다**	《願－》	望む、願う
□ **II -려(고 하)면**		～ようとすると
□ **어쩔 수(가) 없다**		仕方ない、どうしようもない
□ **목적**	《目的》	目的
□ **-을/를 위해서**	《－為－》	～のために【目的】
□ **수단**	《手段》	手段
□ **이루다**		達成する、成し遂げる

TRACK 146

ㅅ

PHRASE 146

（腹の）中がヒリヒリ痛む

속이 쓰리다

（ストレスで）胃が痛い

A：昨日の試合〔競技〕〈で〉、1点差で惜しく（も）負け（てしまい）ましたね？
B：はい、あの試合〔競技〕（のこと）を考えると、いまだに**胃が痛いですよ**。
A：7回のワンアウト満塁の状況が私も思い出されます〔考え出ますねぇ〕。
B：あの時、私が犠牲打でも打っていたなら〔打ったのなら〕、同点に〔が〕なっ（てい）たでしょうけど、残念ですねぇ。

A　어제 경기에서 1점 차로 아깝게 졌지요?

네, 그 경기를 생각하면 아직도 **속이 쓰려요**.　B

A　7회의 원 아웃 만루 상황이 저도 생각나네요.

그때 제가 희생타라도 쳤다면 동점이 되었을 텐데 아쉽네요.　B

□ **～점**	《－點》	～点
□ **차**	《差》	差
□ **아깝다**		惜しい、もったいない ㅂ変
□ **만루**	《滿壘》	満塁
□ **희생타**	《犧牲打》	犠牲打
□ **치다**		打つ
□ **Ⅲ -ㅆ다 (고 하) 면**		～たのなら、～たと言うのなら【引用文】
□ **동점이 되다** [동쩜－]	《同點－》	同点に〔が〕なる

TRACK 147

PHRASE 147

人

（心の）中が焼ける

속이 타다

気をもむ、やきもきする

A：昨日の夜〈に〉、台風が来ていましたけど、大丈夫でしたか〔過ぎて行きましたけど、いかがでしたか〕？

B：夫〔男便〕が海から戻ってこられないかと思って、**気をもみましたよ**。

A：とても心配されたでしょうねぇ〔たくさん心配（に）なられたでしょうねぇ〕。旦那さん〔男便（旦那）の方〕は、無事に帰ってこられたんですか？

B：はい、時間は〈長く〉かかりましたが、今日の朝〈に〉、無事に帰ってきました。

A　어젯밤에 태풍이 지나갔는데 어떠셨어요?

B　남편이 바다에서 돌아오지 못할까 봐 **속이 탔어요**.

A　많이 걱정되셨겠네요. 남편분은 무사히 돌아오셨어요?

B　네, 시간은 오래 걸렸지만, 오늘 아침에 무사히 돌아왔어요.

□ **어젯밤**		昨日の夜、昨晩
□ **태풍**	《颱風》	台風
□ **남편**	《男便》	夫、主人、旦那
□ **돌아오다**		帰ってくる
□ **Ⅱ -ㄹ까 봐**		～する（のではない）かと（思って）
□ **걱정되다**		心配する〔心配（に）なる〕
□ **무사히**	《無事－》	無事に
□ **오래 걸리다**		（時間が）長くかかる

※애가 타다〔イライラする気持ちが焼ける〕とも。

TRACK 148

ㅅ

PHRASE **148**

指を折って待つ

손꼽아 기다리다

心待ちにする

A：今日は、私が**心待ちにしていた日**です。
B：何の日なんですか？
A：うちの息子が、アメリカから留学を終えて帰ってくる日なんですよ。
B：息子さん〔息子様〕(を) 迎えに早く空港に行かれないとですねぇ。

A 오늘은 제가 **손꼽아 기다렸던 날**이에요.

B 무슨 날인데요?

A 우리 아들이 미국에서 유학을 마치고 돌아오는 날이거든요.

B 아드님 마중하러 일찍 공항에 가셔야겠네요.

□ **날**		日
□ **유학**	《留學》	留学
□ **마치다**		終える
□ **아드님**		息子さん、ご子息〔息子様〕
□ **마중하다**		迎える
□ **공항**	《空港》	空港
□ **Ⅲ -야겠다**		～ないと (いけない)、～なければ (ならない)

TRACK 149

PHRASE 149

人 手足が合う

손발이 맞다

息が合う、呼吸が合う

A：コ課長、今回の件、大事なのわかっているよな？

B：はい、それでなんですが〔そうなのですが〕、この仕事は、**息が合う人**とやりたいです。

A：じゃあ、誰とやったらいいかな？

B：仕事〈の処理〉が丁寧〔几帳面〕なチョン代理が〔なら〕、よい〈だろう〉と思います。

A 고 과장, 이번 일 중요한 거 알지?

B 네, 그래서 그런데 이 일은 **손발이 맞는 사람**과 하고 싶습니다.

A 그럼 누구와 했으면 좋겠나?

B 일 처리가 꼼꼼한 정 대리라면 좋을 것 같습니다.

□ **과장**	《課長》	課長
□ **중요하다**	《重要−》	大事だ、重要だ
□ **Ⅲ -ㅆ으면 좋겠다**		～たらよい、～たら嬉しい【願望】
□ **처리**	《處理》	処理
□ **꼼꼼하다**		几帳面だ
□ **대리**	《代理》	代理【会社における職位】
□ **指定詞語幹＋-라면**		～なら

TRACK 150

ㅅ

PHRASE 150

手に捕まれる

손에 잡히다

手につく

A：最近、仕事が**手につかないんです**。
B：どうしてですか。何か悩み〔こと〕(が) あるんですか？
A：先週〈に〉、彼女と喧嘩したんですよ。
B：時間が経ったので、怒り〔火〕が収まった〔ほどけた〕と思いますよ。一度、電話を〔電話、一度〕してみてください。

A 요즘, 일이 **손에 잡히지 않아요**.

B 왜요? 무슨 일 있어요?

A 지난주에 여자 친구와 싸웠거든요.

B 시간이 지났으니 화가 풀렸을 거예요. 전화 한번 해 보세요.

□ **무슨**		何か【不定】
□ **싸우다**		喧嘩する、争う
□ **화가 풀리다**	《火－》	怒りが収まる〔ほどける〕

TRACK 151

ㅅ

PHRASE 151

手を越す

손을 넘기다

時期を逸する

A：結婚の準備がまだできていないので〔ならないから、そうなのですが〕、結婚式は来年〈に〉したら、ダメでしょうか？

B：でも、結婚〔婚姻〕は重要なことですから、**時期を逸してはいけない〈だろう〉と思います。**

A：では、できるだけ〔最大限〕急いで準備するようにします。

B：子供達が暮らしながら、一つ一つ補っていってもいいので、私達もあまりに無理するのはやめましょう。

A: 결혼 준비가 아직 안 되어서 그런데
결혼식은 내년에 하면 안 되겠습니까?

B: 그래도 혼인은 중요한 일이니 **손을 넘기면 안 될 것 같습니다**.

A: 그러면 최대한 서둘러 준비하도록 하겠습니다.

B: 아이들이 살면서 하나하나 채워 나가도 되니
우리도 너무 무리하지는 맙시다.

□ **결혼**	《結婚》	結婚
□ **혼인**	《婚姻》	結婚、婚姻
□ **최대한**	《最大限》	できるだけ、最大限
□ **서두르다**		急ぐ 르変
□ **I -도록 하다**		～ようにする
□ **채워 나가다**		補っていく、満たしていく
□ **I -지 맙시다**		～するのをやめましょう【禁止の勧誘】

TRACK 152

PHRASE 152

ㅅ

手を放す

손을 놓다

仕事の手を止める、(していたことを) 中断する

A：新製品はいつ頃、見ることができますか？
B：機械が故障して〔出て〕、工場の全ての従業員〔職員〕が**仕事の手を止めているそうです。**
A：何ですって？修理する人材〔人力〕は、工場に送ったんですか？
B：今ちょうど着いて〔到着して〕、機械を点検しているとのことです。

A 신제품은 언제쯤 볼 수 있습니까?

기계가 고장나서 공장의 모든 직원이 **손을 놓고 있다고 합니다**. B

A 뭐라고요? 수리할 인력은 공장으로 보냈습니까?

지금 막 도착해서 기계를 점검하고 있다고 합니다. B

□ **기계** [기게]	《機械》	機械
□ **고장나다**	《故障－》	故障する〔出る〕
□ **공장**	《工場》	工場
□ **모든 …**		全ての…
□ **수리하다**	《修理－》	修理する
□ **인력**	《人力》	人材
□ **막**		ちょうど、たった今
□ **점검하다**	《點檢－》	点検する

TRACK 153

ㅅ

PHRASE 153

手を離す

손을 떼다

手を引く

A：もうその事件から（は）**手を引くのが**よいよ。

B：班長〈様〉、私が犯人を早く捕まえられないから〈そうなの〉ですか？

A：そう〔それ〕ではないけれど、君が被害者の家族だというのが気にかかるよ。

B：だから、なおさら〔もっと〕捕まえたいんです。私の息子を殺した人が一体〔都大体〕、誰なのか知りたいんです。

A　이제 그 사건에서 **손을 떼는 게** 좋겠어.

B　반장님, 제가 범인을 빨리 못 잡아서 그런 것입니까?

A　그것은 아니지만, 자네가 피해자의 가족이라는 것이 마음에 걸리네.

B　그래서 더 잡고 싶습니다.
제 아들을 해친 사람이 도대체 누구인지 알고 싶습니다.

□ **사건** [사껀]	《事件》	事件
□ **반장님**	《班長ー》	班長〈様〉
□ **잡다**		捕まえる
□ **피해자**	《被害者》	被害者
□ **마음에 걸리다**		気にかかる、気になる
□ **해치다**	《害ー》	殺す、傷つける、害する
□ **도대체**	《都大體》	一体
□ **現在連体形＋지**		～（の）か

TRACK 154

PHRASE **154**

ㅅ

手を使う

손을 쓰다

手を打つ

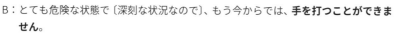

A：307号室の患者（さん）、どんな状態〔状況〕ですか？
B：とても危険な状態で〔深刻な状況なので〕、もう今からでは、**手を打つことができません**。
A：そうですか。〈患者が〉数か月だけでも早く病院に来（てい）たらよかったでしょうに。
B：そうなんです〔合っています〕。だから、健康診断〔検診〕が大事なのでしょうね。

A　307호 환자 어떤 상황이에요?

너무나 심각한 상황이어서 이제는 **손을 쓸 수가 없어요**.　B

A　그렇군요.
환자가 몇 달 만이라도 빨리 병원에 왔으면 좋았을 텐데요.

맞아요. 그래서 건강 검진이 중요한 것이겠지요.　B

□ **~호**	《號》	~号室、~号
□ **환자**	《患者》	患者
□ **상황**	《狀況》	状況
□ **너무나**		あまりにも、大変
□ **심각하다**	《深刻－》	深刻だ
□ **III -ㅆ으면 좋았을 텐데요**		~たら、よかったでしょうに
□ **건강 검진**	《健康 檢診》	健康診断
□ **중요하다**	《重要－》	大事だ、重要だ

PHRASE 155

ㅅ

手がのろい

손이 굼뜨다

仕事が遅い、手際が悪い

A：君は、どうしてこんなに**仕事が遅いんだい**？

B：申し訳ありません、部長〈様〉。〈私の〉自分なりには、できるだけ〔最大限〕速くやっているのですが。

A：できるだけ〔最大限〕早くやっていると言うなら〔から〕、仕方ないなぁ。それなら、丁寧〔几帳面〕にでもやるようにしなさい〔やってみなさい〕。

B：ご理解いただき〔理解してくださって〕、ありがとうございます。ミス〔失手〕がないように〈仕事を処理〉いたします。

A　자네는 왜 이렇게 **손이 굼뜬가**?

B　죄송합니다, 부장님. 제 나름대로는 최대한 빨리 하고 있는데요.

A　최대한 빨리 하고 있다니 어쩔 수 없구먼. 그럼 꼼꼼히라도 해 보게.

B　이해해 주셔서 고맙습니다. 실수 없이 일을 처리하겠습니다.

□ **現在連体形＋가?**		～んだい、～のか
□ **나름대로**		自分なりに、私なりに
□ **최대한**	《最大限》	できるだけ、最大限
□ **下称終止形 (-다/ㄴ다/는다)＋-(고 하) 니 (까)**		～と言うから【引用文】
□ **어쩔 수 (가) 없다**		仕方ない、どうしようもない
□ **꼼꼼히**		しっかり、抜け目なく、几帳面に
□ **I -게**		～なさい、～たまえ【하게体（命令）】
□ **～ 없이**		～がないように、～なく

TRACK 156

PHRASE 156

ㅅ 手が速い

손이 빠르다

仕事が速い ※빠르다（速い）は、르変。

A：うちの部署のパク代理は、仕事が遅くて〈あまりに〉もどかしいです。
B：そうですか？うちの部署のソ代理は、**仕事が速いので**、一緒に仕事をするのが楽ですよ。
A：羨ましいですねぇ。パク代理とソ代理を変え（てもらえ）たら、嬉しいんですけどねぇ〔嬉しいでしょうねぇ〕。
B：それは〔そうしたら〕ダメですよ。ソ代理は絶対（に）（そちらに）行かせる〔送る〕ことができませんよ。

A 우리 부서의 박 대리는 손이 굼떠서 너무 답답해요.

B 그래요? 우리 부서의 서 대리는 **손이 빨라서** 같이 일을 하기 편해요.

A 부럽네요. 박 대리와 서 대리를 바꾸었으면 좋겠네요.

B 그러면 안 되지요. 서 대리는 절대 보낼 수 없어요.

□ **부서**	《部署》	部署
□ **손이 굼뜨다**		仕事が遅い、やることがのろい
□ **답답하다**		もどかしい
□ **Ⅰ -기 편하다**	《－便－》	～するのが楽だ、～しやすい
□ **부럽다**		羨ましい ㅂ変
□ **바꾸다**		変える、交換する
□ **Ⅲ -ㅆ으면 좋겠다**		～たら嬉しい、～たらよい【願望】

TRACK 157

PHRASE 157

人

手が塩辛い

손이 짜다

ケチだ

A：今度の引っ越し祝いに5人ほど〔程度〕招待して、プルコギを作る〔する〕つもりなんですが、このぐらい〔程度〕の量なら、問題ないですよね〔よさそうですよね〕？

B：**ちょっとケチすぎるんじゃないですか〔そんなにケチで、よさそうでしょうか〕**？かなり足りない〔たくさん不足するだろう〕と思いますけど。

A：そうですか？では、どのぐらい買い足せば〔いくらぐらいもっと買えば〕よいでしょうか？

B：1万ウォン分だけ買い足せば〔もっと買えば〕よい〈だろう〉と思います。

A　이번 집들이에 다섯 명 정도 초대해서 불고기를 할 건데 이 정도 양이면 되겠지요?

B　**그렇게 손이 짜서 되겠어요**? 많이 부족할 것 같은데요.

A　그래요? 그러면 얼마만큼 더 사면 좋을까요?

B　만 원어치만 더 사면 좋을 것 같아요.

□ **집들이**		引っ越し祝い
□ **～정도**	《程度》	～ほど、～ぐらい、～程度
□ **초대하다**	《招待－》	招待する
□ **양**	《量》	量
□ **부족하다**	《不足－》	足りない、不足する
□ **～만큼**		～くらい、～ほど
□ **～어치**		～分

🔊
TRACK 158

PHRASE **158**

ㅅ

手が大きい

손이 크다

気前がいい

A：ジヌさん、私1人しか招待されていない〔1人、招待受けた〕のに、食べ物〔飲食〕が多すぎませんか〔あまりにも多いんですが〕？

B：うちのお母さんは、**気前がよくて**、どんな料理〔飲食（食べ物）〕でも残るぐらい〔程度〕〈に〉たくさん作るんです〔なさいます〕。

A：将来、ジヌさんと結婚したら、家事〔仕事〕をたくさんすることになりそうで〔することになるだろうか（と）〕、心配ですね。

B：大丈夫ですよ。私が料理（を）する時は、作るの〔手〕が速いから、心配しなくても大丈夫です。

A　진우 씨, 저 혼자 초대 받았는데 음식이 너무 많은데요?

B　우리 엄마는 **손이 커서** 어떤 음식이든 남을 정도로 많이 하세요.

A　나중에 진우 씨와 결혼하면 일을 많이 하게 될까 걱정이네요.

B　괜찮아요. 제가 요리할 때는 손이 빠르니까 걱정하지 않아도 돼요.

□ **초대 받다**	《招待－》	招待を受ける
□ **-이든/든**		～でも
□ **남다** [남따]		残る
□ **II -ㄹ 정도로** [－ㄹ쩡도－]	《－程度－》	～するぐらい（に）、～するほど
□ **나중에**		将来、あとで、今度
□ **II -ㄹ까 걱정이다**		～する（のではない）かと（思って）心配だ
□ **요리하다**	《料理－》	料理を作る、料理する
□ **손이 빠르다**		仕事が速い ㄹ変

TRACK 159

ㅅ

PHRASE 159

損害を見る

손해를 보다

損をする

A：先月〈に〉、買った株〔株式〕の価格が下がり続けていて、大変です〔継続、落ちていて、大きなことです〕。

B：**損をしても**、今売るのがいいでしょうね？もったいないとは思いますが〔もったいなくはありますが〕、もっと大きな損をしないように〔損害を見ないようにしようとすると〕今（から）でも売ったほうがいい〔売らなければならないだろう〕と思います。

A：はい、わかりました〔いいです〕。それなら、思い切って〔そうだと言うなら、未練なく〕今すぐ〔当場〕売りますね。

A 지난달에 산 주식의 가격이 계속 떨어지고 있어서 큰일이에요.

B **손해를 보더라도** 지금 파는 것이 좋겠지요?
아깝기는 하지만 더 큰 손해를 안 보려면
지금이라도 팔아야 할 것 같아요.

A 네, 좋습니다. 그렇다면 미련 없이 지금 당장 팔겠어요.

□ **주식**	《株式》	株、株式
□ **가격**	《價格》	価格
□ **떨어지다**		（株価が）下がる、落ちる
□ **아깝다**		もったいない、惜しい ㅂ変
□ **II -려 (고 하) 면**		～ようとすると
□ **그렇다면**		それなら〔そうだと言うなら〕
□ **미련 없이**	《未練－》	未練なく
□ **당장**	《當場》	すぐに

TRACK 160

ㅅ

PHRASE 160

習慣を入れる

습관을 들이다

習慣になる

A：朝方（に）運動を始めようと思うんですが、朝、起きられるか〔朝に起きることが〕心配です。

B：初め〈に〉は大変でも**習慣になったら**、大丈夫だ〔大丈夫になる〕と思いますよ。

A：どんなことでも**習慣になるまで**〔**習慣を入れることまで**〕**が**最も大変だ〔難しい〕と思います。

B：大変なことほど〔そうであるほど〕、「一度だけ頑張ってみよう〔よくやろう〕」という気持ちで、軽く始めたらいいですよ。

A　새벽 운동을 시작하려고 하는데, 아침에 일어날 것이 걱정이에요.

B　처음에는 힘들더라도 **습관을 들이면** 괜찮아질 거예요.

A　무슨 일이든 **습관을 들이기까지가** 가장 어려운 것 같아요.

B　그럴수록 '한 번만 잘하자' 하는 마음으로
가볍게 시작했으면 좋겠어요.

□ **새벽**	朝方、夜明け
□ **Ⅰ-더라도**	～ても、～たとしても【譲歩】
□ **Ⅲ-지다**	～くなる、～になる【変化（形容詞の動詞化）】
□ **-이든/든**	～でも
□ **가장**	最も、一番
□ **그럴수록**	そうであるほど
□ **가볍다**	軽い ㅂ変

TRACK 161

PHRASE 161

ㅅ 時間（が）行くこと（が）わからない

시간 가는 줄 모르다

時が経つのを忘れる ※모르다（わからない）は、르変。

A：もう閉園〔閉場する〕時間ですね。
B：とても面白くて、**時間が経つのも忘れていました**。
A：やっぱりディズニーランドは、見るところも遊ぶところも本当に多いから、1日があっという間に過ぎてしまいますね〔とても短いです〕。
B：今度〔次に〕また来たらいいですよ。次の〔帰ってくる〕土曜日は〔に〕、時間どうですか？

A 벌써 폐장할 시간이네요.

B 너무 재미있어서 **시간 가는 줄도 몰랐어요**.

A 역시 디즈니랜드는 볼거리도 놀거리도 정말 많아서 하루가 너무 짧아요.

B 다음에 또 오면 되지요. 돌아오는 토요일에 시간 어때요？

□ **폐장하다** [폐장－]	《閉場－》	閉園する、閉場する
□ **역시**	《亦是》	やはり
□ **디즈니랜드**	《Disney land》	ディズニーランド
□ **볼거리** [볼꺼리]		見るところ、見どころ
□ **놀거리** [놀꺼리]		遊ぶところ
□ **하루**		1日
□ **짧다** [짤따]		短い
□ **돌아오는 토요일**	《－土曜日》	今度の〔帰ってくる〕土曜日

TRACK 162

ㅅ

PHRASE 162

時間が矢のようだ

시간이 쏜살같다

時間が経つのはあっという間だ

A：もう私達が還暦だなんて、本当に**時間が経つのは、あっという間ですねぇ。**

B：子供の頃〔幼かった時〕は、時間が過ぎるのが遅すぎて〔あまりにも行かなくて〕心配し(てい)ましたけどね。

A：そうですね〔合っています〕。大人〈達〉がすること〈達〉は、何でも〔全て〕よく見えて、真似をしていましたっけね〔従ってしましたよね〕。

B：今は(人生)100年〔歳〕時代だから、半分しか過ぎていない〔半分だけ過ぎた〕と思って、残りの〔残った〕人生も楽しく暮らしましょうね。

A　벌써 우리가 환갑이라니, 정말 **시간이 쏜살같네요**.

B　어렸을 때는 시간이 너무 안 가서 걱정했는데요.

A　맞아요. 어른들이 하는 것들은 다 좋아 보여서 따라 했지요.

B　지금은 100세 시대이니 반만 지났다고 생각하고
남은 인생도 즐겁게 살아요.

□ **환갑**	《還甲》	還暦
□ **指定詞語幹＋-라니**		～だなんて
□ **어른**		大人
□ **따라 하다**		真似る〔従ってする〕
□ **시대**	《時代》	時代
□ **인생**	《人生》	人生
□ **즐겁다**		楽しい ㅂ変
□ **살다**		暮らす

TRACK 163

PHRASE 163

ㅅ　嫁ぎ先の家に（を）行く

시집을 가다

嫁に行く

A：うちの娘がもう**お嫁に行くなんて**、信じられないなぁ。

B：私もですよ、お父さん。時が経つのは本当に速いですね〔歳月が本当に速く行くと思います〕。

A：〈うちの〉娘が**嫁に行ったら**、パパとママは寂しくて、どうやって生きていったらいいかな〔生きるのかな〕？

B：大げさに言わないでくださいよ。ママと新婚の時のように〈もっと〉穏やかに暮らすじゃないですか〔暮らされるでしょうに〕。

A　우리 딸이 벌써 **시집을 가다니**, 믿을 수가 없구나.

B　저도요, 아빠. 세월이 정말 빨리 가는 것 같아요.

A　우리 딸이 **시집가면** 아빠와 엄마는 허전해서 어떻게 사나?

B　엄살 부리지 마세요. 엄마랑 신혼 때처럼 더 오붓하게 사실 거면서.

□ **벌써**		もう、既に
□ **세월**	《歳月》	歳月、月日
□ **허전하다**		寂しい、物足りない
□ **엄살 (을) 부리다**		大げさな態度をとる、仮病を使う
□ **신혼**	《新婚》	新婚
□ **-처럼**		～のように
□ **오붓하다**		穏やかだ
□ **II -ㄹ 거면서** [ーㄹ꺼ー]		～（つもり）でしょうに、～（つもりの）くせに

TRACK 164

PHRASE 164

ㅅ

鷹の名札を取る

시치미를 떼다

しらを切る

A：あんなことをしておいて、**しらを切る弟/妹**が憎いですよ。

B：失敗がバレたら〔失敗を見つかったら〕、怒られるかと思って、しらを切っているんじゃないですか〔そうなのではないでしょうか〕？

A：正直〔率直〕に言っ(てい)たら、すぐに許し(てい)たと思いますが、考えるほどけしからんです。

B：お姉さんが優しく〔多情に〕聞いてあげたら〔尋ねてみたら〕、今度〈に〉は弟/妹(さん)も〔が〕本当のことを〔事実通り〕話すんじゃないでしょうか？

A　그런 일을 하고도 **시치미를 떼는 동생**이 미워요.

B　잘못을 들키면 혼날까 봐 그런 거 아닐까요?

A　솔직하게 말했으면 바로 용서했을 텐데, 생각할수록 괘씸해요.

B　언니가 다정하게 물어보면
다음에는 동생이 사실대로 이야기하지 않을까요?

□ **Ⅰ-고도**		～ておいて、～ても
□ **밉다**		憎い ㅂ変
□ **들키다**		バレる、見つかる
□ **솔직하다** [솔찌카다]	《率直－》	正直だ、率直だ
□ **용서하다**	《容恕-》	許す
□ **괘씸하다**		けしからん
□ **다정하다**	《多情－》	優しい、思いやりがある
□ **물어보다**		聞いてみる、尋ねてみる

TRACK 165

ㅅ

PHRASE 165

神経が使われる

신경이 쓰이다

気になる

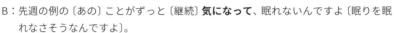

A：あなた、どうしてこんなに寝返りを打つんですか？

B：先週の例の〔あの〕ことがずっと〔継続〕**気になって**、眠れないんですよ〔眠りを眠れなさそうなんですよ〕。

A：大したことではないですから、忘れてしまったほうがいいですよ〔忘れてしまってもいいですよ〕。

B：忘れてしまっても〔そうしても〕いいでしょうか？子供に寂しかったと言われた〔子供が私の言葉に寂しかったと言う〕ので、気になりますねぇ。

A　여보, 왜 이렇게 뒤척여요?

B　지난주의 그 일이 계속 **신경이 쓰여서** 잠을 못 자겠어요.

A　별일 아니니까 잊어버려도 돼요.

B　그래도 될까요? 아이가 내 말에 서운했다고 하니 마음에 걸리네요.

□ **여보**		（夫婦間で）あなた【呼びかけ】
□ **뒤척이다**		寝返りを打つ
□ **계속＋動詞**［게속－］	《繼續－》	～し続ける、ずっと～する【継続】
□ **잠을 자다**		眠る、寝る〔眠りを眠る〕
□ **별일 아니다**［별릴－］	《別－》	大したことではない
□ **서운하다**		寂しい、悲しい、残念だ
□ **마음에 걸리다**		気になる、気にかかる

※신경을 쓰다：気にする〔神経を使う〕

TRACK 166

ㅇ

PHRASE **166**

痛いところを触れる

아픈 곳을 건드리다

傷口をえぐる、痛いところを突く

A：さっき〔ちょっと前に〕、〈俺が〉言ったこと、撤回するよ〔取り消すよ〕。ごめん。
B：いくら腹が立ってもあれはないでしょう〔火（怒り）が出てもそうでしょう〕。相手〈方〉の**傷口をえぐる**（ようなことを言う）**のは**、よくないんじゃない〔違うんじゃない〕？
A：俺〈が〉、さっき（は）理性を失っていたみたい。心から謝るよ〔真心で謝過するよ〕。

A 조금 전에 내가 한 말 취소할게. 미안해.

B 아무리 화가 나도 그렇지.
상대방의 **아픈 곳을 건드리는 건** 아니지 않니?

A 내가 아까 이성을 잃었던 것 같아. 진심으로 사과할게.

□ **취소하다**	《取消ー》	取り消す、キャンセルする
□ **화가 나다**	《火ー》	腹が立つ、怒る〔怒りが出る〕
□ **그렇다**		あれだ〔そうだ〕【望ましくない様子】ㅎ変
□ **상대방**	《相對方》	相手
□ **이성을 잃다** [ー일타]	《理性ー》	理性を失う
□ **진심으로**	《眞心ー》	心から
□ **사과하다**	《謝過ー》	謝罪する、お詫びする

TRACK 167

PHRASE 167

苛立ちが出る

안달이 나다

（何かがしたくて）うずうずする

A：ウジンさんが運転免許を取ったんですって？

B：はい、それで今、運転が〔を〕したくて、とても**うずうずしているんです**〔**苛立ちが出たんです**〕。

A：〈運転〉免許を取ったら、初め〈に〉は〈誰でも〉皆、そうなりますよ〔そうするじゃないですか〕。

B：昨日もお父さんの車をこっそり運転して〔持って出て行って〕、ドライブしてきたそうですよ。

A 우진 씨가 운전면허를 땄다면서요?

B 네, 그래서 지금 운전을 하고 싶어서 아주 **안달이 났어요**.

A 운전면허를 따면 처음에는 누구나 다 그러잖아요.

B 어제도 아버지 차를 몰래 가지고 나가서 드라이브하고 왔대요.

□ **운전면허를 따다**	《運轉免許－》	運転免許を取る
□ **下称終止形 (-다/ㄴ다/는다)＋-면서요?**		～んですって？
□ **차를 가지다**	《車－》	車を運転する〔持つ〕
□ **몰래**		こっそり、隠れて
□ **드라이브하다**	《drive－》	ドライブする

TRACK 168

PHRASE **168**

0

眼識がない

안목이 없다

(見る) 目がない

A：私の彼氏は、**服を見る目がないんです。**

B：ははは、そうですか？

A：昨日、一緒に服を買いに行ったんですけど、本当に〔とても〕格好悪い服ばかり選ぶんですよ。もう少しでデパート〔百貨店〕で喧嘩するところでしたよ。

A　제 남자 친구는 **옷을 보는 안목이 없어요**.

B　하하하, 그래요?

A　어제 같이 옷을 사러 갔었는데 아주 촌스러운 옷만 고르는 거예요. 하마터면 백화점에서 싸울 뻔했지 뭐예요.

□ **Ⅱ -러 가다**		～しに行く【目的・移動】
□ **촌스럽다**	《村－》	格好悪い、ダサい ㅂ変
□ **고르다**		選ぶ 르変
□ **하마터면 Ⅱ -ㄹ 뻔했다**		もう少しで～するところだった【回避】
□ **백화점**	《百貨店》	デパート、百貨店
□ **싸우다**		喧嘩する、争う
□ **Ⅲ -ㅆ지 뭐예요**		～ましたよ、～たじゃないですか【驚き、呆れ】

TRACK 169

PHRASE **169**

前後を選ばない

앞뒤를 가리지 않다

後先考えない

A：ヘヨンさんは怒る〔火（怒り）が出る〕と、**後先を考えずに**暴言を吐くんだよ〔注ぎ込むんだよ〕。

B：本当に？ 静かな人だと思っていたのに。

A：怒る〔火（怒り）が出る〕と、本当に怖いよ。
短気な〔火のような〕性格だから、気をつけたほうがいいよ〔操心しないと（気をつけないと）いけないよ〕。

A 혜영 씨는 화가 나면 **앞뒤를 가리지 않고** 막말을 쏟아부어.

B 정말? 조용한 사람인 줄 알았는데.

A 화가 나면 정말 무서워.
불같은 성격이라 조심해야 해.

□ **막말**		暴言、下品な言葉、ぞんざいな言葉
□ **쏟아붓다**		注ぎ込む ㅅ変
□ **조용하다**		静かだ
□ **連体形＋줄 알았다**		～と（ばかり）思っていた【思い込み】
□ **무섭다**		怖い ㅂ変
□ **불같은 성격** [－성껵]	《－性格》	短気な〔火のような〕性格
□ **조심하다**	《操心－》	気をつける

TRACK 170

PHRASE 170

イライラする気持ちが焼ける

애가 타다

心配でしょうがない

A：お使いに〔を〕出〈て行っ〉た娘が3時間〈が〉経っても帰ってこなくて、**本当に心配しましたよ**〔**どんなにイライラする気持ちが焼けたかわかりませんよ**〕。

B：あら！どこ(に)行って来たんですって？

A：偶然、会った友達の家で遊んできたって言うんですよ。連絡がつかなくて〔ならなくて〕、**どんなに心配したことか**〔**イライラする気持ちが焼けていたか**〕…。

B：子供〈達〉って〔が〕(皆)、そうですよ〔そうなんですってば〕。心配する親〔父母〕の気持ちが〔を〕わからないんだから〔わからなくても、あまりにわかりませんよ〕。

A：심부름을 나간 딸이 3시간이 지나도 돌아오지 않아서
얼마나 애가 탔는지 몰라요.

B：어머나! 어디 갔다 왔대요?

A：우연히 만난 친구 집에서 놀다 왔다지 뭐예요.
연락이 안 돼서 **얼마나 애가 타던지**…

B：아이들이 그렇다니까요. 걱정하는 부모 마음을 몰라도 너무 몰라요.

□ **심부름을 나가다**		お使いに行く〔を出て行く〕
□ **우연히**	《偶然ー》	偶然(に)
□ **놀다 오다**		遊んでくる
□ **I -지 뭐예요**		～するんですよ、～するじゃないですか
□ **얼마나 I -던지**		どんなに～(てい)た(こと)か
□ **그렇다니까요.**		そうなんですってば

※애간장을 태우다〔イライラする腸を燃やす〕、애를 태우다〔イライラする気持ちを燃やす〕で「気をもむ」。

TRACK 171

PHRASE 171

イライラする気持ちを食べる

애를 먹다

苦労する、大変な思いをする

A：先週の公演の時、急に声が出なくなって〔出てこなくて〕、**苦労しましたよ。**

B：本当ですか。公演（会）場に行きましたけど、まったくそんな感じ（は）しませんでしたよ〔なかったですよ〕。

A：とんでもないです〔言葉もしないでください〕。喉によいというお茶や薬を1日中、持ち歩いていましたよ〔一日終日、付けて生きました〕。

B：そうだったんですか。でも、公演はとても素敵でしたよ。

A　지난주 공연 때, 갑자기 목소리가 나오지 않아서 **애를 먹었어요**.

B　정말요? 공연장에 갔었는데 전혀 그런 느낌 없었어요.

A　말도 마세요. 목에 좋다는 차나 약을 하루 종일 달고 살았어요.

B　그랬군요. 그래도 공연은 너무 멋졌어요.

□ **공연**	《公演》	公演、ステージ
□ **갑자기**		急に、突然
□ **목소리**		声
□ **공연장**	《公演場》	公演会場
□ **전혀**	《全－》	まったく、全然
□ **느낌**		感じ
□ **달다**		付ける
□ **멋지다**		素敵だ、素晴らしい

TRACK 172

PHRASE 172

両足をかける

양다리를 걸치다

二股をかける

A：私、彼氏と別れました。
B：あらまぁ、結婚まで考えていたんじゃなかったんですか？
A：あとでわかったんですが〔知ってみると〕、彼氏が**二股をかけていたんです**。私はそうとも〔それも〕知らずに…。
B：なんと〔世上（世の中）に〕！ 本当に〔とても〕悪い人です〔男子でした〕ねぇ！

A 저, 남자 친구와 헤어졌어요.

B 어머나, 결혼까지 생각했던 거 아니었어요?

A 알고 보니 남자 친구가 **양다리를 걸치고 있던 거예요**.
저는 그것도 모르고….

B 세상에! 아주 나쁜 남자였네요!

□ **헤어지다**		別れる
□ **어머나**		あら、まぁ【女性語】
□ **결혼**	《結婚》	結婚
□ **알고 보니 (까)**		あとでわかったんですが、実は〔知ってみると〕
□ **세상에!**	《世上ー》	なんと！、まぁ！、まさか！〔世の中に〕【驚き】

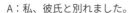

TRACK 173

PHRASE 173

肩が軽い

어깨가 가볍다

肩の荷が下りる ※가볍다（軽い）は、ㅂ変。

A：ついにやり遂げられたのですね！

B：はい、ほぼ1年〈の〉間も準備してきたんですが〔していたことなんですが〕、無事に〈うまく〉終えることができて〔終えることになって〕、とても嬉しいです。

A：よかった〔多幸〕です。やっと**肩の荷が少し下りられたでしょう**？

B：はい、今日は家に帰って、少し休もうと思います。

A 드디어 해내셨군요!

B 네, 거의 1 년 동안이나 준비했던 일인데
무사히 잘 끝내게 되어서 너무 기쁩니다.

A 다행입니다. 이제 **어깨가 좀 가벼워지셨지요**?

B 네, 오늘은 집으로 돌아가서 좀 쉬려고 해요.

□ **드디어**		ついに
□ **해내다**		やり遂げる、やってのける
□ **거의** [거이]		ほぼ、ほとんど
□ **～ 동안** [ー똥안]		～の間
□ **무사히**	《無事ー》	無事に
□ **다행이다**	《多幸ー》	よかった、幸いだ
□ **쉬다**		休む

TRACK 174

PHRASE 174

ㅇ 肩が重い

어깨가 무겁다

肩の荷が重い ※무겁다（重い）は、ㅂ変。

A：セイン、生徒〔学校〕会長（に）なったの、〈とても〉おめでとう！

B：ありがとう。嬉しいとは思うんだけど、正直〔嬉しくもあるけれど、事実〕**肩の荷が重いよ。**

A：そうなんだ。セイン、お前は性格もいいし、交友関係も広い〔よい〕から、周り〔周辺〕の友達がたくさん助けてくれると思うよ。

A 세인아, 학교 회장 된 거 너무 축하해!

B 고마워. 기쁘기도 하지만 사실 **어깨가 무거워**.

A 그렇구나. 세인이 넌 성격도 좋고 교우 관계도 좋으니까
주변 친구들이 많이 도와줄 거야.

□ **회장**	《會長》	会長
□ **Ⅰ-기도 하다**		～でもある、～しもする
□ **사실**	《事實》	実は、事実
□ **성격** [성껵]	《性格》	性格
□ **교우 관계** [—관게]	《交友 關係》	交友関係
□ **주변**	《周邊》	周り、周辺
□ **도와주다**		助けてくれる、助ける、手伝う

TRACK 175

PHRASE **175**

肩がだらりと垂れ下がる

어깨가 축 처지다

元気がない、気を落とす

A：どうしてそんなにため息をついているの？

B：実は〔事実〕、〈私の〉彼氏がまた試験に落ちて、**元気がないの〔肩がだらりと垂れ下がっているの〕**。

A：あ…、そうだったんだ。

B：うん、だから、どうやって慰めたらいいのか〔慰労をしなければならないだろうか〕よくわからないの。

A　왜 그렇게 한숨을 쉬고 있는 거야?

사실 내 남자 친구가 또 시험에 떨어져서 **어깨가 축 처져 있어**.　B

A　아…, 그랬구나.

응, 그래서 어떻게 위로를 해야 할지 잘 모르겠어.　B

□ **한숨을 쉬다**		ため息をつく
□ **사실**	《事實》	実は、事実
□ **시험에 떨어지다**	《試験－》	試験に落ちる
□ **위로를 하다**	《慰労－》	慰める
□ **II -ㄹ지** [－ㄹ찌－]		～（しよう、だろう）か

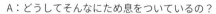

TRACK 176

PHRASE 176

肩を張り合う

어깨를 겨루다

互角だ

A：視聴者の皆さん、今日は本当に面白い試合になりますよ〔期待されてもいいですよ〕。
B：その通りです〔そうです〕。**互角の2人〔2つ〕の選手**の試合コントロール〔競技運営能力〕が観戦ポイントに〔が〕なるでしょうね？
A：そうです〔合っています〕。実は〔事実〕、プライベートでは〔私的には〕2人〔2つ〕の選手は〔が〕、非常に親しい〈友人の間柄だ〉そうです。
B：親友〔親しい友人〕がライバルに〔が〕なって、お互いにとてもよい影響を与えているということですね〔与えているのだといえるでしょうねぇ〕。

A　시청자 여러분 오늘은 정말 기대하셔도 좋습니다.

B　그렇습니다. **어깨를 겨루는 두 선수**의 경기 운영 능력이
관전 포인트가 되겠지요?

A　맞습니다.
사실 사적으로는 두 선수가 매우 친한 친구 사이라고 합니다.

B　친한 친구가 라이벌이 되어서
서로에게 매우 좋은 영향을 주고 있는 것이라 할 수 있겠네요.

□ **시청자**	《視聴者》	視聴者
□ **운영**	《運營》	運営
□ **관전**	《觀戰》	観戦
□ **사적으로는** [사쩍−]	《私的−》	プライベートでは〔には〕
□ **라이벌**	《rival》	ライバル
□ **영향을 주다**	《影響−》	影響を与える

※어깨를 견주다〔肩を比べる〕とも。

TRACK 177

PHRASE 177

肩を押さえつける

어깨를 짓누르다

肩にのしかかる　※짓누르다（押さえつける）は、르変。

A：景気の低迷〔沈滞〕によって、40代の世帯主〔家長〕がうつ病〔憂鬱症〕にかかるケース〔境遇〕が多いそうなんですが。

B：やっぱり家庭の責任を負う〔家庭を責任負わなければならない〕というプレッシャー〔負担感〕が世帯主〔家長〕〈達〉の**肩にのしかかるようですね。**

A：早く景気がよくなって、世帯主のプレッシャー〔家長達の負担感〕が少しでも軽くなってくれたら〔減ったら〕いいですねぇ。

A　경기 침체로 인해 40대 가장이
우울증에 걸리는 경우가 많다고 하는데요.

B　아무래도 가정을 책임져야 한다는 부담감이
가장들의 **어깨를 짓누르는 것 같습니다**.

A　빨리 경기가 좋아져서 가장들의 부담감이
조금이라도 줄어들었으면 좋겠네요.

□ **경기 침체**	《景氣 沈滯》	景気低迷
□ **-(으)로 인해**	《－因－》	～によって
□ **가장**	《家長》	世帯主、大黒柱、一家の長
□ **우울증에 걸리다** [우울쯩－]	《憂鬱症－》	うつ病にかかる
□ **경우**	《境遇》	ケース、場合
□ **부담감**	《負擔感》	プレッシャー、負担（感）
□ **조금이라도**		少しでも
□ **줄어들다**		減る

TRACK 178

PHRASE 178

肩に力をやる

어깨에 힘을 주다

自慢する、威張る

A：娘さん〔娘様〕が韓国〔我が国〕最高の大学に首席で入学したんですって？

B：あ、はい。大したことではありませんよ。

A：謙遜しすぎですよ〔あまりに謙遜なさいます〕。今日は**もう少し自慢されてもいいと思いますよ〔肩に力を少しあげられてもよさそうなんですが〕**。

B：いいえ。私の〔私がした〕ことでもないですから、まぁ。

A 따님이 우리나라 최고의 대학에 수석으로 입학했다면서요?

B 아, 네. 별것 아닙니다.

A 너무 겸손하십니다. 오늘은 **어깨에 힘을 좀 주셔도 될 것 같은데요**.

B 아닙니다. 제가 한 것도 아닌데요, 뭘.

□ **따님**		娘さん〔娘様〕
□ **최고**	《最高》	最高
□ **수석**	《首席》	首席
□ **입학하다**	《入學－》	入学する
□ **별것 아니다**	《別－》	大したことではない
□ **겸손하다**	《謙遜－》	謙遜する
□ **뭘**		まぁ、もう、まったく

TRACK 179

PHRASE **179**

ㅇ

顔に墨塗する

얼굴에 먹칠하다

顔に泥を塗る

A：お父さん、本当に申し訳ありません。

B：この父さんの**顔に泥を塗って**〔**泥塗でもして**〕**回る**(ような)**やつ**は、もう〔もっと〕見たくないから、部屋から〔を〕出て行きなさい。

A：お父さん、一度だけ許して〔見て〕ください。

B：さっさと出て行けって言っているだろう〔出て行けないのか〕！

A 아버지, 정말 죄송합니다.

B 이 아비 **얼굴에 먹칠이나 하고 다니는 녀석**은
더 보고 싶지 않으니 방을 나가거라.

A 아버지, 한 번만 봐주십시오.

B 썩 나가지 못하겠느냐!

□ **아비**	親父、父
□ **I -고 다니다**	～て回る
□ **녀석**	やつ
□ **가다/～가다の語幹＋-거라**	行きなさい、～て行きなさい【命令】
□ **봐주다**	許す、見逃す〔見てやる〕
□ **썩**	さっさと

※얼굴에 똥칠하다〔顔にうんちを塗る〕とも。

TRACK 180

PHRASE **180**

顔に鉄板を敷く

얼굴에 철판을 깔다

厚かましい、面の皮が厚い

A：あの党の代表は、また嘘をついているね〔するね/言うね〕？
B：前は涙で訴えていたのにさ〔涙で呼訴する時はいつで〕。
A：本当にそうだね。本当に**厚かましいわ〔顔に鉄板をしっかりと敷いたよ〕**。
B：そうなんだよ〔だから〕。本当に〔とても〕図々しいんだから！

A 저 당 대표는 또 거짓말을 하네?

B 눈물로 호소할 때는 언제고.

A 그러게 말이야. 정말 **얼굴에 철판을 제대로 깔았어**.

B 그러니까. 아주 뻔뻔하다니까!

□ **당**	《黨》	(政) 党
□ **대표**	《代表》	代表
□ **거짓말을 하다**		嘘をつく〔する/言う〕
□ **호소하다**	《呼訴ー》	訴える
□ **제대로**		しっかりと、きちんと、ちゃんと
□ **뻔뻔하다**		図々しい

※얼굴이 두껍다〔顔が厚い〕とも。

TRACK 181

PHRASE **181**

顔を突き出す

얼굴을 내밀다

顔を出す

A：どこ（に）行って来たの？
B：うん、同窓会があって、**顔（を）ちょっと出してきたよ。**
A：あ、そう。どうだった？
B：久しぶりに会った（昔の）同級生〔同窓達〕のおかげで、昔の話（を）たくさんしながら、思いっきり笑ってきたよ。

A 어디 다녀왔어?

B 응, 동창회가 있어서 **얼굴 좀 내밀고 왔어**.

A 아, 그래? 어땠어?

B 오랜만에 만난 동창들 덕분에
옛날 얘기 많이 하면서 실컷 웃고 왔어.

□ **동창회**	《同窓會》	同窓会
□ **오랜만에 (<오래간만에)**		久しぶりに
□ **동창**	《同窓》	（昔の）同級生
□ **～ 덕분에**	《德分－》	～のおかげで
□ **옛날 얘기** [옌날래기]		昔の話、昔話
□ **실컷**		思いっきり、思う存分

TRACK 182

PHRASE 182

顔をしかめる

얼굴을 찌푸리다

不愉快だ、顔をしかめる

A：久しぶりに行ったサッカースタジアム〔競技場〕の雰囲気はどうでしたか？
B：すごく楽しみにしていた〔期待、たくさんした〕んですけど、相手チームのファン〈達〉の見苦しい行動が〔に〕**とても不愉快でしたよ〔顔をしかめることしかできませんでした〕**。
A：そうですか？
B：はい、相手チームにマナー(の)ないファン〈達〉が多すぎて、本当にがっかり〔とても失望〕しましたよ。

A 오래만에 간 축구 경기장 분위기는 어땠어요?

B 기대 많이 했었는데, 상대 팀 팬들의 볼썽없는 행동에 **얼굴을 찌푸릴 수밖에 없었어요**.

A 그래요?

B 네, 상대 팀에 매너 없는 팬들이 너무 많아서 아주 실망했어요.

□ **경기장**	《競技場》	スタジアム、競技場
□ **분위기**	《雰圍氣》	雰囲気
□ **상대**	《相對》	相手
□ **볼썽없다**		見苦しい、みっともない
□ **II -ㄹ 수밖에 없다**		～ことしかできない
□ **매너 (가) 없다**	《manner ー》	マナーがない、礼儀がない
□ **실망하다**	《失望ー》	がっかりする、失望する

※눈살을 찌푸리다〔眉間のしわをしかめる〕とも。

TRACK 183

PHRASE 183

顔が厚い

얼굴이 두껍다

図々しい ※두껍다 (厚い) は、ㅂ変。

A：あの人、いつも〔見るたびに〕本当に図々しいと思わない？
B：本当に〔合っているよ〕！ この間〈に〉もTV（に）出て〈きて〉、嘘ばっかり並べ立てていたかと思ったら、また嘘ついてるね〔嘘だね〕。
A：どうせ全部バレる〔全てバレ（ること）が出る〕嘘をどうしてあんなに言うんだろう？
B：そうなのよ〔だから〕！ 本当に**図々しいんだから**〔**顔（が）厚い、厚いよ**〕！

A 저 사람 볼 때마다 참 뻔뻔한 것 같지 않아?

B 맞아! 지난번에도 TV 나와서 거짓말만 늘어놓더니 또 거짓말이네.

A 어차피 다 들통날 거짓말을 어쩜 저렇게 하니?

B 그러니까! 정말 **얼굴 두껍다, 두꺼워**!

□ **II -ㄹ 때마다**		～たびに〔時ごとに〕
□ **뻔뻔하다**		図々しい
□ **거짓말을 늘어놓다**		嘘を並べ立てる
□ **I -더니**		～と思ったら、～のに
□ **어차피**	《於此彼》	どうせ
□ **들통 (이) 나다**		バレる〔バレ（ること）が出る〕
□ **어쩜 (<어쩌면)**		どうして、どうしたら
□ **I -다, III !**		本当に～だよ！

※낯이 두껍다〔顔が厚い〕、얼굴에 철판을 깔다〔顔に鉄板を敷く〕とも。

TRACK 184

PHRASE **184**

顔が半分に（が）なる

얼굴이 반쪽이 되다

すっかり痩せる、やつれる

A：お母様、退院なさって、本当によかった〔多幸〕です（ね）。

B：退院はしました〔されました〕が、長い入院〔病院〕生活で**すっかり痩せてしまって**〔**顔が半分が（に）なられて**〕とても心が痛い〔つらい〕です。

A：本当にそうですね。そんなに落ち込まないで〔とてもつらがらないで〕ください。私がお母様のためにこれから体にいいもの〔飲食（食べ物）〕（を）たくさん作って差し上げますよ。

B：いつもありがとうございます。

A　어머님 퇴원하셔서 정말 다행이에요.

B　퇴원은 하셨지만, 오랜 병원 생활로
얼굴이 반쪽이 되셔서 너무 속상하네요.

A　그러게요. 너무 속상해 하지 마세요.
제가 어머님을 위해서 앞으로 몸에 좋은 음식 많이 만들어 드릴게요.

B　늘 고마워요.

□ **퇴원하다**	《退院－》	退院する
□ **오랜 …**		長い…、長年の…
□ **병원**	《病院》	病院
□ **생활**	《生活》	生活
□ **속상하다**	《－傷－》	つらい、心が傷つく、悔しい
□ **-을/를 위해서**	《－爲－》	～のために【目的】
□ **늘**		いつも、常に

TRACK 185

PHRASE 185

やる気が出ない

엄두가 안 나다

～する気が起きない

A：今日、とても寒いなぁ。

B：今日、登山に行く〔登山行くことにした〕日じゃないの？

A：そう〔合っているよ〕。〈天気が〉急に寒くなったら〔寒くなるから〕、外に**出る〔出て行く〕気が起きないな。**

B：実は〔事実〕私も。〈私達ただ〉(また) 今度〈に〉行こうか？

A　오늘 너무 춥다.

B　오늘 등산 가기로 한 날 아니야?

A　맞아. 날씨가 갑자기 추워지니까 밖에 **나갈 엄두가 안 나**.

B　사실 나도. 우리 그냥 다음에 갈까?

□ **등산 (을) 가다**	《登山ー》	登山に〔を〕行く
□ **I -기로 하다**		～ことにする【決定】
□ **날**		日
□ **갑자기**		急に、突然
□ **III -지다**		～くなる、～になる【変化 (形容詞の動詞化)】
□ **사실**	《事實》	実は、事実
□ **그냥**		ただ、何となく、そのまま

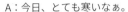

TRACK 186

PHRASE **186**

尻が臭う

엉덩이가 구리다

良心が痛む、気がとがめる

A：隣のクラス〔班〕の子達、なんで皆、残って掃除をしているの？

B：昨日の試験で〈子達〉皆が100点を取った〔もらった〕んだけど、実は集団でカンニング〔知ってみると団体で不正行為〕をしたんだって。

A：それで？

B：それで、隣のクラス〔班〕の担任の先生〈様〉が、**良心が痛む人〈達〉**は自主〔自発〕的に教室の掃除をするように言った〔おっしゃった〕んだって。

A　옆 반 아이들 왜 모두 남아서 청소를 하는 거야?

B　어제 시험에서 아이들 모두가 100점을 받았는데
알고 보니 단체로 부정행위를 했대.

A　그래서?

B　그래서 옆 반 담임 선생님이
엉덩이 구린 사람들은 자발적으로 교실 청소를 하라고 하셨대.

□ **반**	《班》	クラス
□ **청소를 하다**	《清掃ー》	掃除をする
□ **100점을 받다**	《百點ー》	100点を取る〔もらう〕
□ **단체**	《團體》	集団、団体
□ **부정행위를 하다**	《不正行爲ー》	カンニングをする、不正行為をする
□ **담임**	《擔任》	担任
□ **자발적으로** [자발쩍ー]	《自發的ー》	自発的に、自生的に
□ **Ⅱ -라고 하다**		～しろと/するように言う【引用文】

※양심에 찔리다〔良心に刺さる（とがめる）〕とも。

TRACK 187

PHRASE **187**

尻がムズムズする

엉덩이가 근질근질하다

じっとしていられない

A：勉強しようと（思って）机の前に座ってからせいぜい5分も経ってない〔経たなかった〕のに、**どうしてこんなにじっとしていられないんだろう**？

B：あぁ、本当に。あんた、来週が試験って〔である〕こと、忘れてないよね〔忘れなかったよね〕？

A：うん、大変〔大きなこと〕だよ。一つのところ（に）じっと座っているのが、俺には本当につらいよ〔とてもつらいことみたい〕。

B：一週間だけ、ちょっと我慢し〈てみ〉なよ。

A 공부하겠다고 책상 앞에 앉은 지 고작 5분도 지나지 않았는데 **왜 이렇게 엉덩이가 근질근질하지**?

B 어이구, 정말. 너 다음 주가 시험인 거 잊지 않았지?

A 응, 큰일이야. 한군데 가만히 앉아 있는 게 내겐 너무 힘든 일 같아.

B 일주일만 좀 참아 봐.

□ **下称終止形 (-다/ㄴ다/는다) + -고**	～と（いって）【引用文】
□ **動詞の Ⅱ -ㄴ 지**	～てから
□ **고작**	せいぜい、たかが
□ **큰일**	大変（なこと）〔大きなこと〕
□ **한군데**	一か所
□ **가만히**	じっと、静かに
□ **내겐 (<나에게는)**	僕には、私には
□ **참다** ［참따］	我慢する、耐える

TRACK 188

PHRASE **188**

尻が重い

엉덩이가 무겁다

なかなか動かない ※무겁다 (重い) は、ㅂ変。

A：ヨンジは、まだ〔いまだに〕図書館から出てきていないの〔出てこなかったの〕?
B：うん、さっき〔ちょっと前に〕見たら、まだ〔いまだに〕座って勉強していた〔いる〕みたい。
A：やっぱり優等生は**集中力が違うなぁ**〔**尻が重いなぁ→なかなか動かないなぁ**〕。※意訳
B：本当だね〔合っているよ〕。ヨンジはご飯(を)食べるのも忘れて、勉強する時があるって言ってたよ。

A　연지는 아직도 도서관에서 안 나왔어?

B　응, 조금 전에 보니까 아직도 앉아서 공부하고 있는 것 같아.

A　역시 우등생은 **엉덩이가 무겁구나**.

B　맞아. 연지는 밥 먹는 것도 잊고 공부할 때가 있다더라고.

□ **아직도**		まだ、いまだに
□ **역시**	《亦是》	やはり
□ **우등생**	《優等生》	優等生
□ **下称終止形 (-다/ㄴ다/는다) + - (고 하) 더라고**		〜って言っていたよ【引用文】

TRACK 189

PHRASE 189

尻をつける

엉덩이를 붙이다

座る

A：あの方は、うちのカフェによく〔しょっちゅう〕来る常連さんです〔でいらっしゃいます〕よね？

B：はい、あの方は、一度**座ると**、カフェが閉まる〔カフェの門（ドア）を閉める時〕まで、絶対（に）動かないんです。

A：試験の勉強を〔試験を準備〕しているみたいじゃないですか？

B：そのようですね。

A 저분은 우리 카페에 자주 오는 단골손님이시죠?

B 네, 저분은 한번 **엉덩이를 붙이면**
카페 문을 닫을 때까지 절대 움직이지 않아요.

A 시험을 준비하는 것 같지 않아요?

B 그런 것 같아요.

□ **단골손님**		常連さん、常連客
□ **절대 (로)** [절때ー]	《絶對（ー）》	絶対（に）
□ **움직이다**		動く
□ **시험**	《試驗》	試験
□ **준비하다**	《準備ー》	準備する、用意する

TRACK 190

PHRASE 190

数日前のようだ

얻그제 같다

ついこの間まで〜、昨日のことのようだ

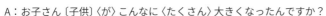

A：お子さん〔子供〕〈が〉こんなに〈たくさん〉大きくなったんですか？

B：はい、最近は母親より〈は〉友達のほうが〔をもっと〕好きなんですから。

A：あら、**ついこの間まで**よちよち歩きをしていたのに〔よちよち歩き回る時が**数日前のようなのに**〕…。

B：本当にそうですね。時間（が経つのは）、本当に早いですよね？

A 아이가 이렇게 많이 컸어요?

네, 요즘은 엄마보다는 친구를 더 좋아한다니까요. B

A 어머나, 아장아장 걸어 다닐 때가 **얻그제 같은데**….

그러게요. 시간 정말 빠르죠? B

□ **크다**	大きくなる、育つ
□ **-보다**	〜より
□ **下称終止形 (-다/ㄴ다/는다) + -니까요**	〜んですってば
□ **어머나**	あら、まぁ【女性語】
□ **아장아장**	よちよち
□ **걸어 다니다**	歩き回る

TRACK 191

PHRASE 191

ひかがみ（膝の裏側）が痺れる

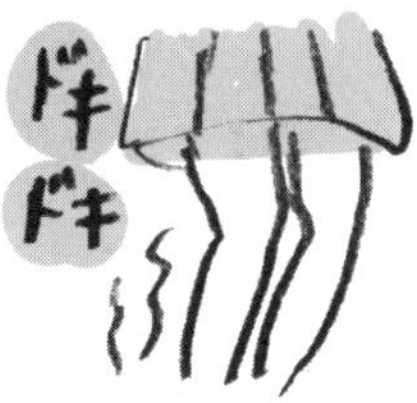

오금이 저리다

怖くてドキドキする

A：どうしてそんなに息切れして〔はぁはぁ〕入ってくるの？
B：お母さん、家の前の路地で、誰かが私に〔を〕ついてくるみたいで、**怖くて**大変でした。
A：あら、その人はどこに行ったの？
B：よく見たら〔知ってみると〕、下の階〔層〕のおばさんだったんです〔でいらっしゃいました〕。はぁ…。

A　왜 그렇게 헐레벌떡 들어오니?

B　엄마, 집 앞 골목에서 누군가가 저를 따라오는 것 같아서 **오금이 저려서** 혼났어요.

A　어머나, 그 사람은 어디로 갔니?

B　알고 보니 아래층 아주머니셨어요. 휴….

□ **헐레벌떡**		はぁはぁ【息を切る様子】
□ **골목**		路地、細道
□ **누군가**		誰か
□ **따라오다**		ついてくる
※따르다（付く、従う 으語幹）の III ＋ -오다（～てくる）。		
□ **혼나다**	《魂－》	大変な目にあう、厳しく怒られる
□ **어머나**		あら、まぁ【女性語】
□ **알고 보니 (까)**		よく見たら、あとでわかったんですが〔知ってみると〕
□ **아래층**	《－層》	下の階

TRACK 192

PHRASE 192

ㅇ 来ることも行くこともできない

오도 가도 못하다

身動きが取れない、立ち往生する

A：お母さん、僕、空港にいるんですが、まだ離陸が〔出発を〕できないでいるんです。
B：台風で風が吹き荒れてるって〔台風がとてもひどく吹いているって〕言っていたけど、飛行機が遅れているの〔遅延したの〕？
A：はい、今、空港で**身動きが取れない状態**に〔**身世**が〕なってしまいました。
B：そうなの。すぐに台風も収まる〔穏やかになる〕だろうから、少しだけ待っていればいいわ〔待ってみなさいよ〕。

A　엄마, 저 공항에 있는데 아직 출발을 못 하고 있어요.

B　태풍이 아주 심하게 분다더니 비행기가 지연된 거니?

A　네, 지금 공항에서 **오도 가도 못하는 신세**가 되어 버렸어요.

B　그렇구나. 곧 태풍도 잠잠해질 테니 조금만 기다려 보렴.

□ **출발하다**	《出發ー》	出発する、(家や会社を) 出る
□ **태풍**	《颱風》	台風
□ **불다**		吹く
□ **下称終止形 (-다/ㄴ다/는다) + - (고 하) 더니**		～って言っていたけれど、 ～と言うけれど【引用文】
□ **지연되다**	《遅延ー》	遅れる、遅延する
□ **신세**	《身世》	状態、身の上
□ **잠잠하다**	《潜潜ー》	穏やかだ、静かだ
□ **Ⅱ -렴 (<-려무나)**		～てみなさい、～てごらん

TRACK 193

PHRASE 193

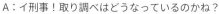

アヒルの足を突き出す

오리발을 내밀다

とぼける

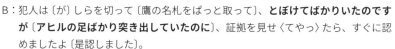

A：イ刑事！取り調べはどうなっているのかね？

B：犯人は〔が〕しらを切って〔鷹の名札をぱっと取って〕、**とぼけてばかりいたのですが**〔**アヒルの足ばかり突き出していたのに**〕、証拠を見せ〈てやっ〉たら、すぐに認めましたよ〔是認しました〕。

A：よかったな、よくやったぞ〔多幸だね、苦生（苦労）多かったよ〕。

A　이 형사! 취조는 어떻게 되고 있어?

B　범인이 시치미를 뚝 떼고 **오리발만 내밀더니**
증거를 보여 주니까 바로 시인했어요.

A　다행이네, 고생 많았어.

□ **형사**	《刑事》	刑事
□ **취조**	《取調》	取り調べ
□ **시치미를 (뚝) 떼다**		しらを切る〔鷹の名札を（ぱっと）取る〕
□ **증거**	《證據》	証拠
□ **보여 주다**		見せる、見せてやる
□ **바로**		すぐに
□ **시인하다**	《是認－》	認める
□ **고생**	《苦生》	苦労

TRACK 194

PHRASE 194

上着の前裾が長い

오지랖이 넓다

お節介だ

A：ドヨンさんは、性格が本当に明るいね。誰とでも〔誰とも〕友達になれるんじゃない〔が（に）なるみたいじゃない〕？

B：明るい性格は、ドヨンさんのいいところだとは思う〔いい面ではある〕けれど、私には、しつこく〔あまりにも〕干渉し（たり）、口出し〔参見〕するから、〈私は〉ちょっとイライラすること〔苛立ち出る時〕が多いよ。

A：ちょっと**お節介なタイプ〔ほう〕**なんだねぇ。

B：そう〔合っているよ〕！ ちょうどその表現がピッタリだ〔似合う〕と思う。

A 도영 씨는 성격이 참 밝아. 누구하고도 친구가 되는 것 같지 않아?

B 밝은 성격은 도영 씨의 좋은 면이긴 한데,
나한테는 너무 간섭하고 참견해서 난 좀 짜증 날 때가 많아.

A 좀 **오지랖이 넓은 편**이구나.

B 맞아! 딱 그 표현이 어울리는 것 같다.

□ **성격** [성껵]	《性格》	性格
□ **밝다** [박따]		明るい
□ **면**	《面》	面
□ **간섭하다**	《干渉－》	干渉する
□ **참견하다**	《参見－》	口出しする
□ **짜증 (이) 나다**		イライラする〔苛立ち（が）出る〕
□ **딱**		ちょうど
□ **어울리다**		似合う、相応しい

TRACK 195

PHRASE 195

欲心が目を遮る

욕심이 눈을 가리다

欲に目がくらむ

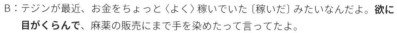

A：テジンはどうしたの〔どうなったの〕？警察署だなんて？
B：テジンが最近、お金をちょっと〈よく〉稼いでいた〔稼いだ〕みたいなんだよ。**欲に目がくらんで**、麻薬の販売にまで手を染めたって言ってたよ。
A：あら、悪いことなんか絶対にしない〔法なくても生きる〕テジンがそんなことをするなんて….
B：本当に。欲〔欲心〕（に）は終わりがないみたいだね。

A 태진이는 어떻게 된 거야? 경찰서라니?

B 태진이가 요즘 돈을 좀 잘 벌었나 봐.
욕심이 눈을 가려서 마약 판매에까지 손을 댔다고 하더라고.

A 어머나, 법 없이도 살 태진이가 그런 일을 하다니….

B 그러게. 욕심은 끝이 없나 봐.

□ **경찰서**	《警察署》	警察署
□ **돈을 벌다**		金を稼ぐ
□ **판매**	《販賣》	販売
□ **손을 대다**		手を染める、手を出す
□ **법**	《法》	法、法律
□ **～ 없이**		～なく
□ **욕심**	《欲心》	欲
□ **끝이 없다**		終わりがない、キリがない

TRACK 196

PHRASE 196

歯が割れる

이가 갈리다

とても悔しい

A：どうしたの、そんな顔して〔顔がどうしてそうなの〕？嫌な〔よくない〕ことでもあったの〔あるの〕？

B：この間、会社で俺（のこと）を馬鹿に〔無視〕していたキム課長に〔を〕偶然、会ったんだよ。あの時のことを思い出すと〔あの時だけ考えると〕、いまだに**とても悔しくて**、顔を見ただけでも〔顔だけ見ても〕、本当に〔とても〕不愉快〔不快〕なんだから。

A：もう辞めたじゃない。機嫌を直してよ〔心（を）ほどいて〕。

A　얼굴이 왜 그래? 안 좋은 일이라도 있어?

B　지난번 회사에서 나를 무시했던 김 과장을 우연히 만난 거야.
그때만 생각하면 아직도 **이가 갈려서**
얼굴만 봐도 너무 불쾌하다니까.

A　이미 그만뒀잖아. 마음 풀어.

□ **무시하다**	《無視－》	馬鹿にする、無視する
□ **과장**	《課長》	課長
□ **우연히**	《偶然－》	偶然（に）
□ **불쾌하다**	《不快－》	不愉快だ、不快だ
□ **이미**		もう、すでに
□ **그만두다**		やめる
□ **마음 (을) 풀다**		機嫌を直す〔心（を）ほどく〕

TRACK 197

PHRASE 197

歯を研ぐ

이를 갈다

悔しい、悔しがる

A：ソニョンが俺より試験が〔を〕よくできた〔見た〕って、自慢をするんだ〔どんなに自慢をしていたことか〕。とっても不愉快だったよ〔気分が悪かったよ〕。
B：ソニョンは〔が〕ちょっと調子に乗るところがあるからね〔調子に乗る性格ではあるよね〕。
A：だから、俺もう次の試験の準備してるんだ。
B：**よっぽど悔しかったんだね〔とても歯を強く研いでいるんだね〕**？

A 선영이가 나보다 시험을 잘 봤다고 얼마나 자랑을 하던지. 너무 기분이 나빴어.

B 선영이가 좀 우쭐대는 성격이긴 하지.

A 그래서 나 벌써 다음 시험 준비하고 있어.

B **아주 이를 단단히 갈고 있구나**?

□ **-보다**		～より
□ **시험 (을) 잘 보다**	《試験－》	試験がよくできる〔試験（を）よく見る〕
□ **얼마나 Ⅰ -던지**		どんなに～（てい）た（こと）か
□ **우쭐대다**		調子に乗る、うぬぼれる
□ **성격** [성껵]	《性格》	性格
□ **벌써**		もう、既に
□ **단단히**		強く、固く、しっかり

TRACK 198

PHRASE 198

額に川の字を描く

이마에 내 천 자를 그리다

しかめっ面をする、眉間にしわを寄せる

※천 자の発音は、[천짜]。

A：つらいこと（が）ある（から）って、**しかめっ面していないで**、何でも話してみなよ〔話をちょっとしてみなよ〕。

B：まぁ、話したから〔話す〕ってよくなるわけ〔こと〕でもないし、もう…。

A：でも、そんなに険しい顔ばかりして〔印象ばかり使って〕いたら、もどかしいじゃない〔どんなにもどかしいの〕…。

A　속상한 일 있다고 **이마에 내 천 자 그리고 있지 말고** 뭐든 말을 좀 해 봐.

B　뭐, 말한다고 나아지는 것도 아닌데 뭘….

A　그래도 그렇게 인상만 쓰고 있으면 얼마나 답답하니….

□ **속상하다**	《ー傷ー》	つらい、心が傷つく、悔しい
□ **下称終止形 (-다/ㄴ다/는다)＋-고**		～と（いって）【引用文】
□ **Ⅰ -지 말고**		～しないで、～せずに
□ **뭐든 (<뭐든지)**		何でも
□ **나아지다** ※낫다（よい、ましだ ㅅ変）の Ⅲ -지다（～くなる）。		よくなる
□ **뭘**		もう、まぁ、まったく
□ **인상 (을) 쓰다**	《印象ー》	険しい顔をする〔印象（を）使う〕
□ **답답하다**		もどかしい

TRACK 199

PHRASE 199

人気を引きずる

인기를 끌다

人気だ、人気を集める

A：最近、日本ではどんなアイドルが人気があるんですか？
B：うーん、最近〈に〉は防弾少年団（BTS）が一番〔最も〕、**人気みたいです**。実は〔事実〕、私もARMYなんですよ。
A：ARMY って〔が〕何ですか？
B：それもご存知ないんですか。ARMYは防弾少年団（BTS）のファンクラブの名前ですよ。

A 요즘 일본에서는 어떤 아이돌이 인기가 있나요?

B 음, 요즘엔 방탄소년단이 가장 **인기를 끌고 있는 것 같아요**. 사실 저도 아미거든요.

A 아미가 뭐죠?

B 그것도 모르세요? 아미는 방탄소년단 팬클럽 이름이에요.

□ **아이돌**	《idol》	アイドル
□ **인기** [인끼]	《人氣》	人気
□ **방탄소년단**	《防弾少年團》	防弾少年団（BTS）
□ **팬클럽**	《fan club》	ファンクラブ

TRACK 200

PHRASE **200**

口だけ生きる

입만 살다

言葉だけだ

A：ヒョンスと始める〔する〕ことにしたビジネス〔事業〕はどうなったの？

B：ヒョンスは**言葉だけで**〔**口だけ生きたのであって**〕、事業家の気質が〔は〕まったくないよ。

A：そうなの？

B：もっともらしいことは言うんだけれど〔言葉だけもっともらしく、うまく言うのであって〕、実行に移そうとしないんだから。

A　현수랑 하기로 한 사업은 어떻게 됐어?

B　현수는 **입만 살았지**, 사업가 기질은 전혀 없어.

A　그래?

B　말만 그럴듯하게 잘하지, 실행으로 옮기려 하지 않는다니까.

□ **Ⅰ -기로 하다**		～ことにする【決定】
□ **Ⅰ -지, …**		～であって、…
□ **사업가**	《事業家》	事業家
□ **기질**	《氣質》	気質
□ **전혀**	《全－》	まったく、全然
□ **그럴듯하다** [그럴뜨타다]		もっともらしい
□ **실행으로 옮기다** [－옴기다]	《實行－》	実行に移す
□ **Ⅱ -려 (고) 하다**		～ようとする【意図】

TRACK 201

PHRASE 201

o 口だけ痛い

입만 아프다

言っても無駄だ

A：ファヨンには、いくら言っても無駄だよ〔所用（使い道）がないよ〕。

B：本当にね〔合っているよ〕。ファヨンは頑固だから、しょうがないな〔ファヨンの固執は、本当にわかってあげなきゃいけないね〕。

A：いくら言っても聞かないんだもん。

B：そうなんだよ〔だから〕。〈僕達〉**言っても無駄だから**、もうこれ以上〔もっと〕言うのはやめようよ。

A 화영이한테는 아무리 말해도 소용이 없어.

B 맞아. 화영이 고집은 정말 알아줘야 해.

A 아무리 말해도 듣지를 않아.

B 그러니까. 우리 **입만 아프니까** 이제 더 말하지 말자.

□ **(子音終わりの名前) + -이**		～ちゃん、～君【愛称】
□ **아무리 Ⅲ -도**		いくら～ても【譲歩】
□ **소용이 없다**	《所用－》	無駄だ、意味がない〔使い道がない〕
□ **고집**	《固執》	頑固、強情さ、意地
□ **Ⅰ -지 말자**		～するのはやめよう【禁止の勧誘】

TRACK 202

PHRASE 202

口の外に出す

입 밖에 내다

口外する、口にする

A：今回の事案は、わが〈会〉社の死活〈がかかった〉問題なので、絶対(に)**口外されてはいけませんよ。**

B：はい、私だけではなく、社員〔職員〕達の口封じ〔口の団束（取締り）〕も徹底〈して〉いたします。

A：では、秘密の保持〔維持〕、頼みますよ。

A 이번 사안은 우리 회사의 사활이 걸린 문제라
절대 **입 밖에 내시면 안 됩니다**.

B 네, 저뿐만 아니라 직원들 입단속도 철저히 하겠습니다.

A 그럼 비밀 유지 부탁드립니다.

□ **사안**	《事案》	事案
□ **사활이 걸리다**	《死活ー》	死活がかかる
□ **-뿐만 아니라**		～だけでなく
□ **입단속**	《ー團束》	口封じ、口止め〔口の取締り〕
□ **철저히** [철쩌이]	《徹底ー》	徹底して
□ **비밀**	《秘密》	秘密
□ **유지**	《維持》	保持、維持

TRACK 203

PHRASE 203

口の噂を出す

입소문을 내다

口コミを広める

A：このビル〔建物〕の1階〔層〕に新しいお店〔食堂〕ができたんですって？

B：昨日、行って来たんですが、本当においしかったですよ。オーナー〔主人〕のおばさんに**口コミを広めてほしいと**頼まれました〔おばさんが、**口の噂ちょっと出してほしいと**お頼みになりました〕。ジェヒョンさんも一度行ってみてください！本当においしいですよ。

A　이 건물 1층에 새로운 식당이 생겼다면서요?

B　어제 다녀왔었는데 정말 맛있더라고요.
주인 아주머니께서 **입소문 좀 내 달라고** 부탁하셨어요.
재현 씨도 한번 가 보세요! 정말 맛있어요.

□ **새롭다**		新しい ㅂ変
□ **생기다**		できる、生じる
□ **Ⅰ-더라고요**		～(てい)たんですよ【目撃】
□ **주인**	《主人》	オーナー、店主、主人
□ **아주머니**		おばさん
□ **Ⅲ-φ달라고**		～てほしいと、～てくれと

TRACK 204

PHRASE 204

唇を噛む

입술을 깨물다

唇を食いしばる

A：隣の部署のギョンヒさん、気分（が）すぐれないように見えませんか？
B：チーム長に不当な扱い〔待遇〕を受けたみたいですね。
A：さっき見たら、今度のプロジェクト（を）成功させて、今日の屈辱を晴らして〔侮辱を返して〕やると**歯を〈ぎゅっと〉食いしばっていましたよ**。

A 옆 부서 경희 씨 기분 안 좋아 보이지 않아요?

B 팀장한테 부당한 대우를 받았나 봐요.

A 아까 보니까 이번 프로젝트 성공시켜서
오늘의 모욕을 갚아 주겠다고 **입술을 꽉 깨물고 있더라고요**.

□ **부서**	《部署》	部署
□ **기분**	《氣分》	気分
□ **부당하다**	《不當－》	不当だ
□ **대우**	《待遇》	扱い、待遇
□ **프로젝트**	《project》	プロジェクト
□ **성공시키다**	《成功－》	成功させる
□ **모욕을 갚다**	《侮辱－》	屈辱を晴らす〔返す〕
□ **꽉**		ぎゅっと、しっかり

TRACK 205

PHRASE 205

口の中で（グルグル）回る

입안에서 (뱅뱅) 돌다

頭の中で行ったり来たりする、（言いたいことが）うまく言えない

A：ギョンスさん、告白したんですか。

B：それが…告白しようと（思って）花束まで持って行ったんですが…いざアヨンさんの顔を見たら、準備していた言葉が**頭の中で行ったり来たりするばかりで**〔**口の中でグルグル回ることだけして**〕、出てこなかったんですよ。

A：じゃあ、告白が〔を〕できなかったんですか？

B：はい…。

A　경수 씨, 고백했어요?

B　그게… 고백하려고 꽃다발까지 가지고 갔는데…
막상 아영 씨 얼굴을 보니까 준비했던 말이
입안에서 뱅뱅 돌기만 하고 나오지 않더라고요.

A　그럼 고백을 못 한 거예요?

B　네….

□ **고백하다**	《告白－》	告白する
□ **Ⅱ -려고**		～ようと（思って）【意図】
□ **꽃다발**		花束
□ **막상 Ⅱ -니까**		いざ～たら、いざ～と
□ **준비하다**	《準備－》	準備する、用意する
□ **Ⅰ -기만 하다**		～てばかりいる、～だけする
□ **Ⅰ -더라고요**		～（てい）たんですよ【目撃】

TRACK 206

PHRASE 206

口にクモの巣をはる

입에 거미줄을 치다

飢え死にする、（貧しさのために）食べられない

A：会社からも解雇されて、家賃も払えないし、お先〔目の前が〕真っ暗だよ。俺、もうこれからどうしよう？

B：まさか**飢え死にすることはないでしょう**〔**人の口にクモの巣**（**が**）**はるだろうか**（**いや、はりはしないだろう**）〕？

A：いい働き口あれば、ちょっと紹介してくれない〔紹介ちょっとしてよ〕。

B：うん〔そう〕、心配しないで、元気〔力〕出しなよ。

A: 회사에서도 해고되고, 집세도 못 내고, 눈앞이 캄캄해.
나 인제 어쩌지?

B: 설마 **사람 입에 거미줄 치겠니**?

A: 좋은 일자리 있으면 소개 좀 해 줘.

B: 그래, 걱정하지 말고 힘내.

□ **해고되다**	《解雇－》	解雇される
□ **집세를 내다**	《－貰－》	家賃を払う
□ **눈앞이 캄캄하다**		お先〔目の前が〕真っ暗だ
□ **인제 (<이제)**		これから、今となってはもう
□ **설마**		まさか
□ **일자리** [일짜리]		働き口、仕事、職場
□ **걱정하다**		心配する
□ **힘 (을) 내다**		元気を出す、頑張る〔力（を）出す〕

TRACK 207

PHRASE 207

口に付ける

입에 달다

いつも口にする、口癖のように言う

A：一日中〔一日終日〕、アイスクリームを**口にしているんだね**〔**口に付けて生きているんだね**〕。

B：暑すぎてイライラするよ〔苛立ち出るな〕、本当に。

A：「イライラする」（という）言葉も**口癖のように言うよね**〔**口に付けて生きて**（いるし）**さぁ**〕。

B：私〈が〉そんなこと言っていたかな〔そう言っていたかな〕？

A 하루 종일 아이스크림을 **입에 달고 사는구나**.

너무 더워서 짜증 나 정말. B

A '짜증 나' 소리도 **입에 달고 살고 말이야**.

내가 그랬던가? B

□ **하루 종일**	《一終日》	一日中
□ **아이스크림**	《icecream》	アイスクリーム
□ **짜증 (이) 나다**		イライラする〔苛立ち（が）出る〕
□ **소리**		言葉、話、音
□ **～ 말이야**		～さぁ
□ **그랬던가?**		そんなこと言っていたかな、そう言ったかな

TRACK 208

PHRASE 208

口にくっ付く

입에 달라붙다

癖になる味だ

A：今日漬けたキムチです。一度、召し上がってみてください。
B：(この) キムチ〈が〉、**本当に癖になる味ですねぇ〔口にぴったりくっ付きますねぇ〕**！とってもおいしいです！
A：そうですか？よかった〔多幸〕です。じゃあ、キムチ1株、持って行かれますか？
B：ありがとうございます。家族〔食口達〕がとても喜ぶ〈だろう〉と思います〈ねぇ〉。おいしくいただきますね〔よく食べますね〕。

A　오늘 담근 김치예요. 한번 드셔 보세요.

김치가 **입에 착착 달라붙네요**! 너무 맛있어요!　B

A　그래요? 다행이에요. 그럼 김치 한 포기 가져가실래요?

감사합니다. 식구들이 너무 좋아할 것 같네요. 잘 먹을게요.　B

□ **담그다**		(キムチを) 漬ける
□ **착착** ※입에 착착 달라붙다で、料理がおいしいことを強調する表現になる。		ぴったり、べったり
□ **다행이다**	《多幸－》	よかった、幸いだ
□ **～ 포기**		～株【野菜を数える助数詞】
□ **II -ㄹ래요?**		～ますか【意志】
□ **식구**	《食口》	家族
□ **잘 먹을게요.**		おいしくいただきますね〔よく食べますね〕。

TRACK 209

PHRASE 209

0 口に盛る

입에 담다

口にする

A：上の階〔層〕に住んでいる夫婦は、喧嘩をしたら〔喧嘩（すること）だけすれば〕、**口にするのもがばかられる言葉**を発する〔**口に盛ることもできない言葉**を言う〕みたいですよ。

B：そうなんですか？

A：私なら、たぶん二度と相手の顔も見たくないって思うでしょうけど〔相手を再びは見ないだろうと思いますが〕…。

B：ははは、夫婦喧嘩は犬も食わぬ〔刀で水（を）切ること〕（って言う）じゃないですか。

A　위층에 사는 부부는 싸우기만 하면
입에 담지도 못할 말을 하는 것 같아요.

B　그래요?

A　저라면 아마 상대를 다시는 안 볼 것 같은데….

B　하하하, 부부싸움은 칼로 물 베기잖아요.

□ **위층**	《-層》	上の階
□ **부부**	《夫婦》	夫婦
□ **싸우다**		喧嘩する、争う
□ **I -기만 하면**		～さえすれば
□ **아마**		たぶん、おそらく
□ **상대**	《相對》	相手
□ **다시는**		二度と〔再びは〕
□ **부부싸움은 칼로 물 베기**	《夫婦-》	夫婦喧嘩は犬も食わぬ〔刀で水（を）切ること〕

🔊
TRACK 210

PHRASE **210**

口に当てる

입에 대다

口にする

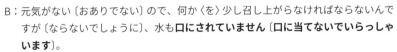

A：おばあ様（のお加減）は〈ちょっと〉いかがですか？

B：元気がない〔おありでない〕ので、何か〈を〉少し召し上がらなければならないんですが〔ならないでしょうに〕、水も**口にされていません**〔**口に当てないでいらっしゃいます**〕。

A：本当に大変〔大きなこと〕ですね。早く心待ちにされている娘さん〔娘様〕が来てくれたらいいのですが〔来られなければならないでしょうに〕。あさってぐらい（には）来られる〔到着されるだろう〕と思いますが、その間に何か〈ことでも〉起こる〔生じる〕のではないかと思って、心配です。

A　할머님께서는 좀 어떠신가요?

B　기운이 없으셔서 뭘 좀 드셔야 할 텐데,
물도 **입에 대지 않고 계세요**.

A　정말 큰일이네요. 빨리 기다리시는 따님이 오셔야 할 텐데요.
모레쯤 도착하실 것 같은데 그사이에 무슨 일이라도 생길까 봐
걱정이에요.

□ **기운이 없다**	元気がない
□ **뭘 (<무엇을)**	何かを【不定】
□ **II -ㄹ 텐데**	～でしょうに、～だろうに【推測】
□ **큰일**	大変（なこと）〔大きなこと〕
□ **따님**	娘さん〔娘様〕
□ **일이 생기다**	（大変な）ことが起こる〔生じる〕
□ **II -ㄹ까 봐**	～する（のではない）かと（思って）

ㅇ

口に塗られる

입에 발리다

心にもない（ことを言う）

A：キム部長、社長〈様〉(に)気に入られようとして、**心にもないお世辞〔言葉〕**ばかり言ってるよね。

B：昇進(を)控えているじゃない。理解し(てあげ)ようよ。

A：実力で昇進しなきゃ(ダメでしょう)。社長〈様〉のご機嫌を取って〔腹でも合わせて〕、媚びへつらって昇進するなんて〔したら〕、本当におめでたいよ 。

B：その通りだね。

A 김 부장, 사장님 마음에 들려고 **입에 발린 말**만 하네.

B 승진 앞두고 있잖아. 이해하자.

A 실력으로 승진을 해야지.
사장님 비위나 맞추고, 아부해서 승진하면 참 좋기도 하겠네.

B 그러게나 말이다.

□ **마음에 들다**		気に入（られ）る
□ **Ⅱ -려고**		～ようと（思って）【意図】
□ **앞두다**		控える、目前にする
□ **Ⅲ -야지**		～なきゃ（ならないよ）
□ **비위를 맞추다**		機嫌を取る〔（目障りなことに耐える）腹を合わせる〕
□ **아부하다**	《阿附ー》	媚びへつらう、おべっかを使う
□ **좋기도 하겠네.**		おめでたいね【呆れ】

TRACK 212

PHRASE 212

口に付ける

입에 붙다

口癖になる、口をついてでる

A：思春期の〔である〕うちの娘は、最近「嫌だ」という言葉が**口癖になりました。**
あれ〔これ〕も嫌だ、これ〔あれ〕も嫌だ（って）。どうしたらいいでしょうか？

B：ついに始まったんですね。うちの息子は、「イライラする〔苛立ち出る〕」とばかり〔(という) 言葉ばかり〕言っていますよ。

A：中2病が怖いって言ってましたけど、うちの子達がこうなるなんて、本当に思いませんでした。

B：本当ですね。早く時間が経つ〔経っていく〕ことを願うばかりです。

A 사춘기인 우리 딸은 요즘 '싫다' 는 말이 **입에 붙었어요**.
이것도 싫다 저것도 싫다. 어쩌면 좋죠?

B 드디어 시작됐군요. 우리 아들은 '짜증 나' 소리만 해요.

A 중2병이 무섭다더니 우리 아이들이 이렇게 될 줄 정말 몰랐어요.

B 그러게요. 빨리 시간이 지나가길 바랄 뿐이에요.

□ **사춘기**	《思春期》	思春期
□ **～인 …**		～の…、～である…【同格】
□ **어쩌다**		どうする
□ **짜증 (이) 나다**		イライラする〔苛立ち (が) 出る〕
□ **소리**		言葉、声、音
□ **중2병** [중이뼝]	《中二病》	中二病
□ **무섭다**		怖い ㅂ変
□ **II -ㄹ 뿐이다**		～ばかりだ、～だけだ

TRACK 213

PHRASE 213

O 口に上がったり下がったりする

입에 오르내리다

噂になる、話題になる

A：この記事の内容は〔が〕本当〔事実〕なの？

B：違うよ。実は〔事実〕、この事件が起きた時、僕〈が〉、実際に〔直接〕目撃したんだけれど、すごく大げさに書かれている〔誇張された〕みたいだよ。

A：あ、そうなの？ 世間で〔人達の間に〕あまりにも**噂になっているから**、本当〔事実〕だと思ったよ。

B：最近(の)インターネット記事〈の中に〉は、正確に報道するものより〈は〉、皆〔人達〕の関心を集める〔引く〕ための記事(のほう)が〈もっと〉多いみたい。

A　이 기사 내용이 사실이야?

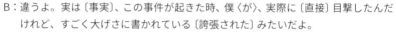

B　아니야, 사실 이 사건이 일어났을 때
내가 직접 목격했었는데 너무 과장된 것 같아.

A　아, 그래? 사람들 사이에 하도 **입에 오르내리길래** 사실인 줄 알았지.

B　요즘 인터넷 기사 중에는 정확하게 보도하는 것보다는
사람들의 관심을 끌기 위한 기사가 더 많은 것 같아.

□ **목격하다**	《目撃－》	目撃する
□ **과장되다**	《誇張－》	誇張される
□ **하도**		あまりにも、とても
□ **정확하다**	《正確－》	正確だ
□ **보도하다**	《報道－》	報道する
□ **관심을 끌다**	《關心－》	関心を集める〔引く〕
□ **I -기 위한 …**	《－爲－》	～ための…

TRACK 214

PHRASE 214

ㅇ

口に錠前をかける

입에 자물쇠를 채우다

絶対に言わない、口を閉ざす

A：お前、本当に秘密守ってくれるよな？

B：何の秘密？ 告白するって言ってたけど、彼女の前で一言も話せずに、フラれたこと言ってるのか？ はは。

A：おい！俺がどれだけ恥ずかしかった〔恥ずかしい〕のかわかってるのか？友達なのに〔というやつが〕どうしてそんなことを言うんだ〔どうやってそう言うことができるんだ〕？

B：冗談だよ。**絶対に言わない**〔**口に錠前しっかりかけている**〕**から**。心配しないで。

A 너 정말 비밀 지켜 줄 거지?

B 무슨 비밀? 고백한다더니
그녀 앞에서 한마디도 못 하고 차인 거 말하는 거야? 하하.

A 야! 너 내가 얼마나 창피한 줄 알아?
친구라는 녀석이 어떻게 그럴 수 있니?

B 농담이야. **입에 자물쇠 꼭 채우고 있을 테니까**. 걱정하지 마.

□ **비밀 (을) 지키다**	《秘密ー》	秘密（を）守る
□ **고백하다**	《告白ー》	告白する
□ **下称終止形 (-다/ㄴ다/는다) + - (고 하) 더니**		～って言っていたけれど、 ～と言うけれど【引用文】
□ **한마디**		一言
□ **차이다**		フラれる
□ **창피하다**		恥ずかしい
□ **녀석**		やつ

TRACK 215

PHRASE **215**

口に唾が乾くように称賛する

입에 침이 마르게 칭찬하다

しきりに褒める ※마르다（乾く）は、ㄹ変。

A：お姑さん〔姑様〕が、隣の家の奥さんを**あまりにも褒めるから**、嫉妬したんだけど〔どんなに隣の家の奥さんを**口に唾が乾くように称賛していらっしゃったか**、嫉妬が出たんだから〕。

B：そうなの？ あんたんち〔あんた達〕のお姑さん〔姑様〕は、誰でも（すぐに）褒める〔称賛なさる〕じゃない。

A：わからないわ。なんだか〔わけもなく〕私は〈気分が〉少し傷ついたよ。

B：まったく～、あんたんち〔あんた達〕のお姑さん〔姑様〕が、あんたみたいに可愛いお嫁さんは他には〔この世上（世の中）に〕いない〈だろう〉って、**褒めちぎっていること**知らないの〔**口に唾が乾くようにおっしゃること**、知らなかったでしょう〕？

A　시어머님께서 어찌나 옆집 며느리를
입에 침이 마르게 칭찬을 하시던지 질투가 나더라니까?

B　그래? 너희 시어머님께서는 누구나 칭찬하시잖아.

A　몰라. 괜히 난 기분이 좀 상하더라.

B　어이구, 너희 시어머님께서 너같이 예쁜 며느리는
이 세상에 없을 거라며 **입에 침이 마르게 말씀하시는 거** 몰랐지?

□ **시어머님**	《媤－》	姑〈様〉
□ **어찌나 I -던지**		どんなに～（てい）た（こと）か
□ **며느리**		奥さん、嫁、妻
□ **질투가 나다**	《嫉妬－》	嫉妬する〔が出る〕
□ **I -더라니까？**		～（てい）たんだから【目撃】
□ **기분이 상하다**	《氣分－傷－》	（気分が）傷つく

TRACK 216

PHRASE 216

口に糊付けをする

입에 풀칠하다

やっと生計を立てる

A：毎日家でゴロゴロしながら、就職できると思ってるの〔できそうなの〕？
B：今やっている在宅のアルバイトでも、**なんとか生計は立てられてますって**〔**口に糊付けはするんですって**〕。
A：じゃあ、そうやってなんとか稼いで暮らしていることに満足しているわけ？
B：来月からは、本格的に就職〔就業〕の準備(を)するから、心配しないでくださいよ。

A 매일 집에서 빈둥거리면서 취직할 수 있겠니?

지금 하는 재택 아르바이트로도 **입에 풀칠은 한다고요**. B

A 그럼 그렇게 겨우겨우 벌어 사는 거로 만족하니?

다음 달부터는 본격적으로 취업 준비할 테니까 걱정하지 마세요. B

□ **빈둥거리다**		ゴロゴロする、ぶらぶらする
□ **취직하다**	《就職ー》	就職する
□ **재택**	《在宅》	在宅
□ **겨우겨우**		なんとか、やっと
□ **만족하다**	《満足ー》	満足する
□ **본격적으로** [본껵쩍ー]	《本格的ー》	本格的に
□ **취업**	《就業》	就職、就業
□ **II -ㄹ 테니까**		〜(つもりだ)から【意思】

TRACK 217

PHRASE **217**

口を遊ばせる

입을 놀리다

無駄口をたたく、口を滑らせる

A：あんた、そうやって**無駄口を叩いていると**、大変なことになるよ〔**口をむやみに遊ばせていて**、大きなこと出るよ〕。

B：俺が何かおかしな〔間違えた〕こと（を）言ったわけでもないのに…。

A：いくらなん〔そう〕でも、言っていいことと悪いことの区別〔言う言葉、言えない言葉の区分〕は、しなきゃいけないんじゃないの？そうやって**口を滑らせていたら**〔**遊ばせていて**〕、結局その矢が本人に（返って）くるってこと（を）肝に命じなさいよ〔銘心しなさいよ〕。

A　너 그렇게 **입을 함부로 놀리다** 큰일 난다.

B　내가 뭐 틀린 말한 것도 아닌데….

A　아무리 그래도 할 말 못 할 말 구분은 해야 하지 않겠니?
그렇게 **입을 놀리다가** 결국 그 화살이 본인한테 온다는 거 명심해.

□ **함부로**		むやみに
□ **I -다 (가)**		～ていて、～（する）途中で
□ **틀리다**		間違える
□ **아무리 그래도**		いくらなん〔そう〕でも
□ **구분을 하다**	《區分ー》	区別をする、区分をする
□ **결국**	《結局》	結局
□ **화살**		矢
□ **명심하다**	《銘心ー》	肝に銘じる

TRACK 218

PHRASE 218

口を閉じる

입을 다물다

口を閉じる

A：キム刑事！犯人は〔が〕自白したのか？
B：証拠があるのに、**口を堅く〔ぐっと〕閉ざしていますねぇ。**
A：沈黙を貫いた〔そうした〕ところで本人に(は)得する〔いい〕ことがないだろうに…。

A 김 형사! 범인이 자백했나?

B 증거가 있는데도 **입을 꾹 다물고 있네요**.

A 그래 봤자 본인에게 좋을 게 없을 텐데….

□ **형사**	《刑事》	刑事
□ **자백하다**	《自白ー》	自白する
□ **증거**	《證據》	証拠
□ **現在連体形＋데도**		～のに（も関わらず）
□ **꾹**		ぐっと、じっと
□ **그래 봤자**		そうしたところで
□ **본인**	《本人》	本人
□ **II -ㄹ 텐데**		～だろうに【推測】

TRACK 219

PHRASE 219

口を塞ぐ

입을 막다

口封じをする

A：はぁ、本当に大変なことになる〔大きなこと出る〕ところだった。
B：どうして？
A：ガヨンが僕達の秘密の話をしようとするから、**口封じをするのに**苦労〔苦生〕したんだ〈って〉。
B：本当に？ ちゃんと**口封じできたんでしょう**〔無事に**口、うまく塞いだんでしょう**〕？

A 휴, 정말 큰일 날 뻔했어.

B 왜?

A 가연이가 우리 비밀 얘기를 하려고 하길래 **입을 막느라고** 고생했다니까.

B 정말? 무사히 **입 잘 막은 거지**?

□ **큰일 (이) 나다**		大変なことになる〔大きなこと（が）出る〕
□ **Ⅱ -ㄹ 뻔했다**		～するところだった、～するかと思った【回避】
□ **비밀**	《秘密》	秘密
□ **Ⅰ -길래**		～ので、～て【理由】
□ **Ⅰ -느라고** ※前後の主語は同一。後ろには否定的な内容が来る。		～するのに、～するために
□ **고생하다**	《苦生－》	苦労する
□ **무사히**	《無事－》	無事に

TRACK 220

PHRASE 220

口を合わせる

입을 맞추다

口裏を合わせる

A：今日の単語試験、よくできた〔見た〕？

B：実は〔事実〕、うちのクラス〔班〕の子達と皆（で）**口裏を合わせて**、先生〈様〉に単語試験の話（を）聞いていない〔聞けなかった〕って言ったの。

A：それで、試験受けなかったの〔見なかったの〕？

B：うん！ 先生〈様〉は気づいたみたいだったけど、許してくれたんだ〔気づかれたみたいではあるけれど、見てくださったんだ〕。

A　오늘 단어 시험 잘 봤니?

B　사실 우리 반 아이들하고 모두 **입을 맞춰서**
선생님께 단어 시험 얘기 못 들었다고 했어.

A　그래서 시험 안 봤어?

B　응! 선생님께서는 눈치채신 것 같긴 한데 봐주셨어.

□ **단어**	《單語》	単語
□ **시험 (을) 잘 보다**	《試驗－》	試験が〔(を)〕よくできる〔見る〕
□ **반**	《班》	クラス
□ **-께**		～に【謙譲】
□ **눈치 (를) 채다**		気づく、感づく
□ **Ⅰ -긴 (<-기는) 하다**		～ではある、～することはする
□ **봐주다**		許す、見逃す〔見てやる〕

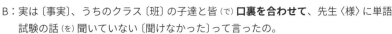

TRACK 221

PHRASE 221

口を集める

입을 모으다

口を揃える

A：ジヒョは大人〈達〉に会うと〔を見ると〕、挨拶〔人事〕もよくするし、いつも明るい〈みたいだ〉ね。

B：そうなんですよ〔合っています〕。しかも、ジヒョは学校の成績もいいし、友達も多いらしいですよ。

A：そうなんですねぇ。

B：だから、ジヒョを見ると〔見る時ごとに〕皆〈達〉、**口を揃えて**褒めるんですよ〔称賛するんですってば〕。

A 지효는 어른들을 보면 인사도 잘하고 늘 밝은 것 같아.

맞아요. 게다가 지효는 학교 성적도 좋고 친구들도 많대요. B

A 그렇군요.

그래서 지효를 볼 때마다 다들 **입을 모아** 칭찬한다니까요. B

□ **어른**		大人
□ **인사 (를) 하다**	《人事ー》	挨拶（を）する
□ **밝다** [박따]		明るい
□ **게다가**		しかも、さらに
□ **성적**	《成績》	成績
□ **形容詞の I + -대요 (<-다고 해요)**		～そうです【引用文】
□ **II -ㄹ 때마다**		～たびに〔時ごとに〕
□ **칭찬하다**	《稱讚ー》	褒める、称賛する

TRACK 222

PHRASE 222

口を洗う

입을 씻다

しらばっくれる、知らんぷりをする

A：今回の取引〔去来〕(を) 成功〔成事〕させるために、チームのメンバーは〔チーム員達〕皆、頑張りましたねぇ〔苦生（苦労）多かったですねぇ〕。

B：チーム長〈様〉！ 私達のチーム、インセンティブ (は) 出〈てき〉ますか？

A：もちろん〔当然〕です。インセンティブ (が) 出〈てき〉たら、私達のチーム皆 (で) 飲み会〔会食〕(を) しましょう。

B：はい、チーム長〈様〉1人 (だけお金をもらって) **しらばっくれないでくださいよ〔口 (を) 洗われてはいけませんよ**〕。

A　이번 거래 성사시키느라고 팀원들 모두 고생 많았네요.

B　팀장님! 저희 팀 인센티브 나오나요?

A　당연하지요. 인센티브 나오면 우리 팀 모두 회식합시다.

B　네, 팀장님 혼자 **입 씻으시면 안 됩니다**.

□ **거래**	《去來》	取引
□ **성사시키다**	《成事ー》	成功させる、成り立たせる
□ **I -느라고** ※前後の主語は同一。後ろには否定的な内容が来る。		～するために、～するのに
□ **팀원**	《team 員》	チームのメンバー
□ **고생 (이) 많다**	《苦生ー》	頑張る〔苦労（が）多い〕
□ **인센티브**	《incentive》	インセンティブ
□ **회식하다**	《會食ー》	飲み会をする、会食する
□ **II -ㅂ시다**		～しましょう【勧誘】

※입을 닦다〔口を拭く〕とも。

TRACK 223

PHRASE 223

ㅇ

口（の中）の舌のようだ

입의 혀 같다

（相手の）気持ちを察して、何でもやってあげる

A：キム代理は、本当に仕事を頑張っている〔うまくやる〕みたい。
B：キム代理は、最近、昇進したくて上司にすごく従順〈的〉なんだよ。上司の**気持ちを察して、何でもやってあげるんだから。**
A：そうだったの〔そういうことだったの〕？
B：正直〔率直に〕、そうやって昇進ができるかはわからないけど、いい感じはしないよね〔見た感じよくはないね〕。みんなすごく陰口叩いている〔人達が後ろで言葉もたくさん言う〕みたいだったよ。

A　김 대리는 정말 일을 잘하는 것 같아.

B　김 대리 요즘 승진하고 싶어서 상사한테 너무 순종적이야.
상사의 **입의 혀 같다니까**.

A　그런 거였어?

B　솔직히 그렇게 해서 승진이 될지는 모르겠지만 보기 좋지는 않아.
사람들이 뒤에서 말도 많이 하는 것 같더라고.

□ **대리**	《代理》	代理【会社における職位】
□ **승진**	《昇進》	昇進、昇格
□ **상사**	《上司》	上司
□ **순종적이다**	《順従的ー》	従順だ
□ **솔직히** [솔찌키]	《率直ー》	正直に、率直に
□ **Ⅱ -ㄹ지 모르겠다** [ーㄹ찌ー]		～か（どうか）わからない【不確実】
□ **보기 좋다**		見た感じ（が）よい

TRACK 224

PHRASE 224

ㅇ

口が（ぽっかり）開く

입이 (딱) 벌어지다

ビックリする、唖然とする

A：ウンジュの家（に）行ったことある〔行ってみた〕？ ウンジュ（が）ビジネスに成功した〔事業が繁盛した〕と思ったら、すごく立派なところに〔で〕住んでいたんだよ。

B：うん！私、昨日行ってみたんだけれど、本当に**びっくりしたんだから**！

A：そうだよね〔合っているよ〕！俺は、あんなにオシャレな家は生まれて初めて見たよ〔生まれてあんなに素敵な家は初めてだったよ〕。

A 은주네 가 봤니?
은주 사업이 번창하더니 아주 으리으리한 곳에서 살더라고.

B 어! 나 어제 가 봤는데 정말 **입이 딱 벌어지더라니까**!

A 맞아! 난 태어나서 그렇게 멋진 집은 처음이었어.

□ **-네**		～の家、～のところ
□ **사업**	《事業》	ビジネス、事業
□ **번창하다**	《繁昌－》	繁盛する
□ **으리으리하다**		立派だ
□ **I -더라고**		～（てい）たんだよ【目撃】
□ **I -더라니까!**		～（てい）たんだから！【目撃】
□ **태어나다**		生まれる
□ **멋지다**		オシャレだ、素敵だ、素晴らしい

TRACK 225

PHRASE 225

口が軽い

입이 가볍다

口が軽い ※가볍다（軽い）は、ㅂ変。

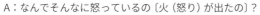

A：なんでそんなに怒っているの〔火（怒り）が出たの〕？
B：ミレさんに秘密をちょっと打ち明けたんだけれど、それを他の人達に全部〔全て〕、話し（ちゃっ）たみたい〔模様〕なんだ。
A：あら、気をつけなきゃ〔操心したら（気をつけたら）よかったのに〕。ミレさんは、**口が軽いことで有名〈な人〉**なのに…。
B：それを知らなかったよ。とても後悔している。

A 왜 그렇게 화가 났니?

B 미래 씨한테 비밀을 좀 털어놨는데
그걸 다른 사람들에게 다 말한 모양이야.

A 어머나, 조심하지 그랬어.
미래 씨는 **입이 가볍기로 유명한 사람**인데….

B 그걸 몰랐어. 너무 후회스러워.

□ **비밀**	《秘密》	秘密
□ **털어놓다**		打ち明ける
□ **連体形＋모양이다**	《－模様－》	〜ようだ、〜みたいだ
□ **조심하다**	《操心－》	気をつける
□ **I -지 그랬어**		〜たらよかったのに
□ **I -기로 유명하다**	《－有名－》	〜ことで有名だ
□ **후회스럽다**	《後悔－》	後悔している、悔やまれる ㅂ変

TRACK 226

PHRASE 226

口が荒い

입이 거칠다

口が悪い、口が汚い

A：サンホさんは、**口が悪すぎます**〔**とても口が荒いです**〕。
B：そういうふうに見えはしなかったんですけど。
A：私に傷つくようなこと〔傷受ける言葉〕や、下世話なこと〔言葉〕をはばかることなく言うたびに〔言う時ごとに〕びっくりします〔驚きます〕。悪い人ではないのですが…口が悪すぎますよ〔言葉がひどすぎますよ〕。

A 상호 씨는 **아주 입이 거칠어요**.

B 그렇게 보이지는 않던데요.

A 저한테 상처받을 말이나 속된 말을 거침없이 할 때마다 깜짝 놀라요. 나쁜 사람은 아닌데… 말이 너무 심해요.

□ **보이다**		見える、見かける
□ **상처받다**	《傷處ー》	傷つく〔受ける〕
□ **속되다**	《俗ー》	下世話だ、俗っぽい
□ **거침없이**		はばかることなく
□ **II -ㄹ 때마다**		～たびに〔時ごとに〕
□ **깜짝**		びっくり、ぎょっと
□ **놀라다**		驚く
□ **심하다**	《甚ー》	ひどい、激しい

TRACK 227

PHRASE 227

口が耳の下まで裂ける

입이 귀밑까지 찢어지다

満面の笑顔になる、（嬉しくて）笑いが止まらない

A：セホが誕生日プレゼント、気に入っていますか〔気に入ったと思っていますか〕？
B：おばさんからもらったものだって〈言いながら〉、すごく喜んで〔どんなに喜んでいたことか〕、**満面の笑顔だったんだから。**
A：気に入ってくれて〔気に入ったと思っていると言うから〕、本当によかった〔多幸〕です。

A　세호가 생일 선물 마음에 들어 해요?

B　이모한테 받은 거라면서 얼마나 기뻐하던지
입이 귀밑까지 찢어졌다니까.

A　마음에 들어 한다니 정말 다행이에요.

□ **마음에 들다**		気に入る
□ **Ⅲ -φ하다**		～と思う、～がる
□ **이모**	《姨母》	おばさん【母親の姉妹】
□ **下称終止形 (-다/ㄴ다/는다) + - (고 하) 면서** ※指定詞 - (이) 다、아니다の場合は、下称終止形の部分が - (이) 라、아니라になる。		～と言って、～と言いながら【引用文】
□ **얼마나 Ⅰ -던지**		どんなに～（てい）た（こと）か
□ **기뻐하다**		喜ぶ、嬉しがる
□ **下称終止形 (-다/ㄴ다/는다) + -니까**		～んだから、～んだってば
□ **下称終止形 (-다/ㄴ다/는다) + - (고 하) 니 (까)**		～と言うから【引用文】
□ **다행이다**	《多幸－》	よかった、幸いだ

TRACK 228

PHRASE 228

口がムズムズする

입이 근질근질하다

言いたくてたまらない、喋りたくてしょうがない

A：イェジュンさん、いいことでもあったんですか〔ありますか〕？
B：うーん…、それがですね…、うーん…、何でもないです。
A：〈それが〉何ですか。教えて〔話して〕くださいよ。
B：実〔事実〕はですね、秘密恋愛しているカップルを知ってしまった〔知ることになった〕んですが、秘密なので言うことはできないんですが… **言いたくて言いたくて**、我慢ができないんです。

A　예준 씨, 좋은 일이라도 있어요?

B　음… 그게요… 음… 아무것도 아니에요.

A　그게 뭐예요. 말해 주세요.

B　사실은요, 비밀 연애하는 커플을 알게 되었는데, 비밀이라서 말할 수는 없는데… **입이 근질근질해서** 참을 수가 없어요.

□ **-이라도/라도**		〜でも
□ **사실은**	《事實－》	実は
□ **비밀 연애하다**	《秘密 戀愛－》	秘密恋愛する
□ **커플**	《couple》	カップル
□ **Ⅰ -게 되다**		〜ことになる、〜ようになる
□ **指定詞語幹＋-라 (서)**		〜ので、〜から【理由】
□ **참다** [참따]		我慢する、耐える

TRACK 229

PHRASE 229

口が甘い

입이 달다

食欲がある、食べ物がおいしい

A：〈天気が〉暑すぎて食欲がないよ。

B：そうなの？ 私は、最近太っちゃいそうだよ〔肉が付こうとするみたいだよ〕。**食欲がありすぎて**、食がどんどん進むの〔**口がとても甘くて**、どんなに食べるかわからないよ〕。

A：いいじゃない〔多幸だな〕！食欲(が)ない〈こと〉より、そのほうがずっとましだよ。

A 날씨가 너무 더워서 입맛이 없어.

B 그래? 난 요즘 살이 찌려나 봐.
입이 너무 달아서 얼마나 먹는지 몰라.

A 다행이다! 입맛 없는 것보다 그편이 훨씬 나아.

□ **날씨가 덥다**		(天気が) 暑い ㅂ変
□ **입맛이 없다**		食欲がない
□ **살이 찌다**		太る〔肉が付く〕
□ **II -려나 보다**		～(ようと) するみたいだ【推測】
□ **얼마나 現在連体形 + 지 모르다**		どんなに～かわからない 르変
□ **그편**	《-便》	そのほう
□ **훨씬**		ずっと
□ **낫다**		ましだ、よい ㅅ変

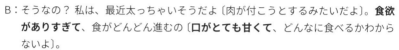

TRACK 230

PHRASE 230

口が離れない

입이 떨어지지 않다

どうしても言えない

A：僕、また大学に落ち（てしまい）ました。

B：あぁ、勉強するのとても大変だったでしょう〔するのに苦生（苦労）、多かったでしょうに〕…。

A：それより母に伝えなければならない〔申し上げなければならない〕んですが、**どうしても言えないですね**。

B：お母様、とても期待されていましたからね〔お母さんが期待、たくさんなさったのに〕…。それでも慰めて〔慰労して〕くださるはずですよ。

A　저 또 대학에 떨어졌어요.

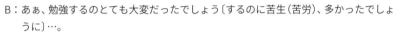

저런, 공부하느라 고생 많았을 텐데…. 　B

A　그것보다 어머니께 말씀드려야 하는데 **입이 떨어지지 않네요**.

어머니께서 기대 많이 하셨는데…. 그래도 위로해 주실 거예요. 　B

□ **떨어지다**		落ちる
□ **저런**		あぁ、あれ
□ **Ⅰ-느라 (고)** ※前後の主語は同一。後ろには否定的な内容が来る。		～するのに、～するために
□ **고생 (이) 많다**	《苦生－》	大変だ、苦労する〔苦労（が）多い〕
□ **Ⅱ-ㄹ 텐데**		～でしょうに、～だろうに【推測】
□ **말씀드리다**		申し上げる
□ **기대 (를) 하다**	《期待－》	期待（を）する、楽しみにする
□ **위로하다**	《慰労－》	慰める

TRACK 231

PHRASE 231

口が重い

입이 무겁다

口が堅い ※무겁다（重い）は、ㅂ変。

A：私達（が）付き合っていること、ヒョヌさんに話してもいいでしょうか？
B：ヒョヌさんは**口が堅い人**だから、大丈夫だと思いますよ。
A：そうですか？それならよかった〔多幸〕です。実は〔事実〕、デートしているところ〔姿〕を見られて〔バレて〕しまったんですよ。
B：あぁ…。

A 우리 사귀고 있는 거 현우 씨한테 얘기해도 될까요?

B 현우 씨는 **입이 무거운 사람**이라서 괜찮을 거예요.

A 그래요? 그럼 다행이에요.
사실 데이트하는 모습을 들켜 버렸거든요.

B 아….

□ **사귀다**		付き合う
□ **指定詞語幹＋-라（서）**		～ので、～から【理由】
□ **다행이다**	《多幸－》	よかった、幸いだ
□ **데이트하다**	《date－》	デートする
□ **모습**		姿、様子
□ **들키다**		バレる、見つかる
□ **Ⅲ -φ버리다**		～てしまう

TRACK 232

PHRASE 232

口が怖い

입이 무섭다

(人の) 噂は怖い、言うことが怖い ※무섭다 (怖い) は、ㅂ変。

A：お前、ジニさんの噂〔所聞〕、聞いたか？

B：あんたももう知っていたの？**人〈達〉の噂は本当に怖いなぁ。**

A：実は〔事実〕、俺だけ(が)知っている話だとばかり思っていたんだけれど、町中〔全ての町内〕に噂〔所聞〕が〈ぱーっと〉広がっていたんだよ。

B：**噂って〔人達の口が〕怖いから**、行動(に)気をつけなきゃ〔操心しなきゃ〕。

A　너 진희 씨 소문 들었어?

B　너도 이미 알고 있었니? **사람들 입이 참 무섭구나**.

A　사실 나만 알고 있는 얘기인 줄 알았는데 온 동네에 소문이 쫙 퍼졌더라고.

B　**사람들 입이 무서워서** 행동 조심해야겠어.

□ **소문**	《所聞》	噂
□ **連体形＋줄 알았다**		～と (ばかり) 思っていた【思い込み】
□ **온 …**		全ての…、あらゆる…
□ **동네**	《洞ー》	町、近所
□ **쫙**		ぱっと
□ **퍼지다**		広がる
□ **조심하다**	《操心ー》	気をつける
□ **Ⅲ -야겠다**		～なければ (ならない)、～ないと (いけない)

TRACK 233

PHRASE **233**

口が退屈だ

입이 심심하다

小腹が空いた、口が寂しい

A：夕食をちょっとしか食べなかったら、**小腹が空いたなぁ**。
B：実は〔事実〕、僕もそうなんだ。〈僕達〉チキンでも出前とって食べようか？
A：いいね。夜食〈に〉はチキン（で決まり）でしょう！ じゃあ、ビールも一緒に飲もうよ。
B：よくわかってるじゃない〔何かをちょっと知っているんだね〕。じゃあ、〈僕達〉今夜は〔に〕チメクを楽しもう〔楽しんでみようって〕。

A　저녁을 조금밖에 안 먹었더니 **입이 심심하네**.

사실 나도 그래. 우리 치킨이라도 시켜 먹을까?　B

A　좋지. 야식에는 치킨이지! 그럼 맥주도 같이 마시자.

뭘 좀 아는구나? 그럼 우리 이 밤에 치맥을 즐겨 보자고.　B

□ **-밖에**		～しか
□ **Ⅲ -ㅆ더니** ※主語は1人称に限る。		～たら
□ **치킨**	《chicken》	チキン
□ **-이라도/라도**		～でも
□ **시켜 먹다**		出前をとって食べる
□ **야식**	《夜食》	夜食
□ **치맥**	chi（cken）ー 麥（酒）	チキンとビール
□ **즐기다**		楽しむ

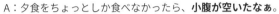

ㅇ

口が苦い

입이 쓰다

やりきれない気分だ

A：**口が苦いね**。※直訳
B：どうしたの〔どうしてそう言うの〕？何か変なものを〔間違って〕食べたの？
A：いや、そうじゃなくて、今日先生〈様〉に叱られて、すごく**やりきれない気分なんだ**。
B：ああ、「**口が苦い**」って言葉は、気分が優れない時(に)、使うこともあるんだねぇ〔使いもするんだねぇ〕。

A **입이 쓰네**.

왜 그래? 뭐 잘못 먹었어? B

A 아니, 그게 아니고 오늘 선생님께 야단맞아서 아주 **입이 써**.

아, '**입이 쓰다**' 는 말은 기분이 언짢을 때 쓰기도 하는구나. B

□ **잘못 먹다**		変なものを〔間違って〕食べる
□ **야단맞다**	《惹端ー》	叱られる、怒られる
□ **기분**	《氣分》	気分
□ **언짢다**		優れない、不愉快だ
□ **I -기도 하다**		～しもする、～でもある

※입 안이 쓰다〔口の中が苦い〕とも。

TRACK 235

PHRASE 235

ㅇ 口が熟する

입이 여물다

しっかりしている

A：今度の新入社員はどうですか？

B：うちの部署の新入（社員）達は**しっかりしているから**、一緒に働くのがすごく楽〈なよう〉ですよ。

A：よかった〔多幸〕です。**しっかりした人〈達〉**は〔が〕、仕事もちゃんとやるでしょうからね〔みたいですよね〕？

B：その通りです〔合っています〕。皆〈達〉、賢くて性格もいいから、上司〈達〉にとても可愛がられている〔可愛さ（を）たくさんもらっている〕みたいですよ。

A 이번 신입 사원은 어때요?

B 우리 부서 신입들은 **입이 여물어서** 같이 일하기 너무 편한 것 같아요.

A 다행입니다. **입이 여문 사람들**이 일도 잘하는 것 같죠?

B 맞아요. 다들 똑똑하고 성격도 좋아서
상사들한테 예쁨 많이 받는 것 같아요.

□ **신입 사원**	《新入 社員》	新入社員
□ **부서**	《部署》	部署
□ **I -기 (가) 편하다**	《一便一》	～するのが楽だ、～しやすい
□ **똑똑하다**		賢い
□ **성격** [성껵]	《性格》	性格
□ **상사**	《上司》	上司
□ **예쁨 (을) 받다**		可愛がられる〔可愛さ（を）もらう〕

※입이 야무지다〔口がしっかりしている〕とも。

TRACK 236

PHRASE 236

口がドロドロする

입이 질다

口が汚い

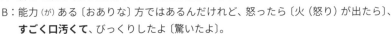

A：新しく来た〔来られた〕っていう部長〈様〉はどう？

B：能力(が)ある〔おありな〕方ではあるんだけれど、怒ったら〔火（怒り）が出たら〕、**すごく口汚くて**、びっくりしたよ〔驚いたよ〕。

A：あら、そうなの？ 教養人〔教養ある人〕らしく〈は〉ないね。

B：どんなに能力があっても、部下の信頼は得られないだろうね〔部下の職員達には信任を得られはしないみたい〕。

A 새로 오셨다는 부장님은 어때?

B 능력 있으신 분이긴 한데, 화가 나면 **입이 너무 질어서** 깜짝 놀랐어.

A 어머, 그래? 교양 있는 사람 같지는 않네.

B 아무리 능력이 있어도 부하 직원들한테는
신임을 얻지는 못할 것 같아.

□ **새로**		新しく、新たに
□ **능력** [능녁]	《能力》	能力
□ **화가 나다**	《火ー》	腹が立つ、怒る〔怒りが出る〕
□ **깜짝**		びっくり、ぎょっと
□ **놀라다**		驚く
□ **교양**	《教養》	教養
□ **부하**	《部下》	部下
□ **신임을 얻다**	《信任ー》	信頼〔信任〕を得る

TRACK 237

PHRASE 237

口が短い

입이 짧다

好き嫌いが激しい、食べものにうるさい

A：最近、ちょっと忙しくて、コンビニ〔便宜店〕で売っているおかずで食事の準備(を)すること〔時〕が多いです。

B：うちの旦那は、**好き嫌いが激しいほうなので**、外で買ってきたおかずは、まったく食べようと〔食べる考えを〕しないですね。

A：そうなんですね〔そうでいらっしゃるんですね〕。じゃあ、食事の準備(を)なさる時、時間(が)たくさんかかるでしょうね〔おかかりになるでしょう〕。

B：**好き嫌いが激しい旦那**〔**男便**〕のせいで、だいたい〔普通〕3時間〈も〉はかかっていると思いますよ。

A　요즘 좀 바빠서 편의점에서 파는 반찬으로 식사 준비할 때가 많아요.

B　우리 남편은 **입이 짧은 편이라** 밖에서 사 온 반찬은 아예 먹을 생각을 안 하네요.

A　그러시군요. 그럼 식사 준비하실 때 시간 많이 걸리시겠어요.

B　**입 짧은 남편** 때문에 보통 3시간씩은 걸리는 것 같아요.

□ **편의점**	《便宜店》	コンビニ
□ **반찬**	《飯饌》	おかず
□ **아예＋否定文**		まったく、はなから〜ない
□ **보통**	《普通》	だいたい、普通
□ **-씩**		〜も、〜ずつ

TRACK 238

PHRASE 238

口が千斤のようだ（それぐらい堅い）

입이 천 근 같다

口が堅い

A：ジュニには、この話してもいいよね〔いいだろうね〕？
B：心配しないで。ジュニは本当に**口が堅いから**〔**口が千斤のように重いよ**〕。
A：誰かには打ち明けなきゃ〈いけないだろう〉って思うんだけど、勇気が出なくて。
B：ジュニなら、きっと秘密を守ってくれるはずだよ。

A 준희한테는 이 얘기해도 되겠지?

B 걱정하지 마. 준희는 정말 **입이 천 근 같이 무거워**.

A 누군가에게는 털어놔야 할 것 같은데 용기가 나지 않아서.

B 준희라면 꼭 비밀을 지켜 줄 거야.

□ **걱정하다**		心配する
□ **Ⅰ-지 마**		～ないで【禁止】
□ **입이 무겁다** ※例文では、입이 천 근 같이 무겁다のように強調表現として使用。		口が堅い〔重い〕ㅂ変
□ **털어놓다** ※털어놔-は、털어놓다のⅢの話しことば形。		打ち明ける
□ **용기가 나다**	《勇氣－》	勇気が出る
□ **指定詞語幹＋-라면**		～なら
□ **꼭**		きっと、必ず、絶対に
□ **비밀을 지키다**	《秘密－》	秘密を守る

110 물불을 가리지 않다
水火を選ばない → 手段を選ばない

この世界に人間が行けないところはないだろうが、強いて言えば、水と火があるところは我々にとって難所となりうる。水と火は時々、手に負えないほど大きくなり、人の命を奪うこともある。実際に国や地域を問わず、いつの時代も水と火の犠牲になる人は少なくない。

このような背景から「水火を選ばない」という表現は、生きるところと死ぬところを選ばないということ、すなわち「手段を選ばない」という意味に繋がった。

夏の海水浴場には、水に溺れた人を救助する救助隊員が、火事の現場には火の中に閉じ込められた人を救う消防士がいる。彼らこそ、水火を選ばず人類愛を実践する人たちだといえるだろう。

COLUMN 02

143 생사람을 잡다
無実の人（を）捕まえる → 漏れ衣を着せる

「생사람」の「생」が漢字語「生」であることから、ここでは接頭辞として使われる「생-」について紹介したい。「생-」の辞書的な意味は色々あるが、日常でよく使われることばとしては「생맥주（生ビール）」、「생크림 케이크（生クリームケーキ）」、「생과일 주스（生果物ジュース）」などがある。食べ物に使われることが多いが、漢字が意味するとおり「生もの」、「熟さないもの」、「加工されていないもの」を指す。他にも「생김치（生キムチ）」、「생쌀（生米）」、「생고기（生肉）」、「생새우（生エビ）」などの例がある。他には、「생부（生父）」、「생모（生母）」などのように、生みの親、生物学的な親を指すときにも使われる。

「생사람을 잡다」の「생사람」は、「생트집（無理な言いがかり）」、「생고생（余計な苦労）」のようにこじつけ、でたらめ、身勝手な言い分という意味で使われ、全体で「漏れ衣を着せる」と訳される。

ここでひとつクイズ。「생얼」の意味は何かわかるだろうか。「생얼굴（生の顔）」の略語であるが、日本語では化粧をしていない顔、「すっぴん」を意味する。実は、「생얼」は俗語であり、正しいことばは「민낯」である。

TRACK 239

PHRASE 239

ス

スッポンの首に（が）なる

자라목이 되다

しょんぼりする、萎縮する

A：イェジンちゃん（が）、今日は〔に限って〕静かですねぇ。

B：はい、さっき〔少し前に〕パパに叱られて、**しょんぼりしているんです**。家が静かでいいですね。

A：ははは、そう言えば、イェジンちゃんは〔が〕駄々っ子の4歳児〔憎い4歳〕ですね？

B：はい、最近は「乳児思春期」ともいうんですよ。

A 예진이가 오늘따라 조용하네요.

B 네, 조금 전에 아빠한테 혼나서 **자라목이 되었어요**. 집이 조용해서 좋네요.

A 하하하, 그러고 보니 예진이가 미운 네 살이죠?

B 네, 요즘은 '유아사춘기' 라고도 한답니다.

□ **-따라**		～に限って
□ **조용하다**		静かだ
□ **혼나다**	《魂ー》	厳しく怒られる、大変な目にあう
□ **그러고 보니 (까)**		そういえば
□ **子音終わりの名前＋-이**		～ちゃん、～君【愛称】
□ **미운 네 살**		駄々っ子の4歳児〔憎い4歳〕
□ **유아**	《幼兒》	乳児
□ **사춘기**	《思春期》	思春期

TRACK 240

PHRASE 240

ス

偉いふり（を）する

잘난 척하다

うぬぼれる、偉そうなふりをする、格好つける

A：最近〔新しく〕引っ越し（て）きた隣の家の人が挨拶〔人事〕（に）来たんだって？

B：うん、高学歴で〔に〕大企業（に）勤める能力のある人のようではあるけれど…。

A：だけれど〔でも〕？

B：謙遜（というもの）を知らないよ。**うぬぼれる〔偉いふりする〕のも**程度もんでしょ〔があるでしょ〕。初めて会った時から自分〔自己〕の自慢を並べ立てるんだけど、本当に相手してられないよ〔聞いてあげられないんだから〕。

A　새로 이사 온 옆집 사람이 인사 왔다면서?

B　응, 고학력에 대기업 다니는 능력 있는 사람인 것 같긴 한데….

A　그런데?

B　겸손을 몰라. **잘난 척하는 것도** 정도가 있지. 처음 만났을 때부터 자기 자랑을 늘어놓는데 아주 못 들어 주겠다니까.

□ **고학력** [고항녁]	《高學歷》	高学歴
□ **-에 …**		～で（しかも）…【添加】
□ **대기업**	《大企業》	大企業
□ **능력** [능녁]	《能力》	能力
□ **겸손**	《謙遜》	謙遜
□ **정도가 있다**	《程度－》	程度ものだ〔がある〕
□ **자랑을 늘어놓다**		自慢を並べ立てる
□ **들어 주다**		聞いてあげる

TRACK 241

ス

PHRASE 241

よく暮らす

잘살다

金持ちだ、いい暮らしをする

A：この町は、高いブランドショップも多いし、高級なレストランも多いねぇ。
B：うん、ここは**金持ち**〔**よく暮らす人達**〕が住む所として有名なんだ。
A：あ、そうなの？どうりで住宅価格〔家の値段〕もものすごく高かったわけだ〔高かったんだよ〕。
B：私達はいつになったら〔いつ頃〕**金持ちになれるかな**〔**よく暮らすことできるかな**〕？

A 이 동네는 비싼 브랜드 숍도 많고 고급스러운 레스토랑도 많네.

B 응, 여기는 **잘사는 사람들**이 사는 곳으로 유명해.

A 아, 그래? 어쩐지 집값도 엄청 비싸더라고.

B 우리는 언제쯤 **잘살 수 있을까**?

□ **동네**	《洞－》	町、近所
□ **브랜드**	《brand》	ブランド
□ **숍**	《shop》	ショップ
□ **고급스럽다**	《高級－》	高級だ ㅂ変
□ **레스토랑**	《restaurant》	レストラン
□ **-(으)로 유명하다**	《－有名－》	～として有名だ
□ **어쩐지**		どうりで、どういうわけか
□ **엄청**		ものすごく、とても

TRACK 242

ㅈ

PHRASE 242

妻の実家に（を）行く

장가를 가다

（男性が）結婚する、妻をめとる

A：ジェジュンさん、本当に〔とても〕おめでとうございます！ ついに**結婚するんですねぇ**！

B：ありがとうございます。私も実は〔事実〕、自分は〔私が〕結婚できないと思っていました。

A：ははは、奥さんは〔新婦が〕、ものすごい美人でいらっしゃると聞きました。どうかお幸せに〔幸福でいらっしゃることを願いますね〕。

A 재준 씨, 너무 축하해요! 드디어 **장가를 가는군요**!

B 감사합니다. 저도 사실 제가 결혼 못 할 줄 알았어요.

A 하하하, 신부께서 굉장한 미인이시라고 들었어요.
행복하시길 바랄게요.

□ **드디어**		ついに
□ **결혼하다**	《結婚－》	結婚する
□ **連体形＋줄 알았다**		～と（ばかり）思っていた【思い込み】
□ **신부**	《新婦》	新婦
□ **굉장하다**	《宏壮－》	ものすごい
□ **미인**	《美人》	美人
□ **행복하다**	《幸福－》	幸せだ、幸福だ
□ **I -길（<기를）바라다**		～ことを願う、祈る【願望】

TRACK 243

ス

PHRASE 243

いたずらではない

장난이 아니다

半端ない、すごい

A：キュジンと腕相撲して、負けたんだって？

B：うん、キュジンがうちのクラス〔班〕で一番、小柄だから〔体つきが第一、小さいから〕、当然、俺が勝つだろうと思ったんだけれど… 力が**半端なかったんだよ**。バカに〔無視〕していた俺が痛い目にあっちゃったよ〔大きい鼻ケガしたんだよ〕。

A：ははは、あんた知らなかったんだね？キュジン、うちのテコンドー道場の〔で〕ホープ〔選手の有望株〕なんだよ。小柄だ〔体つきは小さい〕けれど、力も強いし、運動神経もものすごくいいんだよ。

B：今度からは、二度と〔再びは〕腕相撲なんか〈は〉しないほうがいいな。

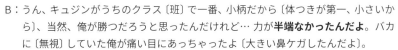

A　규진이랑 팔씨름해서 졌다면서?

B　응, 규진이가 우리 반에서 몸집이 제일 작아서
당연히 내가 이길 거라고 생각했었는데… 힘이 **장난 아니더라고**.
무시했던 내가 큰코다쳤지 뭐야.

A　하하하, 너 몰랐구나? 규진이 우리 태권도장에서 선수 유망주야.
몸집은 작지만 힘도 세고 운동 신경도 엄청 좋거든.

B　다음부터는 다시는 팔씨름 따위는 하지 말아야겠어.

□ **팔씨름하다**		腕相撲する
□ **몸집이 작다** [몸찝ー]		小柄だ〔体つきが小さい〕
□ **I -지 뭐야**		～んだよ、～じゃない
□ **유망주**	《有望株》	ホープ、有望株
□ **-따위**		～なんか、～なんて
□ **I -지 말아야겠다**		～ないほうがいいな

面白みが付く

재미가 붙다

面白くなってくる、興味が湧く

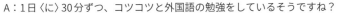

A：1日〈に〉30分ずつ、コツコツと外国語の勉強をしているそうですね？
B：はい、初め〈に〉はつらかったのですが、最近〈に〉は**面白くなってきて**、毎日1時間ずつ勉強しています。
A：すごいですね〔すごくていらっしゃいます〕。私は3日（で）も難しかったですよ。
B：地道にやってみてください。**面白くなってきたら**、時間が経つのも忘れますよ〔時間行くのもわかりませんよ〕。

A 하루에 30분씩 꾸준히 외국어 공부를 한다면서요?

B 네, 처음에는 힘들었는데 요즘엔 **재미가 붙어서** 매일 한 시간씩 공부해요.

A 대단하세요. 저는 3일도 어렵더라고요.

B 꾸준히 해 보세요. **재미 붙으면** 시간 가는 줄도 몰라요.

□ **하루**	一日
□ **-씩**	〜ずつ
□ **꾸준히**	コツコツと、地道に
□ **힘들다**	つらい、大変だ
□ **대단하다**	すごい、素晴らしい
□ **Ⅰ-더라고요**	〜(てい)たんですよ【目撃】
□ **시간 가는 줄 모르다** 《時間ー》	時が経つのを忘れる〔時間(が)行くの(が)わからない〕 르変

占いを見る

점을 보다

占ってもらう

A：ジヨン！年も明けたし〔新年（に）もなったし〕、〈僕達〉**占いをしてもらいに行かない**〔**占い（を）見に行く（つもり）**〕？

B：あたし、そういうのあまり〔よく〕信じないの。何かちょっと怖いじゃない？

A：何が怖いんだよ。楽しみとして占ってもらう〔見る〕のに。一緒に行こうよ、ね〔うん〕？

B：じゃあ、行ってみようか〔そうしようか〕？今年、試験に〔は〕合格できるのか、就職〔就業〕はできるのか、結婚はいつ頃できるのか〔することになるだろうか〕、お金はたくさん稼げるのか… ちょっと聞いて〔尋ねて〕みようか？ははは。

A　지영아! 새해도 되었는데 우리 **점 보러 갈래**?

B　나 그런 거 잘 안 믿어. 뭔가 좀 무섭지 않아?

A　뭐가 무서워. 재미로 보는 건데. 같이 가자. 응?

B　그럼 그럴까? 올해 시험은 합격할 수 있는지,
취업은 할 수 있는지, 결혼은 언제쯤 하게 될지,
돈은 많이 벌 수 있는지… 좀 물어볼까? 하하하.

□ **○○（子音終わりの名前）＋-아!**		○○！【呼びかけ】
□ **새해**		新年
□ **재미로**		楽しみとして
□ **시험에 합격하다**	《試験－合格－》	試験に合格する
□ **취업 (을) 하다**	《就業－》	就職（を）する
□ **I -게 되다**		～ことになる、～ようになる
□ **II -ㄹ지** [－ㄹ찌－]		～（しよう、だろう）か

TRACK 246

PHRASE 246

ス

真心を尽くす

정성을 다하다

誠心誠意、真心を込める

A：奥様〔夫人〕が今年、孝婦賞を取られた〔受けられた〕そうですね？

B：はい､体が不自由な〔不便でいらっしゃる〕私〈ども〉の両親〔父母様〕を**誠心誠意〔真心を尽くして**〕、お世話したんです。

A：簡単なことではない〔易しくないことな〕のに、奥様〔夫人〕(は) 本当に素晴らしいですねぇ〔素晴らしくていらっしゃいますねぇ〕。

B：家内には、いつも感謝の〔感謝する〕気持ちを持っていますよ。

A 부인께서 올해 효부상을 받으셨다면서요?

B 네, 몸이 불편하신 저희 부모님을 **정성을 다해** 모셨어요.

A 쉽지 않은 일인데 부인 정말 대단하시네요.

B 아내에게는 늘 감사하는 마음을 가지고 있습니다.

□ **부인**	《夫人》	奥さん、夫人
□ **효부상**	《孝婦賞》	孝婦賞
※儒教思想である「孝」の功績が認められた婦人に与えられる賞。		
□ **상을 받다**	《賞ー》	賞を取る〔受ける〕、受賞する
□ **몸이 불편하다**	《ー不便ー》	体が不自由だ〔不便だ〕
□ **저희** [저이]		私ども (の)、わたくし達 (の)【謙譲】
□ **모시다**		お世話する、仕える、お供する
□ **대단하다**		素晴らしい、すごい

TRACK 247

ㅈ

PHRASE 247

精神がない

정신이 없다

精一杯だ、とても忙しい、無我夢中だ

A：ジュヒさん、最近いかがお過ごしですか？

B：私は少し前に転職〔離職〕して、会社に慣れる〔適応する〕のに**精一杯です**。

A：ジュヒさんは能力（が）ある〈人だ〉から、どこへ行ってもすぐに慣れる〔うまく適応なさる〕はずですよ。

B：高く評価して〔よく見て〕くださって、ありがとうございます。

A 주희 씨, 요즘 어떻게 지내세요?

B 저는 얼마 전에 이직해서 회사에 적응하느라고 **정신이 없어요**.

A 주희 씨는 능력 있는 사람이니까 어디에 가서도 잘 적응하실 거예요.

B 잘 봐주셔서 감사해요.

□ **얼마 전**	《ー前》	少し前
□ **이직하다**	《移職ー》	転職する
□ **적응하다**	《適應ー》	適応する
□ **I -느라고** ※前後の主語は同一。後ろには否定的な内容が来る。		～するのに、～するために
□ **능력** [능녁]	《能力》	能力
□ **잘 봐주다**		高く評価する〔よく見てくれる〕

TRACK 248

PHRASE **248**

ス — 精神が売られる

정신이 팔리다

気を取られる

A：うちの息子のことが〔のせいで〕心配ですよ。高3なのにゲームに**気を取られていて**〔**精神が売られては**〕、入試の準備もしないで…。

B：本当に心配が尽きないでしょうね〔心配多くていらっしゃるでしょうね〕。

A：はい、ゲームばかりしている息子(を)見るたびに〔見る時ごとに〕、ストレスがすごく溜まりますよ〔ちょっとやそっとではありませんよ〕。

A 우리 아들 때문에 걱정이에요.
고3인데 게임에 **정신이 팔려서는** 입시 준비도 안 하고….

B 정말 걱정 많으시겠어요.

A 네, 게임만 하는 아들 볼 때마다 스트레스가 이만저만이 아니에요.

□ **걱정**		心配
□ **고3**	《高三》	高3
□ **게임 (을) 하다** ※게임は、[께임] と発音されることが多い。	《game −》	ゲーム（を）する
□ **입시**	《入試》	入試
□ **걱정 (이) 많다**		心配が尽きない〔多い〕
□ **Ⅱ -ㄹ 때마다**		～たびに〔時ごとに〕
□ **스트레스**	《stress》	ストレス
□ **이만저만이 아니다**		ちょっとやそっとではない、並大抵ではない

TRACK 249

PHRASE 249

ㅈ　両足を縛り付ける刑罰を与える

주리를 틀다

痛い目に遭わせる

A：何人も人を殺した〔殺人を犯した〕っていうあの有名な犯人の顔が公開されたんだって？

B：昨日、ニュースに出ていて〔出てきて〕見たんだけど、すごく図々しい顔をして〔どんなに図々しく顔をあげていたことか〕、自分〔自己〕の過ちも認めない〔認定しない〕って言っていたよ。

A：本当に？ 信じられないよ〔世上（世の中）に〕…。**痛い目に遭わせなければ**、正気にならないかな〔**痛い目に遭ってこそ**、精神を整えるかな〕。

A　몇 명이나 살인을 저질렀다는
그 유명한 범인 얼굴이 공개되었다면서?

B　어제 뉴스에 나와서 봤는데 얼마나 뻔뻔하게 얼굴을 들고 있던지
자기 잘못도 인정하지 않는다고 하더라고.

A　정말? 세상에…. **주리를 틀어야** 정신을 차리려나.

□ **살인**	《殺人》	殺人
□ **저지르다**		犯す 르変
□ **공개되다**	《公開ー》	公開される
□ **下称終止形 (-다/ㄴ다/는다) + -면서?**		～んだって？
□ **뉴스**	《news》	ニュース
□ **얼마나 I -던지**		どんなに～（てい）た（こと）か
□ **정신을 차리다**	《精神ー》	正気になる〔精神を整える〕
□ **II -려나**		～かな【ひとりごと的】

PHRASE 250

ポケットが軽い

주머니가 가볍다

懐が寂しい、懐が寒い ※가볍다 (軽い) は、ㅂ変。

A：あら、こんなにたくさん買うんですか？
B：本当ですね。実は〔事実〕、久しぶりにアウトレットに来たので〔来たら〕、我を忘れて買ってしまいましたよ〔精神なく買うようになりますねぇ〕。
A：ははは、ショッピングカートは重いですが、**懐は寂しくなりそうですね〔ポケットが軽くなったことでしょう〕**。
B：セールをたくさんしているから、買わなかったら、損する〔損害(を)見る〕ような気がしてですね。

A 어머, 이렇게 많이 사요?

B 그러게요. 사실 오랜만에 아웃렛에 왔더니 정신없이 사게 되네요.

A 하하하, 쇼핑 카트는 무거운데, **주머니가 가벼워졌겠어요**.

B 세일을 많이 하니까 안 사면 손해 보는 것 같아서 말이에요.

□ **오랜만에 (<오래간만에)**		久しぶりに
□ **아웃렛** [아울렏]	《outlet》	アウトレット
□ **정신없이**	《精神－》	我を忘れて〔精神なく〕
□ **쇼핑 카트**	《shopping cart》	ショッピングカート
□ **무겁다**		重い ㅂ変
□ **Ⅲ -ㅆ겠어요**		～た（こと）でしょう【過去推測】
□ **세일 (을) 하다**	《sale－》	セール（を）する
□ **손해 (를) 보다**	《損害－》	損（を）する〔損害（を）見る〕

TRACK 251

ス

PHRASE 251

ポケットの事情が悪い

주머니 사정이 나쁘다

懐事情が悪い

A：せっかく俺（に）会いに来た〔見に来たことな〕のに、トッポギしかおごって〔買って〕あげられなくて、ごめん。

B：兄さん！ 何を言ってるんだよ〔どんな言葉だよ〕。兄さんの**懐事情が〔も〕悪いこと**（は）全部〔全て〕、わかっているよ。兄さんの顔（を）見られて〔見て〕、とてもよかったよ。

A：うん〔そう〕、理解してくれてありがとう。俺〔兄さん〕（が）就職〔就業〕したら、たくさん〔大きく〕おごるからな。

A　모처럼 나 보러 온 건데 떡볶이밖에 못 사 줘서 미안해.

B　형! 무슨 말이야. 형 **주머니 사정도 나쁜 거** 다 알아.
형 얼굴 봐서 너무 좋았어.

A　그래, 이해해 줘서 고맙다. 형 취업하면 크게 한턱낼게.

□ **모처럼**		せっかく、わざわざ
□ **Ⅱ -러 오다**		～しに来る【目的・移動】
□ **떡볶이**		トッポギ
□ **-밖에**		～しか
□ **사다**		おごる〔買う〕
□ **이해하다**	《理解－》	理解する
□ **취업하다**	《就業－》	就職する
□ **한턱내다**		おごる、ご馳走する

TRACK 252

PHRASE 252

ス

ポケットをはたく

주머니를 털다

おごってもらう、有り金をはたく

A：一番上の兄さんが今日、初めての給料日らしいんだけど〔初めての月給（を）もらう日だって言っていたけれど〕、**おごってもらいに行こうか**？

B：ははは、いいね！会社の前で兄さんが出てくる〔退勤する〕のを待とうよ！

A：じゃあ、〈俺ら〉今日（は）サムギョプサルじゃなくて、国産牛〔韓牛〕食べようよ。

B：いいね。せっかく（だし）兄さんのおごり〔おかげ〕で、ちょっといいもの食べようか〔体の補身ちょっとしてみようか〕？

A　큰형이 오늘 첫 월급 타는 날이라던데 **주머니 털러 갈까**?

B　하하하, 좋지! 회사 앞에서 형이 퇴근하는 걸 기다리자고!

A　그럼 우리 오늘 삼겹살 말고 한우 먹자.

B　좋아. 모처럼 큰형 덕분에 몸보신 좀 해 볼까?

□ **큰형**	《ー兄》	一番上の兄
□ **첫 …**		初めての…、初…
□ **월급 (을) 타다**	《月給ー》	給料〔月給〕（を）もらう
□ **指定詞語幹 + -라 (고 하) 던데**		～と言っていたけれど
□ **퇴근하다**	《退勤ー》	退勤する、帰る
□ **Ⅰ -자고**		～しようよ、～しようって【勧誘】
□ **한우**	《韓牛》	（韓）国産の牛肉
□ **몸보신하다**	《ー補身ー》	体にいいものを食べる〔体の補身をする〕

TRACK 253

ス

PHRASE 253

死んで、生きられない

죽고 못 살다

目がない、大好きだ

A：私は冷麺が〔を〕とても好きなんです。
B：私も冷麺には〔なら〕、**目がないんですよ**。特に平壌冷麺です（ね）。
A：私もです。平壌冷麺は初めて食べた〔食べる〕時はわからないですけど、忘れられない〔しきりに考え出る〕中毒（に）なる味ですよね〔なんですってば〕。
B：じゃあ、〈私達〉今日（は）平壌冷麺、食べに行きましょうか？

A 저는 냉면을 너무 좋아해요.

B 저도 냉면이라면 **죽고 못 살아요**. 특히 평양냉면이요.

A 저도요. 평양냉면은 처음 먹을 때는 모르지만
자꾸 생각나는 중독되는 맛이라니까요.

B 그럼 우리 오늘 평양냉면 먹으러 갈까요?

□ **냉면**	《冷麺》	冷麺
□ **指定詞語幹＋-라면**		～なら
□ **특히**	《特－》	特に
□ **평양냉면**	《平壌冷麺》	平壌冷麺
□ **자꾸**		しきりに、やたらと
□ **생각 (이) 나다**		思い出す〔考え（が）出る〕
□ **중독되다**	《中毒－》	中毒になる
□ **II -러 가다**		～しに行く【目的・移動】

※사족을 못 쓰다〔四足を使えない〕とも。

TRACK 254

ス

PHRASE 254

死ぬうんちをする

죽을 똥을 싸다

大変な苦労をする

A：例の件〔今回の仕事〕、無事に終わったんだって？

B：うん、今回のプロジェクト（を）遂行するのに、うちのチームの皆、**大変な苦労をしたよ**。

A：話〔言葉〕だけ聞いても大変だった〈だろう〉と思うよ。

B：でも皆で一緒に苦労〔苦生〕したから〈そうなの〉か、〈チーム員達の〉チームワークがとてもよくなったと思う。

A　이번 일 무사히 끝났다며?

응, 이번 프로젝트 수행하느라고 우리 팀 모두 **죽을 똥 쌌어**.　B

A　말만 들어도 힘들었을 것 같아.

그런데 다 같이 고생해서 그런지
팀원들 팀워크가 너무 좋아진 것 같아.　B

□ **무사히**	《無事ー》	無事に
□ **下称終止形 (-다/ㄴ다/는다) + -며?**		～んだって？
□ **수행하다**	《遂行ー》	遂行する、（仕事を）する
□ **Ⅰ -느라고** ※前後の主語は同一。後ろには否定的な内容が来る。		～するのに、～するために
□ **팀**	《team》	チーム
□ **Ⅲ -서 그러지**		～から（そうなの）か
□ **팀원**	《team 員》	チームのメンバー
□ **팀워크**	《teamwork》	チームワーク

TRACK 255

PHRASE 255

ㅈ 関わりを置く

줄을 놓다

紹介する、(何かをするために必要な人と) 関係を作る

A：法律的なアドバイス〔諮問〕をもらいたいんだけれど〔ちょっと求めようと思うんだけれど〕、知り合いの〔知っている〕弁護士いたら、**ちょっと紹介してくれないかな〔関わりちょっと置いてくれる〕**？

B：私の(昔の)同級生〔同窓〕の中に弁護士(に)なった友達(が)1人いるよ。紹介してあげるよ。

A：ありがとう。じゃあ、メールで連絡先〔連絡処〕、〈ちょっと〉教えて〔知らせて〕くれる？

B：そうするよ。今日中にメール、絶対に確認して〈みて〉ね。

A　법률적인 자문을 좀 구하려 하는데 아는 변호사 있으면 **줄 좀 놓아 줄래**?

B　내 동창 중에 변호사 된 친구 하나 있어. 소개해 줄게.

A　고마워. 그럼 메일로 연락처 좀 알려 주겠니?

B　그럴게. 오늘 중으로 메일 꼭 확인해 봐.

□ **법률적** [범뉼쩍]	《法律的》	法律的
□ **자문을 구하다**	《諮問ー求ー》	アドバイス〔諮問〕を求める
□ **Ⅱ -려 (고) 하다**		～ようとする【意図】
□ **변호사**	《辯護士》	弁護士
□ **동창**	《同窓》	(昔の) 同級生
□ **소개하다**	《紹介ー》	紹介する
□ **연락처**	《連絡處》	連絡先
□ **확인하다**	《確認ー》	確認する

TRACK 256

ス

PHRASE 256

(〜の) 列を立つ

(~한테) 줄을 서다

〜の側に立つ、〜の応援 (味方) をする

A：イ課長〈様〉とチェ課長〈様〉の競争の構図に(は)息がつまるよ。
B：2人は〔お二方が〕ライバル関係だから、部下の社員は〔職員達が〕つらいでしょう。
A：やっぱり私は、**イ課長の側に〔イ課長に列を〕立たなければならない〈だろう〉と思うんだ。**
B：うん〔そう〕。

A　이 과장님하고 최 과장님의 경쟁 구도에 숨이 막혀.

B　두 분이 라이벌 관계라서 부하 직원들이 괴롭지.

A　아무래도 난 **이 과장님한테 줄을 서야 할 것 같아**.

B　그래.

□ **과장님**	《課長ー》	課長〈様〉
□ **경쟁**	《競爭》	競争
□ **구도**	《構圖》	構図
□ **숨이 막히다**		息がつまる
□ **라이벌**	《rival》	ライバル
□ **관계** [관게]	《關係》	関係
□ **괴롭다**		つらい ㅂ変
□ **아무래도**		やっぱり、どうしても、どうも

TRACK 257

ス

PHRASE 257

綱渡りをする（乗る）

줄을 타다

コネを使う、天下りする

A：スペックもそんなによくない人が、どうやって大企業に入ったんだろう？
B：これは秘密なんだけど… どうも叔父さんの**コネを使ったみたい**。
A：おじさんが役員〔任員〕にでもなるっていうわけ？
B：お前、知らなかったのか？叔母さんもこの会社の役員〔任員でいらっしゃる〕じゃない。

A 스펙도 그렇게 좋지 않은 사람이 어떻게 대기업에 들어갔지?

B 이건 비밀인데… 아무래도 작은아버지 **줄을 탄 것 같아**.

A 작은아버지가 임원이라도 된다는 거야?

B 너 몰랐니? 작은어머니도 이 회사 임원이시잖아.

□ **스펙** ※ある人が持つ能力、経歴、資格など。	《spec》	スペック
□ **대기업**	《大企業》	大企業
□ **들어가다**		入る
□ **비밀**	《秘密》	秘密
□ **아무래도**		どうも、どうしても、やっぱり
□ **작은아버지**		叔父さん（父親の弟）
□ **임원**	《任員》	役員
□ **작은어머니**		叔母さん（叔父の妻）

けいれんが出る

쥐가 나다

頭がおかしくなる、足がつる

A：俺、やっぱり数学、諦めないとかも〔抛（放）棄しなければならなそうだよ〕。数学の問題を解こうと〈だけ〉すると、**頭がおかしくなりそうなんだもん**〔**頭にけいれんが出るんだから**〕。

B：あんたもそうなの？ 実は〔事実〕、私は数字を見ただけでも、**頭がおかしくなりそう**〔数字だけ見たら、(頭に) **けいれんが出るみたい**〕。

A：俺が数学放棄組に〔数抛（放）者が〕なるとは。

B：他の科目を〔でも〕頑張って勉強しておこうよ。

A 나 아무래도 수학 포기해야 할 것 같아.
수학 문제를 풀려고만 하면 **머리에 쥐가 난다니까**.

B 너도 그러니? 사실 난 숫자만 보면 **쥐가 나는 것 같아**.

A 내가 수포자가 될 줄이야.

B 다른 과목이라도 열심히 공부해 놓자.

□ **아무래도**		やっぱり、どうも、どうしても
□ **수학**	《數學》	数学
□ **포기하다**	《拋棄−》	諦める、放棄する
□ **문제를 풀다**	《問題−》	問題を解く
□ **II -려고만 하면**		〜ようとさえすると
□ **숫자**	《數（ㅅ）字》	数字
□ **수포자**	《數拋者》	数学放棄組
□ **II -ㄹ 줄이야**		〜とは、〜なんて【意外、驚き】

TRACK 259

ス

PHRASE 259

ネズミも鳥も知らないように

쥐도 새도 모르게

誰も知らないうちに、こっそりと

A：朝から町中が騒がしいなぁ。何か〈ことでも〉あったの？

B：うーん、インスさんが村の人達に金を借りておいて、返しもせずに**誰も知らないうちに**逃げちゃった〔逃亡行っちゃた〕んだって。

A：あら！ インスさん、よい人だと思ってたんだけど…。まさか〔世上（世の中）に〕…。

B：そうなんだよ〔だからさぁ〕。人って〔は〕〈経験してみなければ〉わからないもんだよね〔ものなんだから〕。

A 아침부터 동네가 시끄럽네? 무슨 일이라도 있나?

B 글쎄, 인수 씨가 마을 사람들한테 돈을 빌리고서는 갚지도 않고 **쥐도 새도 모르게** 도망가 버렸대.

A 어머나! 인수 씨 좋은 사람인 줄 알았는데…. 세상에….

B 그러니까 말이야. 사람은 겪어 보지 않으면 모르는 거라니까.

□ **시끄럽다**		騒がしい、やかましい **ㅂ変**
□ **빌리다**		借りる
□ **Ⅰ -고서는**		～ておいて
□ **갚다**		返す
□ **Ⅰ -지도 않고**		～しもせず
□ **도망가다**	《逃亡−》	逃げる〔逃亡行く〕
□ **겪다**		経験する
□ **指定詞語幹＋-라니까**		～なんだから

TRACK 260

ㅈ

PHRASE 260

ネズミの子１匹寄り付かない

쥐 새끼 한 마리 얼씬하지 않다

まったく人影がない

A：このあたり〔近所〕は、もともと〔元来/原来〕こんなに静かなの？
B：先月〈に〉、ちょっとした事件が〔事件がちょっと〕あったんだよ。
そのあと〔以後に〕、**まったく人影がないんだ〈から〉**。
A：そうなんだ。私達も早く他の場所〔ところ〕に移動しようよ。

A 이 동네는 원래 이렇게 조용해?

B 지난달에 사건이 좀 있었거든.
그 이후로 **쥐 새끼 한 마리 얼씬하지 않는다니까**.

A 그렇구나.
우리도 빨리 다른 곳으로 이동하자.

□ **동네**	《洞ー》	近所、町
□ **원래**	《元來/原來》	もともと
□ **조용하다**		静かだ
□ **사건** [사껀]	《事件》	事件
□ **이후**	《以後》	あと
□ **이동하다**	《移動ー》	移動する

TRACK 261

ス

PHRASE 261

脂汗を流す

진땀을 흘리다

冷や汗をかく

A：ヘミさん、面接はどうでしたか？
B：〈私がそこまで〉準備していなかった〔できていなかった〕質問をされて〔が出てきて〕、**冷や汗をかきましたよ**。
A：慌てたでしょうね。それでもよい結果が出〈てく〉ることを願っていますよ！

A 혜미 씨, 면접은 어땠어요?

B 제가 미처 준비하지 못했던 질문이 나와서 **진땀을 흘렸어요**.

A 당황했겠어요. 그래도 좋은 결과가 나오길 바랄게요!

□ **면접**	《面接》	面接
□ **미처**		そこまで、まだ
□ **질문**	《質問》	質問
□ **당황하다**	《唐慌/唐惶ー》	慌てる、面食らう
□ **Ⅲ -ㅆ겠어요**		〜た（こと）でしょう【過去推測】
□ **결과가 나오다**	《結果ー》	結果が出る〔出てくる〕
□ **Ⅰ -길 (<기를) 바라다**		〜ことを願う、祈る【願望】

※진땀을 빼다〔脂汗を抜く〕とも。

TRACK 262

ス

PHRASE 262

（樹皮から出る）脂がなくなる

진이 빠지다

精魂尽き果てる、やる気がなくなる

A：最近、ずっと〔継続〕夜勤し（てい）たんだって？

B：一週間〈の間〉、ずっと〔継続〕夜勤して、今日は朝から会議まであったよ。

A：本当に**精魂尽き果てた（ような）顔**だね。大変だったでしょう〔だろう〕。

B：うん、やっぱりこの会社、長く勤められない〈だろう〉と思う。

A　요즘 계속 야근했다며?

B　일주일 동안 계속 야근하고, 오늘은 아침부터 회의까지 있었어.

A　정말 **진 빠진 얼굴**이다. 힘들었겠다.

B　응, 아무래도 이 회사 오래 못 다닐 것 같아.

□ **계속 + 動詞** [게속 −]	《繼續 −》	〜し続ける、ずっと〜する【継続】
□ **야근하다**	《夜勤 −》	夜勤する
□ **下称終止形 (-다/ㄴ다/는다) + -며?**		〜んだって？
□ **〜 동안** [− 똥안]		〜の間
□ **Ⅲ -ㅆ겠다**		〜ただろう【過去推測】
□ **아무래도**		やっぱり、どうしても、どうも
□ **오래**		（時間的に）長く

※진이 떨어지다〔（樹皮から出る）脂がなくなる〕とも。

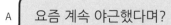

TRACK 263

ㅊ

PHRASE 263

冷たい水を浴びせる

찬물을 끼얹다

台無しにする、冷水を浴びせる

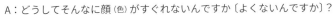

A：どうしてそんなに顔（色）がすぐれないんですか〔よくないんですか〕？

B：取引がもう少しで成立するという〔去来の成事がほとんど終っていく〕時（に）、彼が現れて**台無しにしたんです**。

A：かなり長い間、準備した取引〔去来〕だと言っていませんでしたか？

B：はい、とてもつらくて数日〈の〉間、寝ることもできませんでした〔眠りも眠れませんでした〕。

A　왜 그렇게 얼굴이 안 좋아요?

B　거래 성사가 거의 끝나 갈 때 그가 나타나서 **찬물을 끼얹었어요**.

A　꽤 오랫동안 준비한 거래라고 하지 않았어요?

B　네, 너무 속상해서 며칠 동안 잠도 못 잤어요.

□ **얼굴이 안 좋다**		顔（色）がよくない
□ **성사**	《成事》	成立、達成、成し遂げること
□ **나타나다**		現れる
□ **꽤**		かなり
□ **오랫동안**		長い間
□ **속상하다**	《－傷－》	つらい、心が傷つく、悔しい
□ **며칠 동안** ［며칠똥안］		数日間〔数日の間〕
□ **잠 (을) 자다**		寝る〔眠り（を）眠る〕

TRACK 264

PHRASE 264

ㅊ

冷たい風が吹く

찬 바람이 불다

ピリピリした雰囲気が漂う

A：お姉さん、家の雰囲気、どうしてこんなに**ピリピリしているの**〔家の中でどうしてこんなに**冷たい風がぴゅうぴゅう吹いているの**〕？

B：さっき〔少し前に〕ママとパパが〔と〕喧嘩した〔された〕のよ。

A：えっ。〈私達〉(外に) 出て〈いって〉いようか？

B：そうだね。それがよさそうだね。

A 언니, 집안에서 왜 이렇게 **찬 바람이 쌩쌩 불어**?

B 조금 전에 엄마랑 아빠랑 싸우셨어.

A 헉. 우리 나가 있을까?

B 그래. 그게 좋겠다.

□ **쌩쌩**	ぴゅうぴゅう【風が強く吹く様子】
□ **엄마**	ママ、お母さん
□ **아빠**	パパ、お父さん
□ **싸우다**	喧嘩する、争う
□ **헉**	えっ、うわぁ【驚き（若者ことば的）】
□ **나가다**	出る〔出て行く〕

TRACK 265

ㅊ

PHRASE 265

被告を負う

척지다

関係が悪い、互いに恨みを抱く

A：まだウヨンと仲がよくないの？

B：うん、3年前にウヨンとお金のこと〔問題〕で（トラブルになって）、結局〈に〉は**仲が悪くなったよ**。

A：あ、そうなんだね。残念だな。

A 아직 우영이랑 사이가 안 좋아?

B 응, 3년 전에 우영이랑 돈 문제로 결국엔 **척졌어**.

A 아, 그렇구나. 안타깝다.

□ **子音終わりの名前＋-이**		～ちゃん、～君【愛称】
□ **사이**		仲、間
□ **문제**	《問題》	問題
□ **결국엔 (<결국에는)**	《結局－》	結局〈に〉は
□ **안타깝다**		残念だ、気の毒だ ㅂ変

TRACK 266

ㅊ

PHRASE 266

最初の足を踏み出す

첫발을 내딛다

第一歩を踏み出す

A：いよいよ社会人として**第一歩を踏み出したんだな**〔**最初の足を踏み出すことになったんだな**〕！

B：ありがとうございます。今日が初めての出勤だったんですが、一日中〔一日終日〕ミス〔失手〕ばかりでした〔しました〕。

A：初め〈に〉は〈誰でも〉皆、そうでしょう。君ならうまくやれるはずだよ。

A 드디어 사회인으로 **첫발을 내딛게 되었구나**!

B 고마워요. 오늘이 첫 출근이었는데 하루 종일 실수만 했어요.

A 처음엔 누구나 다 그렇지. 너라면 잘할 거야!

□ **사회인**	《社會人》	社会人
□ **Ⅰ -게 되다**		～ことになる、～ようになる
□ **첫 …**		初めての…、初…
□ **출근**	《出勤》	出勤
□ **하루 종일**	《一終日》	一日中
□ **실수**	《失手》	ミス
□ **처음엔 (<처음에는)**		初め〈に〉は
□ **누구나**		誰でも

PHRASE 267

青写真を描く

청사진을 그리다

青写真を描く

A：市長〈様〉、今回の事業について〔対して〕どうお考えですか？

B：はい、今回の事業は、青少年達に**未来の青写真を描く〈ことができる〉機会〔契機〕**を提供する〔設ける〕ことができると考えます。

A：非常に意味（の）ある事業だと思いますので〔事業に見えるのですが〕、青年達が多く興味〔関心〕を持って参加〔参与〕し（てくれ）たら嬉しいです。

A　시장님, 이번 사업에 대해 어떻게 생각하십니까?

B　네, 이번 사업은 청소년들에게 **미래의 청사진을 그릴 수 있는 계기**를 마련해 줄 수 있다고 생각합니다.

A　매우 의미 있는 사업으로 보이는데요,
청소년들이 많이 관심을 갖고 참여했으면 좋겠습니다.

□ **청소년**	《青少年》	青少年
□ **미래**	《未來》	未来
□ **계기** [게기]	《契機》	機会、きっかけ
□ **마련하다**		設ける、用意する
□ **매우**		非常に、とても
□ **-(으)로 보이다**		～に見える
□ **관심**	《關心》	興味、関心
□ **참여**	《參與》	参加、参与

TRACK 268

ㅊ

PHRASE 268

体面が荒々しい

체면이 사납다

メンツが潰れる、顔が立たない、恥ずかしい　※사납다（荒々しい）は、ㅂ変。

A：あんたがこの服、ちょっと払い戻してくれたらダメかな？
B：私がこの服（を）安くしてほしいって、どんなに店員を説得したか（わかってるの）…。**恥ずかしくて**行けないよ〔どうやって**体面荒々しく**私が行くのよ〕？
A：そうかな？ 店で見た〔見る〕時は、可愛かったんだけど… 家で着てみたら、本当にあんまりな感じがして〔あまりにそれほどみたいで〕…。
B：私は恥ずかしくて行けないから、そう思って（おいて）よ。

A　네가 이 옷 좀 환불해 주면 안 될까?

B　내가 이 옷 싸게 해 달라고 얼마나 점원을 설득했는데….
어떻게 **체면 사납게** 내가 가니?

A　그런가? 가게에서 볼 때는 예뻤는데…
집에서 입어 보니 너무 별로인 것 같아서…

B　난 창피해서 못 가니까 그런 줄 알아.

□ **네가**		お前が、 あんたが
□ **환불하다**	《還拂ー》	払い戻す
□ **Ⅲ -φ달라고 설득하다**［ー설뜩ー］	《ー說得ー》	～てほしい/くれと説得する
□ **얼마나 Ⅲ -ㅆ는데**		どんなに～た（こと）か
□ **점원**	《店員》	店員
□ **어떻게 Ⅰ -니?**		どうやって～するんだ（いや、～できない）【反語】
□ **별로이다**	《別ー》	それほどだ、あまりよくない
□ **창피하다**		恥ずかしい

TRACK 269

PHRASE 269

ㅊ

体面が立つ

체면이 서다

面目が立つ、顔が立つ

A：気分がすぐれない〔よくない〕ように見えるね。何か〈ことでも〉あったの？

B：部長〈様〉に〔が〕新入社員の前ですごく叱り飛ばされて〔どんなに怒鳴られたことか〕…。

A：まぁ、新入社員の前で**面目が立たなかったろうね**。

B：そうなんだよ〔だから〕。明日から会社で顔を合わせるの気まずいよ〔顔見るの (が) 気まずいだろうと思う〕。

A 기분이 안 좋아 보이네. 무슨 일이라도 있었어?

B 부장님이 신입 사원 앞에서 얼마나 호통을 치시던지….

A 어머, 신입 사원 앞에서 **체면이 안 섰겠다**.

B 그러니까. 내일부터 회사에서 얼굴 보기 민망할 것 같아.

□ **기분**	《氣分》	気分
□ **Ⅲ -φ보이다**		～ように見える、～く見える
□ **신입 사원**	《新入 社員》	新入社員
□ **얼마나 Ⅰ -던지**		どんなに～(てい) た (こと) か
□ **호통을 치다**		怒鳴る、怒鳴りつける
□ **Ⅰ -기 민망하다**	《－憫惘－》	～するのが気まずい/きまりが悪い

TRACK 270

ㅊ

PHRASE 270

銃を担ぐ

총대를 메다

(皆がやりたがらないことを) 引き受ける、代表になる

※총대の発音は、[총때]。

A：社員〔職員達〕が社長〈様〉に伝えたいこと〔建議事項〕があるんだけど、誰も言えない〔話をできない〕みたい。

B：そう？ じゃあ、私が**引き受けようか**〔**銃ちょっと担いでみようか**〕？

A：そうしてくれたら、本当にありがたいよ。皆、言うに言えないでいるから〔躊躇している（ためらっている）事項なので〕…。

B：わかった！ それなら、私に任せて〔私だけ信じて〕！

A: 직원들이 사장님께 건의 사항이 있는데
누구도 말을 못 하는 것 같아.

B: 그래? 그럼 내가 **총대 좀 메 볼까**?

A: 그래 주면 정말 고맙지. 모두 주저하고 있는 사항이라서….

B: 알겠어! 그럼 나만 믿어!

□ **건의 사항** [거니ー]	《建議 事項》	伝えたいこと、建議事項
□ **주저하다**	《躊躇ー》	ためらう、躊躇する
□ **사항**	《事項》	事項
□ **指定詞語幹＋-라 (서)**		～から、～ので【理由】
□ **믿다**		信じる

TRACK 271

ㅊ

PHRASE 271

歯が震える

치가 떨리다

腹が立つ、うんざりだ

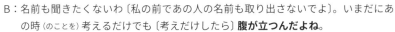

A：まだスギョンさんと仲がよくないの？

B：名前も聞きたくないわ〔私の前であの人の名前も取り出さないでよ〕。いまだにあの時（のことを）考えるだけでも〔考えだけしたら〕**腹が立つんだよね。**

A：たしかに、あの時、スギョンさんがひどいことはひどかったよ。けど、いつまで（も）会わない〔見ない〕わけにはいかないから、許してあげたら〔許すのはどう〕。

B：いつかは許さなければならないだろうけれど、まだ怒り〔火〕が収まらなくて〔ほどけなくて〕、しばらく〔当分（の）間〕はちょっと難しい〈だろう〉と思うわ。

A 아직 수경 씨랑 사이가 안 좋은 거야?

B 내 앞에서 그 사람 이름도 꺼내지 마.
아직도 그때 생각만 하면 **치가 떨리거든**.

A 하긴, 그때 수경 씨가 너무하긴 했어.
하지만 언제까지 안 볼 수는 없으니까 용서하는 건 어때?

B 언젠가는 용서해야겠지만,
아직 화가 풀리지 않아서 당분간은 좀 어려울 것 같아.

□ **꺼내다**		（話を）持ち出す〔取り出す〕
□ **Ⅰ-지 마**		～ないで【禁止】
□ **하긴**		たしかに、そういえば
□ **너무하다**		ひどい、あんまりだ
□ **용서하다**	《容恕－》	許す
□ **당분간**	《當分間》	しばらく、当面の間

TRACK 272

PHRASE 272

ㅊ

唾（を）塗っておく

침 발라 놓다

自分の物にする、唾をつける

A：兄さん！ これ、**僕のだからね〔僕が唾塗っておいたものだよ〕**。絶対（に）食べないでよ！

B：何を言っているんだ〔何の声だ〕？先に食べた〔食べる〕人のものに決まってる〔が持ち主〕だろう！

A：これ、僕が買ってきた〈ものな〉んだよ？ 食べたら、ただじゃおかない〈つもりだ〉からな！

B：食べ物のことで〔食べる物持って〕兄弟同士（で）そんなことまで言うのか〔こう言うことか〕。お前、本当にケチ臭いな！

A　형! 이거 **내가 침 발라 놓은 거야**. 절대 먹지 마!

B　무슨 소리야? 먼저 먹는 사람이 임자지!

A　이거 내가 사 온 거거든? 먹으면 가만두지 않을 테야!

B　먹는 거 가지고 형제끼리 이러기야? 너 정말 치사하다!

□ **절대 (로)** [절때−]	《絶對（−）》	絶対（に）
□ **I -지 마!**		～ないで！【禁止】
□ **무슨 소리야?**		何を言っているの〔何の声だ〕？
□ **임자**		持ち主
□ **가만두지 않다** [−안타]		ただではおかない、放っておかない
□ **II -ㄹ 테야**		～つもりだ【意思】、～はずだ【推測】
□ **이러기야?**		そんなことを言うのか〔こう言うことか〕
□ **치사하다**	《恥事−》	ケチ臭い

TRACK 273

PHRASE 273

ㅊ よだれをこぼす

침을 흘리다

食べたくてしょうがない、よだれを垂らす

A：お母さんが作った〔作っておかれた〕ご馳走を見て、**食べたくてしょうがなかったよ**〔**どんなによだれをこぼしたかわからないよ**〕。
B：あ、お前ダイエット中って言っていたけど、まさか食べなかったの？
A：うん、お母さんには悪い〔申し訳ない〕けど、しょうがないよ〔仕方がなかったよ〕。
B：**見ているだけだったなんて**〔**よだれをこぼすことだけしたなんて**〕、お前、本当に大したもんだよ。

A 엄마께서 차려 놓으신 진수성찬을 보고 **얼마나 침을 흘렸는지 몰라**.

B 아, 너 다이어트 중이라더니 설마 안 먹었어?

A 응, 엄마께는 죄송하지만 어쩔 수가 없었어.

B **침을 흘리기만 하다니**, 너 참 대단하다.

□ **차리다**		作る、準備する
□ **진수성찬**	《珍羞盛饌》	ご馳走、豪華な食事
□ **얼마나 Ⅲ -ㅆ는지**		どんなに〜た（こと）か
□ **〜 중이다**	《一中一》	〜ているところだ
□ **指定詞語幹＋-라 (고 하) 더니**		〜と言っていたけれど【引用文】
□ **죄송하다**	《罪悚一》	申し訳ない
□ **어쩔 수 (가) 없다**		仕方ない、どうしようもない
□ **Ⅰ -기만 하다**		〜てばかりいる、〜だけする

※침을 삼키다〔よだれを飲み込む〕とも。

TRACK 274

ㅊ

PHRASE 274

唾が乾くほど称賛する

침이 마르도록 칭찬하다

しきりに褒める

A：来月〈に〉、結婚するって言っていたけど、**やたら彼女のことを持ち上げているよね〔口に唾が渇くほど新婦の称賛ばかりするなぁ〕**！
B：持ち上げている〔称賛〕だなんて。事実を言っているだけですよ〔事実だけを言っているんですよ〕。きれいで、優しくて、理解力〔心〕もあって〔多くて〕…。
A：本当に困った人ね〔止められないんだから〕！
B：ははは、愛妻家（になるの）が私の夢（なん）です！

A 다음 달에 결혼한다더니
입에 침이 마르도록 신부 칭찬만 하는구나!

B 칭찬이라뇨. 사실만을 말하는 거예요.
예쁘고, 착하고, 이해심도 많고….

A 정말 못 말린다니까!

B 하하하, 애처가가 제 꿈입니다!

□ 결혼하다	《結婚ー》	結婚する
□ 下称終止形 (-다/ㄴ다/는다) + - (고 하) 더니		～って言っていたけれど、～と言うけれど【引用文】
□ 칭찬 (을) 하다	《稱讚ー》	褒める、称賛する
□ 指定詞語幹 + -라뇨 (<-라니요)		～だなんて
□ 착하다		心優しい、善良だ
□ 이해심이 많다	《理解心ー》	理解力がある〔理解心が多い〕
□ 말리다		やめさせる、止める
□ 애처가	《愛妻家》	愛妻家

TRACK 275

ㅋ

PHRASE 275

刀を抜いて持つ

칼을 빼 들다

メスを入れる、対策を講じる、改革する

A：キム記者、次のニュース（を）伝えてください。

B：はい、政府が脱税した企業に対して**メスを入れたそうです**。

A：今度〈に〉こそ、企業〈達〉の脱税に対する厳しい〔厳格な〕税務調査が進む〔進行される〕ということでしょうか？

B：そうです。対象に〔が〕なる企業の役員〔任員〕陣〈達〉は、現在、〈超〉緊張状態だといいます。

A 김 기자, 다음 뉴스 전해 주시죠.

B 네, 정부가 탈세한 기업에 대해 **칼을 빼 들었다고 합니다**.

A 이번에야말로 기업들의 탈세에 대한 엄격한 세무조사가 진행된다는 건가요?

B 그렇습니다. 대상이 되는 기업의 임원진들은 현재 초긴장 상태라고 합니다.

□ **정부**	《政府》	政府
□ **탈세하다**	《脱税－》	脱税する
□ **-에 대해**	《－對－》	～に対して、～について
□ **-이야말로/야말로**		～（のほう）こそ
□ **엄격하다** [엄껴카다]	《厳格－》	厳しい
□ **세무조사**	《税務調査》	税務調査
□ **진행되다**	《進行－》	進む〔進行される〕
□ **초긴장 상태**	《超緊張 状態》	超緊張状態

TRACK 276

PHRASE 276

ㅋ 鼻が突き刺される

코가 꿰이다

弱みにつけこまれる、足元を見られる

A：どうしてあの人の前では、何も言えなくなるの〔前にだけ立つと、身動きもできないの〕？

B：実〔事実〕は…、嘘(を)ついた〔言った〕のがバレたんだ〔かかったんだ〕。先生〈様〉に言いつけるって何度も言われて〔言うのを〕、止めているんだ。

A：**すっかり弱みにつけこまれているわけね〔鼻がしっかり突き刺されたのね〕**。

B：弱み〔弱点〕(を)握られるっていうことが、どんなにつらいことなのか、今ならわかる気がするよ〔わかりそうだよ〕。

A 왜 저 사람 앞에만 서면 꼼짝도 못 하는 거야?

B 사실은…, 거짓말한 게 걸렸어.
선생님께 이르겠다고 몇 번이나 말하는 걸 말리고 있어.

A **코가 단단히 꿰였구나**.

B 약점 잡힌다는 게 얼마나 괴로운 건지 이제 알 것 같아.

□ **꼼짝도 못 하다**		見動きもできない
□ **사실은**	《事實－》	実は
□ **걸리다**		バレる〔かかる〕
□ **이르다**		言いつける、告げ口する 르変
□ **말리다**		止める、やめさせる
□ **단단히**		しっかり、強く、固く
□ **약점 (을) 잡하다**	《弱點－》	弱みを握られる
□ **괴롭다**		つらい ㅂ変

TRACK 277

PHRASE 277

ㅋ

鼻がぺしゃんこになる

코가 납작해지다

メンツ丸潰れになる、面目を失う

A：隣のクラス〔班〕と(の)野球の試合で負けて〔負けたのが〕、とても腹が立つ〔火（怒り）が出る〕。

B：本当に〔合っているよ〕！ ところで、私は試合で負けたことより、挑発してくる〔イライラさせる〕隣のクラス〔班〕の子達のせいで余計に腹が立ったよ〔もっと火（怒り）が出たよ〕！

A：〈僕達〉次の試合の時は、絶対に隣のクラス〔班〕の子達の**メンツを潰してやろう〔鼻がぺしゃんこになるようにしよう〕**！ いいね〔わかるよね〕？

A 옆 반하고 야구 시합에서 진 게 너무 화가 나.

B 맞아! 근데 난 시합에서 진 것보다
약 올리는 옆 반 아이들 때문에 더 화가 났어!

A 우리 다음 시합 때는 꼭 옆 반 아이들 **코가 납작해지게 하자**!
알겠지 ?

□ **반**	《班》	クラス
□ **야구**	《野球》	野球
□ **시합**	《試合》	試合
□ **지다**		負ける
□ **화가 나다**	《火ー》	腹が立つ、怒る〔怒りが出る〕
□ **약 (을) 올리다**		イライラさせる、気分を害させる
□ **～ 때문에**		～のせいで、～のために
□ **꼭**		絶対に、必ず、きっと

TRACK 278

PHRASE 278

ㅋ 鼻が高い

코가 높다

天狗だ、鼻高々だ

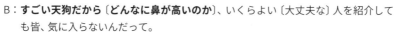

A：お前〈達〉のお姉さんは、彼氏いないの？

B：**すごい天狗だから〔どんなに鼻が高いのか〕**、いくらよい〔大丈夫な〕人を紹介しても皆、気に入らないんだって。

A：あ、そうなの？ うちの〔僕達の〕兄さん、紹介しようと思ったのに…。

B：間違いなく〔(結果を)見るまでもなく〕また気に入らないって言うと思うよ。もう〔そのまま〕放っておこうよ。

A 너희 누나는 남자 친구 없어?

B **얼마나 코가 높은지** 아무리 괜찮은 사람을 소개해도 다 마음에 안 든대.

A 아, 그래? 우리 형 소개하려고 했었는데….

B 보나 마나 또 마음에 안 든다고 할 거야. 그냥 내버려 두자.

□ **너희** [너이]		お前達（の）、あんた達（の）
□ **얼마나 現在連体形＋지**		どんなに～のか
□ **아무리 Ⅲ-도**		いくら～ても【譲歩】
□ **소개하다**	《紹介－》	紹介する
□ **마음에 들다**		気に入る
□ **보나 마나**		間違いなく〔(結果を) 見るまでもなく〕
□ **내버려 두다**		放っておく

TRACK 279

PHRASE **279**

ㅋ

鼻が地面につく

코가 땅에 닿다

(敬意を表して) 丁重に頭を下げる

A：あの人〔あそこ〕ちょっと見て。外国人なのに、韓服(伝統衣装)を着てきたね。

B：昔〈に〉テレビ〈ジョン〉に出ていた〔出てきた〕外国人だね！

A：そうなの？ しかも、**丁重に頭を下げて**〔**鼻が地面につくように**〕お辞儀をしているみたい。

B：あ、たぶん亡くなったご両親〔父母様〕が韓国と関係があった〔おありだった〕方みたいね。

A　저기 좀 봐. 외국 사람인데 한복을 입고 왔네.

B　예전에 텔레비전에 나온 외국인이네!

A　그래? 게다가 **코가 땅에 닿게** 절을 하는 것 같아.

B　아, 아마 돌아가신 부모님이 한국과 관계가 있으셨던 분인가 보다.

□ **한복**	《韓服》	韓服、チマチョゴリ(伝統衣装)
□ **게다가**		しかも、さらに
□ **절을 하다**		お辞儀をする
□ **아마**		たぶん、おそらく
□ **돌아가시다**		亡くなる
□ **관계** [관게]	《關係》	関係
□ **現在連体形＋가 보다**		〜みたいだ、〜ようだ【推測】

TRACK 280

PHRASE 280

ㅋ

鼻が落ちる

코가 빠지다

落胆する、落ち込む

A：今回の洪水で、隣町が被害をたくさん受けた〔着た〕らしいですね？
B：はい、村の人達（は）皆、**落胆して**何〈の仕事〉もでき（てい）ないみたいです。
A：どうしましょう〔どうしたらよいですか〕。皆〈達〉、茫然自失となっている〔な様子〕でしょうね。
B：一日（も）早く復旧する〔がされる〕ことを願うばかりですね。

A 이번 홍수로 옆 동네가 피해를 많이 입었다면서요?

B 네, 마을 사람들 모두 **코가 빠져서** 아무 일도 못 하는 것 같아요.

A 어쩜 좋아요. 다들 망연자실한 모습이겠어요.

B 하루빨리 복구가 되길 바랄 뿐이에요.

□ **홍수**	《洪水》	洪水
□ **동네**	《洞－》	町、近所
□ **피해를 입다**	《被害－》	被害を受ける〔着る〕
□ **마을**		村
□ **어쩜 (<어쩌면)**		どうしたら、どうして
□ **망연자실하다**	《茫然自失－》	茫然自失だ
□ **모습**		様子、姿
□ **복구가 되다**	《復舊－》	復旧する〔がされる〕

TRACK 281

ㅋ

PHRASE 281

鼻が曲がる

코가 삐뚤어지다

思いっきり飲む、(酒を飲んで) ぐでんぐでんになる

A：今日、うちの娘がついに大学に合格しました！

B：部長〈様〉、念願が叶いましたねぇ〔所願成就なさいましたねぇ〕。本当に〔とても〕おめでとうございます。

A：今日は私がおごる〔買う〕から、**思いっきり飲もう**〔**鼻が曲がるように飲んでみようって**〕！

B：いいですね。部長〈様〉のおごりです〔が買われるのです〕から、思う存分、飲まなければなりませんね。

A 오늘 우리 딸이 드디어 대학에 합격했어요!

B 부장님, 소원성취하셨네요. 너무 축하드려요.

A 오늘은 내가 살 테니 **코가 삐뚤어지게 마셔 보자고**!

B 좋지요. 부장님께서 사시는 거니까 실컷 마셔야겠어요.

□ **드디어**		ついに
□ **합격하다**	《合格ー》	合格する
□ **부장님**	《部長ー》	部長〈様〉
□ **소원성취하다**	《所願成就ー》	念願が叶う
□ **사다**		おごる〔買う〕
□ **Ⅱ -ㄹ 테니 (까)**		～（つもりだ）から【意思】
□ **Ⅰ -자고**		～しようよ、～しようって【勧誘】
□ **실컷**		思いっきり、思う存分
□ **Ⅲ -야겠다**		～なければ（ならない）、～ないと（いけない）

TRACK 282

PHRASE 282

ㅋ

鼻先がじんとする

코끝이 찡하다

目頭が熱くなる

A：昨日、離散家族（が）再会〔相逢〕する番組〔プログラム〕、見た？
B：うん、50年ぶりに会った〔会う〕兄弟が抱擁する姿を見て、**目頭が熱くなったよ。**
A：うん〔合っているよ〕。私も昨日、たくさん泣いちゃったよ〔どんなに涙が出たかわからないよ〕。

A 어제 이산가족 상봉하는 프로그램 봤어?

B 응, 50년 만에 만나는 형제가 포옹하는 모습을 보고 **코끝이 찡했어**.

A 맞아. 나도 어제 얼마나 눈물이 났는지 몰라.

□ **이산가족**	《離散家族》	離散家族
※朝鮮戦争（1950～53年）による混乱で南北に生き別れた家族。		
□ **상봉하다**	《相逢－》	再会する
□ **프로그램**	《program》	番組
□ **～ 만에**		～ぶりに
□ **형제**	《兄弟》	兄弟
□ **포옹하다**	《抱擁－》	抱擁する
□ **얼마나 Ⅲ -ㅆ는지 모르다**		どんなに～たかわからない 르変
□ **눈물이 나다**		泣く、涙が出る

TRACK 283

ㅋ

PHRASE 283

鼻をすする

코를 훌쩍거리다

すすり泣く

A：私の彼氏は強い人〔タフガイ〕だと思っ(てい)たのに…。映画見ながら〔見ていて〕、**すすり泣くのよ**。

B：あら、どうして。悲しい映画だったの？

A：うん、私も主人公が泣く姿を見(てい)たら、涙が止まらなかったよ〔溢れたんだよ〕…。

B：悪いけど、筋肉質の〔である〕あんたの彼氏が**すすり泣く姿〔こと〕を**考えたら、笑いが出るわ。はは。

A: 내 남자 친구는 터프가이라고 생각했었는데….
영화 보다가 **코를 훌쩍거리는 거야**.

B: 어머, 왜? 슬픈 영화였어?

A: 응, 나도 주인공이 우는 모습을 보니까 눈물이 쏟아지더라고….

B: 미안한데 근육질인 네 남자 친구가 **코를 훌쩍거리는 걸** 생각하니 웃음이 난다. 하하.

□ **터프가이**	《tough guy》	強い男性（タフガイ）
□ **Ⅰ -다가**		～ていて、～（する）途中で
□ **어머**		あら、まぁ【女性語】
□ **주인공**	《主人公》	主人公
□ **Ⅱ -니까**		～たら【契機】
□ **눈물이 쏟아지다**		涙が止まらない〔溢れる〕
□ **Ⅰ -더라고**		～（てい）たんだよ【目撃】
□ **근육질**	《筋肉質》	筋肉質

TRACK 284

PHRASE 284

ㅋ

鼻を流す

코를 흘리다

鼻を垂らす、子供だ

A：**鼻を垂らしていたのが昨日のこと〔鼻（を）流していた時が数日前〕のようなのに、**もうあんたが子供〔赤ちゃん〕を産むとはね…。

B：お母さん、私ももう母親ですよ〔ですってば〕。

A：あんたがいくら大きくなっても私の目には、ただ子供にしか見えないのよ〔鼻たれに見えるのよ〕。

B：もう一児の母なんですから、心配しないでくださいよ〔一家庭の立派なママが（に）なったので、心配は収めてください〕。

A **코 흘리던 때가 엊그제 같은데** 벌써 네가 아기를 낳다니….

B 엄마, 저도 이제 엄마라고요.

A 네가 아무리 커도 내 눈엔 그저 코흘리개 철부지로 보인단다.

B 이제 한 가정의 어엿한 엄마가 되었으니 걱정은 거두어 주세요.

□ **엊그제 같다**		昨日のことのようだ〔数日前のようだ〕
□ **아기를 낳다**		子供〔赤ちゃん〕を産む
□ **指定詞語幹＋-라고요**		～ですって（ば）【引用文】
□ **크다**		大きくなる、成長する
□ **그저**		ただ、ひたすら
□ **코흘리개 철부지**	《－不知》	子供、鼻たれ
□ **어엿하다**		立派な、堂々とした
□ **걱정을 거두다**		心配しない〔を収める〕

TRACK 285

ㅋ

PHRASE 285

鼻も見られない

코빼기도 못 보다

全然会えない

A：あんた〈達〉のお兄さんは、一体〔都大体〕、何をして〈(あちこち)回って〉いるの？
B：たぶん、最近(は)恋愛するのに忙しいみたいですよ。
A：それでこの頃、**全然会えないんだねぇ**。
B：朝早く出て行って、夜遅く帰って来るんですよ。

A 너희 형은 도대체 뭘 하고 다니는 거니?

B 아마 요즘 연애하느라 바쁜 것 같아요.

A 그래서 요즘 **코빼기도 못 보는 거구나**.

B 아침 일찍 나가서 밤늦게 돌아와요.

□ **너희** [너이]		あんた達(の)、お前達(の)
□ **도대체**	《都大體》	一体
□ **I -고 다니다**		～て回る
□ **아마**		たぶん、おそらく
□ **연애하다**	《戀愛－》	恋愛する
□ **I -느라 (고)** ※前後の主語は同一。後ろには否定的な内容が来る。		～するのに、～するために

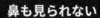

TRACK 286

ㅋ

PHRASE 286

鼻の前に近づく

코앞에 닥치다

目の前に迫る

A：大学の入学試験が**目の前に迫っ**(てき)**たよ**。あんたは準備できてるの〔たくさんしたの〕？

B：いや、もう本当にあと少しなんだね〔いくら残らなかったんだね〕。

A：今度〈に〉も落ちたら、三浪〔三修〕しなければならないけど、パパママに三浪はダメって言われたから〔父母様が三修はないっておっしゃるので〕…。

B：お前は準備たくさんしたから、絶対に〔分明(に)〕いい結果(が)出る〔ある〕と思うよ。残りの〔残った〕時間(で)、最後のまとめ(を)しっかり〔よく〕しよう！

A 대학 입학시험이 **코앞에 닥쳤어**. 넌 준비 많이 했니?

B 아니, 이제 정말 얼마 안 남았구나.

A 이번에도 떨어지면 삼수해야 하는데
부모님이 삼수는 없다고 하셔서….

B 넌 준비 많이 했으니까 분명 좋은 결과 있을 거야.
남은 시간 마무리 잘하자!

□ **입학시험**	《入學試驗》	入学試験
□ **준비하다**	《準備ー》	準備する、用意する
□ **얼마 안 남았다**		残り少ない、いくらも残っていない〔いくら残らなかった〕
□ **삼수하다**	《三修ー》	三浪する
□ **분명 (히)**	《分明 (ー)》	明らかに
□ **좋은 결과 (가) 있다**	《ー結果ー》	よい結果が出る〔ある〕
□ **마무리 (를) 하다**		まとめ（を）する、仕上げ（を）する

TRACK 287

ㅋ

PHRASE 287

鼻柱が高い

콧대가 높다

プライドが高い、鼻が高い

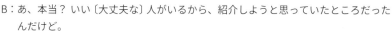

A：うちのお姉ちゃんは、独身〔非婚〕主義者なんだって。

B：あ、本当？ いい〔大丈夫な〕人がいるから、紹介しようと思っていたところだったんだけど。

A：お姉ちゃんは〔が〕**プライドが高すぎて**〔**とても鼻柱が高くて**〕、そこら辺の男性〔大体の男子達〕は皆、気に入らない〔気に入ったと思わない〕から、どうかわからないな。けど、もしかしたらってこともあるから〔それでも、もしかしてわからないから〕、紹介だけでもしてみようか？

A　우리 언니는 비혼주의자래.

B　아, 정말? 괜찮은 사람이 있어서 소개하려던 참이었는데.

A　언니가 **아주 콧대가 높아서** 웬만한 남자들은
다 마음에 들어 하지 않아서 어떨지 모르겠다.
그래도 혹시 모르니까 소개만이라도 해 볼까?

□ **비혼주의자** [ㅡ주이자]	《非婚主義者》	独身主義者
□ **괜찮다**		よい、大丈夫だ
□ **II -려던 참이다**		～ようとしていたところだ
□ **웬만한**		大体の～、並大抵の～、ちょっとやそっとの～
□ **남자**	《男子》	男性、男子
□ **마음에 들다**		気に入る
□ **혹시 모르니까**		もしかしたらってこともあるから〔もしかしてわからないから〕
□ **-만이라도**		～だけでも

TRACK 288

ㅋ

PHRASE **288**

鼻のおならをする

콧방귀를 뀌다

鼻であしらう、鼻で笑う

A：部長〈様〉は、僕が話すと**鼻であしらいもしない**〔**鼻のおならもしない**〕**のに**、ジョンスさんが話すと、すごく褒めるんだよ〔どんなに称賛をするのかわからないよ〕。

B：あんた（んとこ）〔あんた達〕の部長〈様〉がジョンスさんをひいき〔偏愛〕しているって話、聞いたよ。

A：本当に頭にくる〔熱受ける〕。会議の時間に二度と〔再びは〕発言したくないもん〔したくないんだから〕。

A　부장님은 내가 말하면 **콧방귀도 안 뀌더니**
정수 씨가 말하면 얼마나 칭찬을 하는지 몰라.

B　너희 부장님이 정수 씨를 편애한다는 얘기 들었어.

A　정말 열 받아. 회의 시간에 다시는 발언하고 싶지 않다니까.

□ **I -더니**		～のに、～と思ったら
□ **얼마나 現在連体形＋지 모르다**		どんなに～かわからない 르変
□ **칭찬을 하다**	《稱讚－》	褒める、称賛をする
□ **너희** [너이]		あんた達（の）、お前達（の）
□ **편애하다**	《偏愛－》	ひいきする
□ **열 (을) 받다**	《熱－》	頭にくる、腹立つ、イライラする〔熱（を）受ける〕
□ **발언하다**	《發言－》	発言する

TRACK 289

PHRASE 289

ㅋ

豆ご飯を食べる

콩밥을 먹다

刑務所暮らしをする

A：あの芸能〔演芸〕人は、飲酒運転、ギャンブル〔賭博〕、常習（的な）暴行まで本当にひどいなぁ。

B：あんな人達は、本当に**刑務所暮らしをしなければ**、正気にならないよね〔**豆ご飯を食べてこそ**、精神（を）整えるよね〕。

A：今までの刑罰〔処罰〕があまりに弱かったんじゃないの？

A 저 연예인은 음주운전, 도박, 상습 폭행까지 정말 너무하다.

B 저런 사람들은 정말 **콩밥을 먹어야** 정신 차리지.

A 지금까지 처벌이 너무 약했던 거 아니야?

□ **연예인** [여네인]	《演藝人》	芸能人
□ **음주운전**	《飲酒運轉》	飲酒運転
□ **상습**	《常習》	常習
□ **폭행**	《暴行》	暴行
□ **너무하다**		ひどい、あんまりだ
□ **정신 (을) 차리다**	《精神ー》	正気になる〔精神（を）整える〕
□ **처벌**	《處罰》	刑罰、処罰
□ **약하다**	《弱ー》	弱い

TRACK 290

PHRASE 290

ㅋ 大きい鼻（を）ケガする

큰코다치다

痛い目にあう

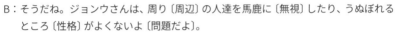

A：皆〈達〉、またジョンウさんの話ばかりしているよ。

B：そうだね。ジョンウさんは、周り〔周辺〕の人達を馬鹿に〔無視〕したり、うぬぼれるところ〔性格〕がよくないよ〔問題だよ〕。

A：あんなにおごり高ぶっていたら〔あんな自慢心（慢心）によって〕、いつか**痛い目にあうだろうね**、間違いなく〔分明に〕。

A　다들 또 정우 씨 얘기만 하고 있어.

B　그러게.
정우 씨는 주변 사람들을 무시하거나 우쭐대는 성격이 문제야.

A　저런 자만심으로 인해 언젠가 **큰코다칠 거야**, 분명히.

□ **무시하다**	《無視ー》	馬鹿にする、無視する
□ **Ⅰ-거나**		～たり
□ **우쭐대다**		うぬぼれる、調子に乗る
□ **성격** [성껵]	《性格》	性格
□ **자만심**	《自慢心》	慢心
□ **-(으)로 인해**	《ー因ー》	～によって
□ **언젠가**		いつか
□ **분명히**	《分明ー》	間違いなく、はっきりと

TRACK 291

E

PHRASE 291

毛の先も触れられなくする

털끝도 못 건드리게 하다

指の手一本、触れさせない

A：父さんが大切にしている〔いらっしゃる〕陶磁器を割っちゃったんだ。俺、どうしよう？

B：リビングの〔居室にある〕陶磁器？ あれ、あんた〈達〉のお父さんが**指の手一本、触れさせない**（ぐらい大切にしていた）〔**毛の先も触れられなくする**〕**もの**じゃなかった？

A：そう、あれだよ〔あれ、合っているよ〕。父さん（が）帰ってきたら〔退勤されたら〕、〈俺は〉本当に大変なことになるよ〔大きなこと出たよ〕。

A　아버지가 아끼시는 도자기를 깨 버렸어. 나 어쩌지?

B　거실에 있는 도자기? 그거 너희 아버지께서 **털끝도 못 건드리게 하는 거** 아니었어?

A　그거 맞아. 아버지 퇴근하시면 난 정말 큰일 났어.

□ **아끼다**		大切にする、大事にする
□ **도자기**	《陶瓷器》	陶磁器
□ **깨다**		割る
□ **어쩌지?**		どうしよう？
□ **거실**	《居室》	リビング、居間
□ **너희** [너이]		あんた達（の）、お前達（の）
□ **퇴근하다**	《退勤－》	帰る、退勤する
□ **큰일 (이) 나다**		大変なことになる〔大きなこと（が）出る〕

TRACK 292

PHRASE 292

E 読み仮名を振る

토를 달다

口答えをする、理由をつける

A：パパ、ママ今日どうしたの〔どうしてそうなさるんですか〕？私が話しかけても〔何の話をしても〕返事もしないし〔対答もなさらないし〕。

B：パパが思うに〔見るには〕、お前がママの〈お〉言葉にいつも〔恒常〕**口答えをするから**、怒っている〔火（怒り）が出られた〕みたいだ（った）けど？

A：そうじゃなくて〈ですね〉…、ママはいつも〔恒常〕私の言葉を最後まで聞いてもくれないし〔お聞きにもならないしですね〕…。

B：パパの言葉にも**口答えするんじゃないよな**？ママのところに行って、早く謝ってきなさい〔すぐに気分ちょっとほどいて差し上げてみなさい〕。

A 아빠, 엄마 오늘 왜 그러세요?
제가 무슨 말을 해도 대답도 안 하시고.

B 아빠가 보기에는 네가 엄마 말씀에 항상 **토를 달아서**
화가 나신 것 같던데?

A 그게 아니고요…, 엄마는 항상 제 말을 끝까지 듣지도 않으시고요….

B 아빠 말에도 **토를 다는 건 아니지**?
엄마한테 가서 얼른 기분 좀 풀어 드리렴.

□ **대답하다**	《對答－》	答える
□ **-이/가 보기에는**		～が思うに〔見るには〕
□ **항상**	《恒常》	いつも
□ **얼른**		すぐに
□ **기분 (을) 풀다**	《氣分－》	機嫌を直す〔気分（を）ほどく〕

TRACK 293

E

PHRASE 293

裂け目をつかむ

트집을 잡다

揚げ足をとる、ケチをつける

A：キム課長は、いつも新入社員〔職員達〕の**揚げ足ばかりとるんだから。**

B：そうなんだよ〔合っているよ〕！今年の新入社員〔職員達〕は、まじめで誠実なのにさぁ。

A：そうだね。本当に言いがかりをつけられる社員〔職員〕達がすごく可哀想なんだから。

B：いつになったら〔いつぐらい〕、キム課長のあの悪い〔ならなかった〕癖を治すことができるかな。

A 김 과장은 늘 신입 직원들의 **트집만 잡는다니까.**

B 맞아! 올해 신입 직원들은 부지런하고 성실한데 말이야.

A 그러게. 정말 생트집 잡히는 직원들이 너무 불쌍하다니까.

B 언제쯤 김 과장의 그 못된 버릇을 고칠 수 있으려나.

□ **신입 직원**	《新入 職員》	新入社員〔職員〕
□ **부지런하다**		まじめだ、まめだ
□ **성실하다**	《誠實－》	誠実だ
□ **～ 말이야**		～さぁ
□ **생트집 잡히다**	《生－》	（いわれのない）言いがかりをつけられる
□ **불쌍하다**		かわいそうだ、気の毒だ
□ **못된 버릇**		悪い〔ならなかった〕癖（行いや性格）
□ **II -려나**		～かな【ひとりごと的】

TRACK 294

PHRASE 294

ㅍ

ネギキムチに（が）なる

파김치가 되다

クタクタに疲れる

A：ママ！とても疲れているようですね〔ように見えますね〕。大丈夫ですか？

B：今日、キムジャン〔キムチの漬け込み〕を50株もやったじゃない。キムチを漬けていたら〔キムジャンしていて〕、〈私が〉**クタクタに疲れちゃった〔ネギキムチが（に）なったみたい〕**。

A：そんなに〈も〉たくさんしたんですか〔なさったんですか〕？ **(それは) くたくたになるわけですよ〔ネギキムチが（に）なるに値しますねぇ〕**。

B：話(が)出〈てき〉たついでに次〈に〉は、ネギキムチもちょっと漬けないとね〔漬けてみないといけないなぁ〕。

A　엄마! 너무 피곤해 보여요. 괜찮아요?

B　오늘 김장을 50포기나 했잖니.
김장하다가 내가 **파김치가 된 것 같아**.

A　그렇게나 많이 하셨어요? **파김치가 될 만하네요**.

B　말 나온 김에 다음엔 파김치도 좀 담가 봐야겠구나.

□ **Ⅲ -φ보이다**	～ように見える、～く見える
□ **김장하다**	（越冬用の）キムチ漬けをする
□ **～ 포기**	～株【草・野菜の単位】
□ **Ⅰ -다가**	～ていて、～（する）途中で
□ **그렇게나**	そんなにも
□ **Ⅱ -ㄹ 만하다**	～に値する、～て当然だ
□ **말 (이) 나온 김에**	話が出た〔出てきた〕ついでに
□ **담그다**	漬ける

TRACK 295

PHRASE 295

ㅍ

腕をまくり上げる

팔을 걷어붙이다

進んで～に取り掛かる

A：昨日、学校の前の道路で子供が車の下敷きになる〔車に敷かれる〕事故がありました。

B：子供は無事だったらしいですが、何があったんですか〔大丈夫だと言っていましたが、どのようになったことですか〕？

A：子供が車にひかれる〔敷かれる〕やいなや、周り〔周辺〕にいた人達が、皆で**進んで**〔**腕をまくり上げて**〕車を持ち上げて子供を救ったんです。

A　어제 학교 앞 도로에서 아이가 차에 깔리는 사고가 있었어요.

B　아이는 괜찮다고 하던데 어떻게 된 일이에요?

A　아이가 차에 깔리자 주변에 있던 사람들이 모두 **팔을 걷어붙이고** 차를 들어 올려서 아이를 구했어요.

□ **도로**	《道路》	道路
□ **차에 깔리다**	《車－》	車の下敷きになる〔車に敷かれる〕
□ **사고**	《事故》	事故
□ **Ⅰ-던데**		～（てい）ましたけれど【目撃】
□ **Ⅰ-자**		～するやいなや
□ **주변**	《周邊》	周り、周辺
□ **들어 올리다**		持ち上げる
□ **구하다**	《救－》	助ける、救う

TRACK 296

PHRASE **296**

ㅍ

腕を組む

팔짱을 끼다

(何もせずに) ただ眺める、傍観する

A：あそこちょっと見て！ 高校生〔高等学生〕達がタバコ吸っているんじゃないの？
B：でも、あの前にいるおじさんちょっと見て〈みて〉。**ただ眺めているだけだよ**〔**腕だけ組んで見物しているよ**〕。
A：あら、まぁ〔世上（世の中）に〕。私達が〔でも〕行って、やめさせようよ〔子供達を止めよう〕。
B：最近の子供達（は）怖いし、警察〈署〉に通報したほうがいいんじゃないかな〔申告でもしなければならないのではないかな〕？

A 저기 좀 봐! 고등학생들이 담배 피우고 있는 거 아니야?

B 근데 저 앞에 있는 아저씨 좀 봐 봐. **팔짱만 끼고 구경하고 있어**.

A 어머나, 세상에. 우리라도 가서 아이들을 말리자.

B 요즘 아이들 무서운데 경찰서에 신고라도 해야 하는 건 아닐까?

□ **고등학생**	《高等學生》	高校生
□ **담배 (를) 피우다**		タバコ（を）吸う
□ **아저씨**		おじさん
□ **구경하다**		見物する、見る
□ **세상에**	《世上ー》	まぁ、なんと、まさか〔世の中に〕【驚き】
□ **-이라도/라도**		～でも
□ **말리다**		止める、やめさせる
□ **신고하다**	《申告ー》	通報する

TRACK 297

ㅍ

PHRASE 297

迷惑（弊）をかける

폐를 끼치다

迷惑をかける

A：新学期、保護者〔学父母〕相談（会）においでいただき〔来てくださり〕、ありがとうございます。

B：先生〈様〉、うち〔私ども〕の子供が他の子〈達〉や先生〈様達〉に**迷惑をかけてはいないか**心配です。

A：お母さん〔お母様〕、サンフン君は、友達ともうまく付き合っているし、とってもよくできる子ですよ。

B：家では問題児なので、外に出たら〈出て行ったら〉、いつも心配です。暖かく見守っていただき〔かわいく見てくださって〕、ありがとうございます。

A 새 학기 학부모 상담에 와 주셔서 감사합니다.

B 선생님, 저희 아이가 다른 아이들이나 선생님들께 **폐를 끼치지는 않는지** 걱정입니다.

A 어머님, 상훈이는 친구들하고도 잘 어울리고 매우 잘하는 아이랍니다.

B 집에서는 말썽꾸러기라서 밖에 나가면 늘 걱정입니다. 예쁘게 봐주셔서 감사합니다.

□ **새 학기**	《-學期》	新〔新しい〕学期
□ **학부모**	《學父母》	（児童、生徒の）父母、保護者
□ **잘 어울리다**		うまく付き合う、仲良くする
□ **말썽꾸러기**		問題児、厄介者
□ **늘**		いつも、常に
□ **예쁘게 봐주다**		暖かく見守る〔可愛く見てくれる〕

TRACK 298

PHRASE 298

ㅍ

糊が死ぬ

풀이 죽다

落ち込む、意気消沈とする

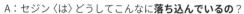

A：セジン〈は〉どうしてこんなに**落ち込んでいるの**？

B：この間〔今回〕の試験で失敗した〔を台無しにした〕んだって。本当に徹夜で〔夜を明かすように〕一生懸命、勉強したって言っていたのに….

A：そうなんだ。**落ち込んだ〔糊死んでいる〕姿**がとても可哀相だわ。

B：本当だよ。〈僕達〉セジンが気晴らしできるように〔セジン（の）気分もほどいてやるついでに〕、トッポギでも食べに行こうって誘おうか〔言おうか〕？

A 세진이는 왜 이렇게 **풀이 죽어 있어**?

B 이번 시험을 망쳤대. 정말 밤새도록 열심히 공부했다던데….

A 그렇구나. **풀 죽어 있는 모습**이 너무 가엽다.

B 그러게 말이야.
우리 세진이 기분도 풀어 줄 겸 떡볶이나 먹으러 가자고 할까?

□ **子音終わりの名前＋-이**		～ちゃん、～君【愛称】
□ **시험을 망치다**	《試験－》	試験で失敗する〔を台無しにする〕
□ **밤새도록**		徹夜で、夜通し〔夜を明かすように〕
□ **모습**		姿、様子
□ **가엽다**		可哀想だ ㅂ変
□ **기분을 풀다**	《氣分－》	気晴らしをする〔気分をほどく〕
□ **-이나/나**		～でも

TRACK 299

PHRASE 299

ㅍ

血が逆に上る

피가 거꾸로 솟다

頭に血が上る

A：一番〔第一〕仲のいい友達に裏切られて〔背信されたという気分に〕、**頭に血が上りそうです。**

B：あまり興奮しすぎないでください。こんな時こそ〔であるほど〕、落ち着いて考えてみてください。

A：どうして私にこんなことをするのか理解できませんよ〔どうやって私にこうすることができるのでしょうか〕。

A 제일 친한 친구에게 배신당했다는 기분에 **피가 거꾸로 솟는 것 같아요**.

B 너무 흥분하지 마세요. 이럴 때일수록 차분하게 생각해 보세요.

A 어떻게 제게 이럴 수 있을까요.

□ **친하다**	《親－》	仲がいい、親しい
□ **배신당하다**	《背信當－》	裏切られる
□ **기분**	《氣分》	気分
□ **흥분하다**	《興奮－》	興奮する
□ **I -지 마세요**		～ないでください【禁止】
□ **차분하다**		落ち着いている
□ **제게 (<저에게)**		私に
□ **이러다**		このようにする、このように言う

※피가 거꾸로 돌다〔血が逆に回る〕とも。

TRACK 300

ㅍ

PHRASE 300

血が沸く

피가 끓다

力がみなぎる、血が騒ぐ

A：俺は結局、夢を諦めて〔抛（放）棄して〕就職することにしたんだ。

B：私達はまだ**何でもできる**〔**血が沸く**〕**20代**なのに、どうしてもう諦めちゃうわけ〔抛（放）棄するの〕？諦めるの〔抛（放）棄することは〕はまだ早すぎるって。

A：お前はまだ**力が有り余っている**んだね〔**血（が）沸く青春**なんだね〕。俺は〈そうするには〉とても疲れたよ。

A　난 결국 꿈을 포기하고 취직하기로 했어.

B　우린 아직 **피 끓는 20대**인데 왜 벌써 포기하니?
포기하기는 아직 너무 이르다고.

A　넌 아직 **피 끓는 청춘**이구나. 난 그러기에는 너무 지쳤어.

□ **꿈**		夢
□ **포기하다**	《抛棄－》	諦める、放棄する
□ **취직하다**	《就職－》	就職する
□ **Ⅰ -기로 하다**		～ことにする【決定】
□ **이르다**		早い 르変
□ **그러다**		その（あの）ようにする、その（あの）ように言う
□ **Ⅰ -기에는**		～するには
□ **지치다**		疲れる、へとへとだ

TRACK 301

ㅍ

PHRASE 301

血に（が）なり、肉に（が）なる

피가 되고 살이 되다

血となり、肉となる

A：若い時は、何事もたくさん〔どんなことでも多くの〕経験をすることが大事だと思うんだ。

B：そうだよ〔合っているよ〕。考えてみたら、過去の経験がいつかすべて**血となり、肉となると思う**。

A：うちのパパがいつも私に言う言葉〔おっしゃるお言葉〕をあんたからも言われる〔聞くことになる〕とは思わなかったな。

B：俺〈があまりに〉説教臭い年寄りみたいだったかな？はははは。

A 젊을 때는 무슨 일이든지 많은 경험을 하는 것이 중요한 것 같아.

B 맞아. 생각해 보면 과거의 경험이 언젠가 다 **피가 되고 살이 되는 것 같아**.

A 우리 아빠가 늘 내게 하시는 말씀을 너에게도 듣게 될 줄 몰랐네.

B 내가 너무 꼰대 같았나? 하하하.

□ **젊다** [점따]		若い
□ **-든지**		～でも
□ **경험을 하다**	《經驗－》	経験をする
□ **과거**	《過去》	過去
□ **언젠가**		いつか
□ **내게 (<나에게)**		私に
□ **꼰대**		説教臭い年寄り【俗語】

TRACK 302

PHRASE **302**

ㅍ

血が熱い

피가 뜨겁다

血が騒ぐ ※뜨겁다（熱い）は、ㅂ変。

A：今まで、まだ誰も研究したことがない分野をサニさんが開拓したんだって。
B：本当にすごいな。サニさんは、大学の時も何かひとつにハマったら、狂ったように〔精神を整えられずに〕それだけに〔にだけ〕没頭し(てい)たじゃない。
A：そうだね〔合っているよ〕。いつも**血が騒ぐ〔青春の血が熱く流れる〕って**言いながらさぁ。
B：サニさんのあの情熱〔熱情〕(に)は、誰も勝てないって。

A 지금까지 아직 아무도 연구한 적이 없는 분야를 산이 씨가 개척했대.

B 정말 대단하다. 산이 씨는 대학 때도 뭐 하나에 빠지면
정신을 못 차리고 그거에만 몰두했잖아.

A 맞아. 늘 **청춘의 피가 뜨겁게 흐른다고** 하면서 말이야.

B 산이 씨의 그 열정은 누구도 이길 수 없다니까.

□ **연구하다**	《研究－》	研究する
□ **개척하다**	《開拓－》	開拓する
□ **빠지다**		ハマる
□ **정신을 못 차리다**	《精神－》	正気を取り戻せない〔精神を整えられない〕
□ **몰두하다** [몰뚜－]	《沒頭－》	没頭する
□ **청춘**	《青春》	青春
□ **흐르다**		流れる 르変
□ **열정** [열쩡]	《熱情》	情熱

TRACK 303

PHRASE 303

ㅍ

血も涙もない

피도 눈물도 없다

残酷だ、血も涙もない

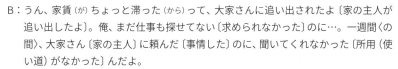

A：あんた、本当に家から追い出されたの？

B：うん、家賃(が)ちょっと滞った(から)って、大家さんに追い出されたよ〔家の主人が追い出したよ〕。俺、まだ仕事も探せてない〔求められなかった〕のに…。一週間〈の間〉、大家さん〔家の主人〕に頼んだ〔事情した〕のに、聞いてくれなかった〔所用(使い道)がなかった〕んだよ。

A：あんた〈達〉の大家さん〔家の主人〕、本当に**血も涙もないんだね**？

A　너 정말 집에서 쫓겨난 거야?

B　응, 집세 좀 밀렸다고 집주인이 쫓아냈어.
나 아직 일도 못 구했는데….
일주일 동안 집주인한테 사정했는데도 소용이 없더라고.

A　너희 집주인 정말 **피도 눈물도 없구나**?

□ **쫓겨나다**		追い出される
□ **집세**	《ー貰》	家賃
□ **밀리다**		滞る
□ **쫓아내다**		追い出す
□ **구하다**	《求ー》	探す、求める
□ **사정하다**	《事情ー》	頼む、訴える
□ **Ⅲ -ㅆ는데도**		～たのに(も関わらず)
□ **소용이 없다**	《所用ー》	無駄だ、意味がない〔使い道がない〕

TRACK 304

PHRASE 304

ㅍ

血と汗を流す

피땀을 흘리다

頑張る、一生懸命にする

A：今年も善い行いをした人〔善意を施した隣人〕がいるんですって？
B：はい、そうです。市場の〔で〕のり巻き商売で一生かけて〔1つの平生〕、**頑張って**貯めた〔集めた〕お金を奨学（金）財団に寄付された方がいらっしゃいます。
A：すごいですねぇ〔すごくていらっしゃいますねぇ〕。
B：本人が大変な生活をされてきた〔つらく生きられた〕ので、経済的に厳しい境遇〔難しい形便（暮らし向き）〕の学生達の〔に〕力に〔が〕なりたかった〔なりたくていらっしゃった〕そうです。

A 올해도 선의를 베푼 이웃이 있다고요?

B 네, 그렇습니다. 시장에서 김밥 장사로 한평생
피땀 흘려 모은 돈을 장학 재단에 기부하신 분이 계십니다.

A 대단하시군요.

B 본인이 힘들게 사셨기에 경제적으로 어려운 형편의 학생들에게
힘이 되고 싶으셨다고 합니다.

□ **선의를 베풀다** [서니－]	《善意－》	善い行いをする〔善意を施す〕
□ **이웃**		隣人、隣近所
□ **장사**		商売
□ **한평생**	《－平生》	一生涯
□ **장학 재단**	《奬學 財團》	奨学（金）財団
□ **기부하다**	《寄付－》	寄付する
□ **경제적으로 어렵다**	《經濟的－》	経済的に厳しい〔難しい〕 ㅂ変

TRACK 305

ㅍ

PHRASE 305

血で染まる

피로 물들이다

多くの死者が出る

A：おばあちゃんは、その日の記憶があるんですか〔おありですか〕？
B：もちろんよ。あの日の夜は、町中で〔全ての町が〕**多くの死者が出た夜**だったわ。
A：**多くの死者が出た夜**だなんて。
B：爆撃を受けて、町の人達がほとんど亡くなったっていうことだよ〔大部分、あの世上（世）に旅立ったという話なんだよ〕。

A　할머니께서는 그날의 기억이 있으세요?

B　물론이지. 그날 밤은 온 동네가 **피로 물들었던 밤**이었단다.

A　**피로 물들었던 밤**이라뇨?

B　폭격을 맞아서 동네 사람들이 대부분
저세상으로 떠났다는 얘기란다.

□ **물론**	《勿論》	もちろん
□ **온…**		全ての…、あらゆる…
□ **下称終止形 (-다/ㄴ다/는다)＋-ㄴ다** ※子供に言い聞かせる時に使用。		～んだよ【引用文】
□ **指定詞語幹＋-라뇨 (<-라니요)**		～だなんて
□ **폭격을 맞다**	《爆撃－》	爆撃を受ける
□ **대부분**	《大部分》	ほとんど
□ **저세상으로 떠나다**	《－世上－》	亡くなる、死ぬ〔あの世に旅立つ〕
□ **指定詞語幹＋-란다** ※子供に言い聞かせる時に使用。		～んだよ【引用文】

TRACK 306

PHRASE 306

ㅍ

血を乾かす

피를 말리다

苦しめる、苦しめられる ※피가 마르다〔血が乾く〕르変とも。

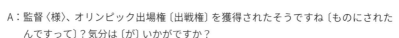

A：監督〈様〉、オリンピック出場権〔出戦権〕を獲得されたそうですね〔ものにされたんですって〕？気分は〔が〕いかがですか？

B：実は〔事実〕、重要な試合だっただけに、なかなか勝負がつかなくて〔出なくて〕とても**苦しい試合**〔**血を乾かす競技**〕でした。

A：そうだったんですか？カメラに映った監督〈様〉の顔からは、そんな様子がわかりませんでした〔そんな様子を探してみることができなかったんですが〕。

B：表向きは〔表では〕何ともないふり(を)し(てい)ましたが、実は〔事実〕、心の中(で)は、とてもヤキモキしていました〔真っ黒に燃えていっていました〕。

A 감독님, 올림픽 출전권을 따내셨다고요? 기분이 어떠신가요?

B 사실 중요한 시합이었던 만큼 좀처럼 승부가 나지 않아서
아주 **피를 말리는 경기**였습니다.

A 그러셨나요? 카메라에 비친 감독님 얼굴에서는
그런 모습을 찾아볼 수 없었는데요.

B 겉으로는 아무렇지 않은 척했지만
사실 속은 까맣게 타들어 가고 있었습니다.

□ **출전권** [출쩐꿘]	《出戰權》	出場権
□ **따내다**		ものにする、取る
□ **비치다**		映る、照る
□ **아무렇지 않다** [－안타]		何でもない、平気だ
□ **現在/過去連体形＋척하다**		～ふり(を)する
□ **까맣게 타들어 가다**		とてもヤキモキする〔真っ黒に燃えていく〕

TRACK 307

ㅍ

PHRASE 307

血を見る

피를 보다

大損をする

A：姉さんに〔が〕薦められ〔薦めた〕たっていう株〈式〉は、少し値上がりしたの〔上がったの〕？
B：とんでもない〔言葉もしないで〕。俺、完全（に）**大損したじゃない**。
A：本当に？ 姉さん〈が〉、とても申し訳ないと思っているだろうね。
B：姉さんも**大きな損（を）したけれど**、俺の損失〔損害〕（のほう）がもっと大きいよ。家買おうと（思って）貯めて〔集めて〕おいた金だったのに…。

A　누나가 추천했다는 주식은 좀 올랐어?

말도 마. 나 완전 **피 봤잖아**.　B

A　진짜? 누나가 너무 미안해 하겠다.

누나도 **피 봤지만**, 내 손해가 더 커. 집 사려고 모아 둔 돈이었는데….　B

□ **추천하다**	《推薦－》	薦める、推薦する
□ **주식**	《株式》	株、株式
□ **오르다**		上がる 르変
□ **완전(히)**	《完全（－）》	完全に
□ **Ⅲ-φ하다**		～と思う、～がる
□ **손해**	《損害》	損害
□ **Ⅱ-려고**		～ようと（思って）【意図】
□ **Ⅲ-φ두다**		～ておく

TRACK 308

PHRASE 308

ㅍ

血を呼ぶ

피를 부르다

死傷者を出す ※부르다（呼ぶ）は、르変。

A：デモ〔示威〕隊と警察の衝突で、負傷者が多く出ている〔出てきた〕そうですね？

B：**死傷者を出す（ほどの）極端〈的〉な対立構図**だったんです。私の目の前でも互いに殴り押し（合い）…。いまだに衝撃的です。

A：なるほど〔そうなんですねぇ〕。早くこの事態が収まればいいのですが〔鎮定されなければ（収まらなければ）ならないでしょうに〕。

A　시위대와 경찰의 충돌로 부상자가 많이 나왔다면서요?

B　**피를 부르는 극단적인 대립 구도**였어요.
제 눈앞에서도 서로 때리고 밀고…. 아직도 충격적이에요.

A　그렇군요. 빨리 이 사태가 진정되어야 할 텐데요.

□ **시위대**	《示威隊》	デモ隊
□ **충돌**	《衝突》	衝突
□ **부상자**	《負傷者》	負傷者
□ **극단적인 …**	《極端的－》	極端な…
□ **대립**	《對立》	対立
□ **충격적이다**	《衝擊的－》	衝撃的だ
□ **사태**	《事態》	事態
□ **진정되다**	《鎮定－》	収まる、鎮まる

TRACK 309

PHRASE 309

ㅍ

血を吸う

피를 빨다

搾取する

A：**外国人労働者達を搾取した〔の血を吸った〕社長**が警察に出頭を命じられた〔召喚された〕んですって？

B：相対的に意思疎通が不自由な〔自由でない〕外国人を相手〔対象〕に、最低賃金も与えない〔与えなかった〕まま大変な仕事〔強度(が)高い労働〕ばかりを強要したそうですよ。

A　**외국인 노동자들의 피를 빤 사장**이 경찰에 소환되었다고요?

B　상대적으로 의사소통이 자유롭지 않은 외국인을 대상으로 최저임금도 주지 않은 채 강도 높은 노동만을 강요했다고 합니다.

□ **노동자**	《勞動者》	労働者
□ **상대적으로**	《相對的－》	相対的に
□ **의사소통**	《意思疏通》	意思疎通、コミュニケーション
□ **자유롭다**	《自由－》	自由だ ㅂ変
□ **대상**	《對象》	対象
□ **최저임금**	《最低賃金》	最低賃金
□ **過去連体形＋-채**		～たまま
□ **강요하다**	《强要－》	強要する

TRACK 310

PHRASE 310

ㅍ

血を吐く

피를 토하다

憤る、激しく怒る

A：今、ご覧になっている画面は、無念に〔抑鬱に〕子供をなくした親〔父母〕達が真相究明を要求するために、道に繰り出している〔通りを進み出る〕様子です。

B：あの〔あそこ(に)見える〕方は、この間〈に〉も**憤りながら**、1人で街に出ていた〔1人示威をされていた〕と思いますが。

A：そうです。保護者〔学父母〕側の代表(の方)です〔でいらっしゃいます〕。

A 지금 보시는 화면은 억울하게 아이를 잃은 부모들이 진상규명을 요구하기 위해 거리를 나서는 모습입니다.

B 저기 보이는 분은 지난번에도 **피를 토하면서** 1인 시위를 하셨던 것 같은데요.

A 그렇습니다. 학부모 측 대표이십니다.

□ **화면**	《畫面》	画面
□ **억울하다**	《抑鬱－》	無念だ、悔しい
□ **진상규명**	《眞相糾明》	真相究明
□ **I -기 위해**	《－爲－》	～ために
□ **거리를 나서다**		街に繰り出す〔通りを進み出る〕
□ **시위를 하다**	《示威－》	デモをする
□ **학부모**	《學父母》	児童、生徒の父母、保護者
□ **～ 측**	《側》	～側

PHRASE 311

血を流す

피를 흘리다

犠牲をいとわない、一生懸命にする

A：私達、労働者〈達〉は、昼夜〈なく〉、**犠牲をいとわずに**働いているんです〔**血を流しながら**働く人達です〕。我々の要求を聞いてください。

B：はい、わかりました。皆さんの要求を必ず受け入れられる〔受容できる〕よう、会社側でも努力いたします。

A

우리 노동자들은 밤낮없이 **피를 흘리며** 일하는 사람들입니다.
저희의 요구를 들어주십시오.

B

네, 알겠습니다.
여러분의 요구를 반드시 수용할 수 있도록 회사 측에서도
노력하겠습니다.

□ **노동자**	《勞動者》	労働者
□ **밤낮없이** [밤나덥씨]		昼夜（を問わず）〔昼夜なく〕
□ **요구**	《要求》	要求
□ **반드시**		必ず
□ **수용하다**	《受容ー》	受け入れる、受容する
□ **Ⅰ -도록**		～ように、～ほど、～ぐらい
□ **～측**	《側》	～側
□ **노력하다**	《努力ー》	努力する

피해를 입다

被害にあう

A：今回の火事〔火災〕で江原道地域は〔に〕、大きな**被害にあったんだって**。

B：そうなんだよ。江原道は山が多いから、山火事が起こったら〔出たら〕、大きな**被害にあうみたいだね**。

A：うちのおじさん〔三寸〕も江原道に住んでいるんだけれど〔住んでいらっしゃるんだけれど〕、今回の火事〔火災〕で被害〔損害〕が尋常でなかった〔侮れなくていらっしゃる〕みたい。

B：そうなんだ。早く〈被害が〉復旧してくれるといいなぁ〔されなければならないだろうにさぁ〕。

A 이번 화재로 강원도 지역에 큰 **피해를 입었대**.

B 그러게 말이야. 강원도는 산이 많아서
산불이 나면 큰 **피해를 입는 것 같아**.

A 우리 삼촌도 강원도에 사시는데
이번 화재로 손해가 만만치 않으신가 봐.

B 그렇구나. 빨리 피해가 복구되어야 할 텐데 말이야.

□ **화재**	《火災》	火事、火災
□ **강원도**	《江原道》	江原道【行政単位名】
□ **지역**	《地域》	地域
□ **산불이 나다** [산뿔ー]	《山ー》	山火事が起こる〔出る〕
□ **삼촌**	《三寸》	おじさん
□ **만만치 않다**		侮れない、手強い
□ **복구되다**	《復舊ー》	復旧する〔される〕

TRACK 313

ㅍ

PHRASE 313

血筋が引く

핏줄이 당기다

血は水よりも濃い

A：ナリさんが親しくしていた〔過ごしていた〕人がいたんだけれど、実は〔知ってみると〕30年前に離れ離れになった〔失ってしまっていた〕妹だったんだって。

B：私もその〔この〕話、聞いたよ。最初から親近感を抱いていたんだってね〔親近感が感じられたって言っていたよ〕。

A：**血は水よりも濃いって言葉**は、こんな時(に)使うんだろうね〔使うものみたいだね〕。

A 나리 씨가 친하게 지내던 사람이 있었는데 알고 보니 30년 전에 잃어버렸던 여동생이었대.

B 나도 이 얘기 들었어. 처음부터 친밀감이 느껴졌다고 하더라고.

A **핏줄이 당긴다는 말**은 이럴 때 쓰는 건가 봐.

□ **친하게 지내다**	《親ー》	親しくする〔過ごす〕
□ **알고 보니 (까)**		実は、あとでわかったんだけれど〔知ってみると〕
□ **잃어버리다**		失ってしまう、失う
□ **친밀감**	《親密感》	親近感
□ **느껴지다**		感じられる
□ **I -더라고**		～(てい)たんだよ【目撃】
□ **現在連体形＋가 보다**		～みたいだ、～ようだ【推測】

TRACK 314

PHRASE 314

ㅎ

天（が）高いこと（を）知らない

하늘 높은 줄 모르다

天井知らずだ ※모르다（知らない）は、르変。

A：最近、スーパー〔マート〕に行く時、10万ウォンではまともに買い物をする〔(市)場を見る〕ことができないんだから。

B：そうだよ〔合っているよ〕。物価が**天井知らずに**跳ね上がって〔突き上がって〕いるよ。

A：給料〔月給〕はそのままなのに、心配だよ。

A　요즘 마트에 갈 때 10만 원으로는 제대로 장을 볼 수가 없다니까.

B　맞아. 물가가 **하늘 높은 줄 모르고** 치솟고 있어.

A　월급은 그대로인데 걱정이야.

□ **마트**	《mart》	（大型の）スーパー
□ **제대로**		まともに、しっかりと、きちんと
□ **장을 보다**	《場－》	買い物をする〔(市)場を見る〕
□ **물가가 치솟다** [물까－]	《物價－》	物価が跳ね上がる〔突き上がる〕
□ **월급**	《月給》	給料、月給
□ **그대로**		そのまま
□ **걱정이다**		心配だ

TRACK 315

PHRASE 315

ㅎ 天が黄色くなる

하늘이 노래지다

意識が遠のく

A：急にどうして倒れたの？

B：貧血のせいでめまいがしたんだよ。いきなり**意識が遠のいたと思ったら**、そのあと〔次〕からは思い出せないよ〔記憶が出ないよ〕。

A：あら、今は大丈夫なの？

B：うん、何日か休んだら、だいぶ〔たくさん〕よくなったよ。

A 갑자기 왜 쓰러졌던 거야?

B 빈혈 때문에 어지럽더라고.
갑자기 **하늘이 노래지더니** 그 다음부터는 기억이 안 나.

A 어머나, 지금은 괜찮니?

B 응, 며칠 쉬었더니 많이 좋아졌어.

□ **갑자기**		急に、突然
□ **쓰러지다**		倒れる
□ **빈혈**	《貧血》	貧血
□ **어지럽다**		めまいがする ㅂ変
□ **I -더니**		〜と思ったら、〜のに
□ **기억이 나다**	《記憶－》	思い出す〔記憶が出る〕
□ **며칠**		何日か、数日
□ **III -ㅆ더니**		〜たら

※主語は１人称に限る。

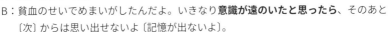

TRACK 316

PHRASE 316

ㅎ 天が真っ暗だ

하늘이 캄캄하다

絶望する、お先真っ暗になる

A：難しいといわれるあの〔あの難しいという〕国家試験〔考試〕に合格するなんて、本当によかったね〔とてもおめでとう〕。

B：ありがとう。実は〔事実〕、父さんが急に亡くなって、**絶望していたんだ**〔**天が真っ暗だったんだ**〕。父さんのことだけを考えて、試験の準備をしていたよ〔父さんの考えだけしながら、試験を準備していたようだよ〕。

A：あ、そんなことがあったんだね。本当にあんたは、〈とても〉すごいよ。お父さんも感心していらっしゃるはずだよ〔感心に考えていらっしゃるだろうね〕。

A　그 어렵다는 국가 고시에 합격하다니 너무 축하해.

B　고마워. 사실 아버지께서 갑자기 돌아가셔서 **하늘이 캄캄했었어**.
아버지 생각만 하면서 시험을 준비했던 것 같아.

A　아, 그런 일이 있었구나. 정말 넌 너무 대단하다.
아버지께서도 대견하게 생각하고 계실 거야.

□ **국가 고시**	《國家 考試》	国家試験
□ **합격하다**	《合格－》	合格する
□ **갑자기**		急に、突然
□ **돌아가시다**		亡くなる
□ **Ⅲ -ㅆ었다**		～た、～ていた【大過去】
□ **시험**	《試驗》	試験
□ **대견하다**		感心だ、満足だ

》コラム p.362

マラリアを治す

학을 떼다

うんざりだ、冷や汗をかく

A：ヨンジンの前でジスの話はしないでくれる？
B：どうして？ヨンジン〈と〉、ジスと何か〈ことでも〉あったの？
A：ヨンジンがこれまで〔その間〕、ジスにどれだけ嫌な思いさせられた〔やられた〕と思ってるの？ヨンジンは、ジスの話は〔なら〕本当に〔とても〕**うんざりだって言っていたよ。**
B：それほど〔その程度に〕仲が悪いとは、思わなかったなぁ。

A 영진이 앞에서 지수 이야기는 하지 말아 줄래?

B 왜? 영진이랑 지수랑 무슨 일이라도 있었어?

A 영진이가 그동안 지수한테 얼마나 당한 줄 아니?
영진이는 지수 얘기라면 아주 **학을 뗀다고 하더라고**.

B 그 정도로 사이가 안 좋은 줄은 몰랐네.

□ **Ⅰ -지 말아 줄래?**		～ないでくれる？
□ **그동안**		これまで、その間
□ **당하다**	《當－》	やられる、被害にあう
□ **動詞の Ⅱ -ㄴ 줄 알다**		～たと思う
□ **사이**		仲、間
□ **連体形＋줄 몰랐다**		～とは思わなかった【思い込み】

TRACK 318

PHRASE 318

ㅎ

片方の耳で流す

한 귀로 흘리다

聞き流す

A：ありえない〔話にもならない〕チーム長〈様〉の説教を私がまた聞かなければならないわけ？

B：チーム長〈様〉は〔が〕性格がちょっと変〔ちょっと性格がそう〕じゃない。そのまま**聞き流しなよ。**

A：私もそうはする〔そのようにすることはする〕けれど、説教（を）聞いている時間がとてもつらいんだってば。

A 말도 안 되는 팀장님의 설교를 내가 또 들어야 하는 거니?

B 팀장님이 좀 성격이 그렇잖아. 그냥 **한 귀로 흘려**.

A 나도 그렇게 하긴 하지만, 설교 듣는 시간이 너무 괴롭다고.

□ **말도 안 되다**		ありえない、とんでもない〔話にもならない〕
□ **팀장님**	《team 長ー》	チーム長〈様〉【会社における職位】
□ **설교**	《説教》	説教
□ **성격** [성껵]	《性格》	性格
□ **좀 그렇다**		ちょっと、あんまりだ〔ちょっとそうだ〕
□ **그냥**		そのまま、ただ、何となく
□ **Ⅰ -긴 (<-기는) 하다**		～することはする、～ではある
□ **괴롭다**		つらい ㅂ変

TRACK 319

PHRASE 319

ㅎ 一目を売る

한눈을 팔다

よそ見をする

A：昨日の夜〈に〉、ソンミさんが運転中に**スマートフォンを見ていて**〔**に一目**（を）**売っていて**〕、事故を起こして〔出して〕、5人もケガしたんだって。

B：あら、本当？ 最近、スマートフォンのせいで事故がよく起きている〔しょっちゅう出る〕って言っていたけど…。私の友達はそうそう、**スマートフォンを見ていて**〔**に一目**（を）**売っていて**〕電柱に頭ぶつけたって言うじゃない〔ぶつかったじゃない〕。

A: 어젯밤에 선미 씨가 운전 중에
스마트폰에 한눈팔다 사고를 내서 5명이나 다쳤대.

B: 어머나, 정말? 요즘 스마트폰 때문에 사고가 자주 난다더니….
내 친구는 글쎄, **스마트폰에 한눈팔다가** 전봇대에 머리 부딪쳤잖아.

□ **I -다 (가)**		～ていて、～（する）途中で
□ **사고를 내다**	《事故－》	事故を起こす〔出す〕
□ **-이나/나**		～も【驚き】
□ **다치다**		ケガをする
□ **사고가 나다**	《事故－》	事故が起こる〔出る〕
□ **자주**		よく、しょっちゅう【頻度】
□ **전봇대**	《電報（ㅅ）－》	電柱、電信柱
□ **부딪치다**		ぶつかる

TRACK 320

ㅎ

PHRASE 320

分け前（を）握る

한몫 잡다

しっかり利益を得る

A：今回〈に〉投資した株式で**しっかり利益を出したんだって**〔**分け前をしっかり握ったんだって**〕？

B：うん、優良株でもなかったんだけれど、急に株価が上がったんだよ。

A：本当によかったね〔うまくなったね〕。**出した利益で**〔**分け前（を）握ったもので**〕今日の夜ご飯、おごってよ〔おごるのはどう〕？

B：今日だけなわけがないでしょう〔1回だけなの〕？僕が明日もおごるよ〔買うから〕！

A 이번에 투자한 주식으로 **한몫 단단히 잡았다면서**?

B 응, 우량주도 아니었는데 갑자기 주가가 오른 거야.

A 너무 잘됐다. **한몫 잡은 걸로** 오늘 저녁 한턱내는 건 어때?

B 한턱뿐이겠니? 내가 내일도 살게!

□ **단단히**		しっかり、強く、固く
□ **下称終止形 (-다/ㄴ다/는다) + -면서?**		～んだって？
□ **우량주**	《優良株》	優良株
□ **갑자기**		突然、急に
□ **주가** [주까]	《株價》	株価
□ **오르다**		上がる **르変**
□ **한턱내다**		おごる、ご馳走する
□ **-뿐**		～だけ

※한몫 보다〔分け前を見る〕とも。

TRACK 321

PHRASE **321**

ㅎ　一歩（後ろに）下がる

한발 (뒤로) 물러나다

冷静になる、一歩引く

A：そんなに鼻息を荒くしてどうしたの〔どうしてそんなに息を荒げているの〕？
B：ジュンソク〈が俺にした行動〉のせいで、とても腹が立ってさ〔火が出てそうだよ〕。
A：そんなに怒ら〔火（怒り）ばかり出さ〕ないで、**冷静になって**考えてみたらどう？ジュンソクがそんなことするの〔のそういう行動〕には、絶対に〔分明〕理由があるはずだよ。
B：いくらなん〔そう〕でも俺は許せないよ。

A　왜 그렇게 씩씩거리고 있니?

B　준석이가 나한테 한 행동 때문에 너무 화가 나서 그래.

A　그렇게 화만 내지 말고 **한발 물러나서** 생각해 보면 어때?
준석이의 그런 행동에는 분명 이유가 있을 거야.

B　아무리 그래도 난 용서할 수 없어.

□ **씩씩거리다**		息を荒げる、息まく
□ **子音終わりの名前＋-이**		～ちゃん、～君【愛称】
□ **행동**	《行動》	行動
□ **화 (를) 내다**	《火－》	怒る、腹を立てる〔怒り（を）出す〕
□ **I -지 말고**		～せずに、～しないで
□ **분명 (히)**	《分明（－）》	間違いなく、はっきりと
□ **이유**	《理由》	理由
□ **용서하다**	《容恕－》	許す

※한발 (뒤로) 물러서다〔一歩（後ろに）退く〕とも。

TRACK 322

PHRASE **322**

ㅎ

一歩、先立つ

한발 앞서다

一歩リードする、頭一つ抜ける

A：イ課長、今度の取引先〔去来処〕の評判はどうだい？
B：はい、社長〈様〉。既存の取引先〔去来処〕より技術的な面では、**一歩リードもしていますし**〔**一歩、先立っていたりもしますし**〕、新しい〔新生〕企業なので、未来が期待されるところです。

A　이 과장, 이번 거래처의 평판은 어떤가?

B　네, 사장님. 기존의 거래처보다 기술적인 면에서는 **한발 앞서 있기도 하고** 신생 기업이라 미래가 기대되는 곳입니다.

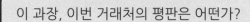

□ **거래처**	《去來處》	取引先
□ **평판**	《評判》	評判
□ **기존**	《既存》	既存
□ **기술적** [기술쩍]	《技術的》	技術的
□ **I -기도 하다**		～しもする、～でもある
□ **신생 기업**	《新生 企業》	新しい企業、スタートアップ
□ **기대 (가) 되다**	《期待－》	期待される、期待できる、楽しみだ

TRACK 323

ㅎ

PHRASE 323 一発、食らわせる

한 방 먹이다

一発、お見舞いする

A：鼻息荒くしてどうしたの〔どうしてそんなに息を荒げるの〕？手はどうしたの〔またどうしてそうなの〕？

B：俺が背が低い〔小さい〕って、ヒョンチョルのやつがしつこく馬鹿にしてきてさ〔どんなにしつこく馬鹿にすることか〕…。とても腹が立って〔火（怒り）が出て〕、こぶしで**一発、お見舞いし**（てやっ）**たんだ**。

A：ヒョンチョルは〔が〕ちょっと調子に乗るところはあるけれど〔いたずらがちょっとひどくはあるけれど〕…。あんたの手がこんなになるぐらいだったら〔この程度(に)なる程度なら〕、ヒョンチョルは大丈夫なの？

B：大丈夫でしょう、まぁ。

A 왜 그렇게 씩씩대니? 손은 또 왜 그래?

B 내가 키가 작다고 현철이 녀석이 얼마나 놀려 대는지….
너무 화가 나서 주먹으로 **한 방 먹였어**.

A 현철이가 장난이 좀 심하긴 하지만….
네 손이 이 정도 될 정도면 현철이는 괜찮은 거니?

B 괜찮겠지 뭐.

□ **씩씩대다**		息を荒げる、息まく
□ **녀석**		やつ
□ **얼마나 現在連体形＋지**		どんなに～ことか
□ **놀려 대다**		しつこく馬鹿にする、はやし立てる
□ **주먹**		こぶし、げんこつ
□ **장난이 심하다**	《－甚－》	調子に乗る〔いたずらがひどい〕

TRACK 324

PHRASE 324

ㅎ 同じ船に（を）乗る

한배를 타다

運命を共にする

A：ウリグループとナラグループが、**運命を共にすることになりました。**
B：2つのライバル企業が、ついにひとつに〔が〕なったのですね。
A：はい、おそらく我が国の最強企業に〔が〕なる〈だろうという〉気がします〔考えが入ります〕。

A 우리 그룹과 나라 그룹이 **한배를 타게 되었습니다**.

B 두 라이벌 기업이 드디어 하나가 되었군요.

A 네, 아마 우리나라의 최강 기업이 될 거라는 생각이 듭니다.

□ **그룹**	《group》	グループ
□ **I -게 되다**		～ことになる、～ようになる
□ **라이벌**	《rival》	ライバル
□ **기업**	《企業》	企業
□ **드디어**		ついに
□ **아마**		たぶん、おそらく
□ **최강**	《最强》	最強
□ **생각이 들다**		気がする〔考えが入る〕

TRACK 325

PHRASE 325

ㅎ もう一口食べる

한술 더 뜨다

(一層) すごくなる、ひねくれたことをする

A：特技自慢(大会)に参加〔参与〕しないって言っていたホジンが、いざ練習を始めたら〔に入ったら〕、**すごいんだよ**。

B：どういうこと〔どうして〕？

A：うちのチームは、〈ただ〉歌だけ歌う〔する〕ことにしたんだ。でも、(ホジンが)ダンスまでしよう〔踊ろう〕っていうんだよ。 ホジンのおかげで、特技自慢(大会)が楽しみになったわ〔期待されるんだってば〕。

A 장기 자랑에 참여하지 않겠다던 호진이가 막상 연습에 들어가니 **한술 더 뜨는 거 있지**.

B 왜?

A 우리 팀은 그냥 노래만 하기로 했거든.
근데 춤까지 추자는 거야. 호진이 덕분에 장기자랑이 기대된다니까.

□ **장기 자랑** [장끼－]	《長技－》	特技自慢(大会)、かくし芸(大会)
□ **참여하다**	《參與－》	参加する、参与する
□ **막상 II -니까**		いざ〜たら、いざ〜と
□ **연습**	《鍊習》	練習
□ **現在連体形＋거 있지**		〜んだよ、〜んだよね
□ **춤 (을) 추다**		ダンスをする〔踊りを踊る〕
□ **I -자는 거야**		〜しようって言うんだよ【引用文】
□ **〜 덕분에**	《－德分－》	〜のおかげで

TRACK 326

PHRASE 326

ㅎ

一息（が）置かれる

한숨 놓이다

安心できる

A：お嬢さん〔娘様〕がソウル大に入ったそうですね？

B：はい、〈うちの娘が〉本当に苦労しました〔苦生、本当にたくさんしたんですよ〕。

A：おめでとうございます。お母さん〔お母様〕ももう**安心できますね〔一息（が）置かれられるでしょう〕**。

B：はい、これからは娘がしたい勉強や仕事（を）しながら、幸せ〔幸福〕に暮らし（てくれ）たら、嬉しいです。

A　따님께서 서울대에 들어갔다면서요?

B　네, 우리 딸이 고생 정말 많이 했거든요.

A　축하해요. 어머님께서도 이제 **한숨 놓이시겠어요**.

B　네, 이제 딸이 하고 싶은 공부나 일하면서
행복하게 살았으면 좋겠어요.

□ **따님**		娘さん〔娘様〕
□ **서울대**	《−大》	ソウル大（学）
□ **들어가다**		入る
□ **下称終止形 (-다/ㄴ다/는다) + -면서요?**		～んですって？
□ **딸**		娘
□ **고생 (을) 하다**	《苦生−》	苦労（を）する
□ **행복하다**	《幸福−》	幸せだ、幸福だ
□ **Ⅲ -ㅆ으면 좋겠다**		～たら嬉しい、～たらよい【願望】

※한숨 트이다〔一息、開ける〕とも。

TRACK 327

ㅎ

PHRASE **327**

一時が急だ

한시가 급하다

一刻を争う

A：何をそんなにぐずぐずしているの？今、**一刻を争っている〔一時が急な〕のに**、よく呑気に構えていられるね〔とても天下泰平だね〕？

B：あ、書類の締切は〔が〕3時までじゃなかったの？私（が）時間を見間違え（てい）た〔間違って見た〕みたい。すぐに〔早く〕準備するよ。

A：いつも締切の時、ギリギリで〔やっと〕提出する癖、いまだに直せていないんだね〔直せなかったんだね〕？

B：ごめん、まずは〔一旦〕提出してから〔からして〕話そう。

A　뭘 그렇게 꾸물거리니? 지금 **한시가 급한데** 아주 천하태평이네?

B　아, 서류 마감이 3시까지 아니었어? 내가 시간을 잘못 봤나 봐. 빨리 준비할게.

A　늘 마감 때 겨우 제출하는 버릇 아직도 못 고쳤구나?

B　미안, 일단 제출부터 하고 얘기하자.

□ **꾸물거리다**		ぐずぐずする、もたもたする
□ **천하태평이다**	《天下泰平ー》	のんきに構える
□ **서류**	《書類》	書類
□ **마감**		締切
□ **잘못 보다**		見間違える〔間違って見る〕
□ **늘**		いつも、常に
□ **겨우**		やっと、なんとか
□ **버릇**		癖

TRACK 328

PHRASE 328

ㅎ 一時が忙しい

한시가 바쁘다

一刻を争うほど忙しい

A：〈すぐ〉お客さん（を）迎える準備（を）するのに**一刻を争うほど忙しいのに**、あんたは今まで何しているの？

B：ごめんなさい。私が何かすることは〔手伝う仕事〕ないですか？

A：じゃあ、掃除でもちょっと手伝ってくれる？

B：そう〔そのように〕しますね。

A 곧 손님 맞을 준비하느라 **한시가 바쁜데** 너는 여태 뭐 하고 있니?

B 미안해요. 제가 뭐 도울 일 없어요?

A 그럼 청소나 좀 도와주겠니?

B 그렇게 할게요.

□ **곧**		すぐに、間もなく
□ **맞다**		（客を）迎える
□ **I -느라 (고)** ※前後の主語は同一。後ろには否定的な内容が来る。		～するのに、～するために
□ **여태**		（今の）今まで
□ **청소하다**	《清掃－》	掃除する
□ **-이나/나**		～でも
□ **도와주다**		手伝ってくれる、手伝う、助ける

TRACK 329

PHRASE 329

ㅎ

一つの井戸を掘る

한 우물을 파다

石の上にも三年、ひとつのことに根気強く取り組む

A：ジョンミンがゲームばかりしているから、心配し（てい）たんだけど、プロゲーマーに〔が〕なったんだって？

B：そうなんだよ〔だから〕。ゲームで遊んでいただけじゃなくて〔を楽しむことだけしたのではなく〕、専門家に〔が〕なりたかったって言っていたよ。

A：やっぱり、**石の上にも三年って言葉の通りだね〔人はひとつの井戸を掘らなければならないみたい〕**。本当によかった〔うまくなった〕！

B：本当に〔合っているよ〕。そして、やっぱり人間って〔人のことが〕どうなるかは、誰（に）もわからないもんなんだから。

A　정민이가 게임만 해서 걱정했었는데 프로게이머가 되었다며?

B　그러니까. 게임을 즐기기만 한 게 아니고
전문가가 되고 싶었다고 하더라고.

A　역시 **사람은 한 우물을 파야 하나 봐**. 정말 잘됐다!

B　맞아. 그리고 역시 사람 일이 어떻게 될지는
누구도 모르는 거라니까.

□ **게임** ※[께임] と発音されることが多い。	《game》	ゲーム
□ **걱정하다**		心配する
□ **Ⅲ -ㅆ었다**		～ていた、～た【大過去】
□ **프로게이머**	《pro-gamer》	プロゲーマー
□ **下称終止形 (-다/ㄴ다/는다) + -며?**		～んだって？
□ **Ⅰ -기만 하다**		～てばかりいる、～だけする
□ **전문가**	《専門家》	専門家

TRACK 330

ㅎ

PHRASE 330

一杯かける

한잔 걸치다

一杯やる

A：お父さん、気分(が)よさそうですね〔よさそうに見えられますね〕。
B：うん、三十年来の友人〔三十年知己〕と久しぶりに**一杯やってきたら**、気分がいいなぁ。
A：楽しかったでしょうね〔よくていらっしゃったでしょうね〕。次〈に〉は私とも一杯やりましょうよ。
B：いいねぇ！ 最近は若者〈達〉の間で〔に〕チメクが人気だって言っていたけれど、チメク(は)どうだい？

A 아빠, 기분 좋아 보이시네요.

B 응, 삼십년지기랑 오랜만에 **한잔 걸치고 오니** 기분이 좋구나.

A 좋으셨겠어요. 다음엔 저랑도 한잔해요.

B 좋지! 요즘은 젊은이들 사이에 치맥이 인기라던데 치맥 어떠냐?

□ **아빠**		お父さん、パパ
□ **기분**	《氣分》	気分
□ **Ⅲ -φ보이다**		～ように見える、～く見える
□ **삼십년지기**	《三十年知己》	三十年来の友人、知己
□ **오랜만에 (<오래간만에)**		久しぶりに
□ **Ⅱ -니 (까)**		～たら【契機】
□ **치맥** ※チキン（치킨）を食べながら、ビール（맥주）を飲むこと。	chi（cken）― 麥（酒）	チメク
□ **指定詞語幹 + -라 (고 하) 던데**		～と言っていたけれど

TRACK 331

ㅎ

PHRASE 331

一握りの灰に（が）なる

한 줌의 재가 되다

死ぬ、亡くなる

A：1か月前までは〔までだけしても〕あんなに元気〔健康〕だった息子が**死んでしまったのですね**〔**一握りの灰が**（に）**なりましたねぇ**〕。

B：お話、聞きました。さぞご傷心のこととお察しいたします〔どんなに傷心が大きくていらっしゃいましたか？〕。

A：いまだに〈うちの〉息子がこの世〔世上〕にいないというのが信じられないです。

B：息子さん〔息子様〕は、きっと天国〔たぶんよい所〕に行かれたと思いますよ。どうか元気〔力〕（を）出してください。

A：한 달 전까지만 해도 그렇게 건강하던 아들이 **한 줌의 재가 되었네요**.

B：이야기 들었습니다. 얼마나 상심이 크셨습니까?

A：아직도 우리 아들이 이 세상에 없다는 게 믿어지지 않아요.

B：아드님께서는 아마 좋은 곳으로 가셨을 겁니다. 부디 힘내십시오.

□ **-까지만 해도**		～までは〔までだけしても〕
□ **건강하다**	《健康－》	健康だ
□ **아들**		息子
□ **상심**	《傷心》	傷心
□ **이 세상**	《－世上》	この世（の中）
□ **믿어지지 않다**		信じられない
□ **아드님**		息子さん、ご子息〔息子様〕
□ **부디**		どうか、どうぞ、くれぐれも

TRACK 332

PHRASE 332

ㅎ 片側の腕を失う

한쪽 팔을 잃다

片腕を失う

A：20年〈の〉間も秘書として仕事をしていたのですが〔していて〕、これからは〔今はもう〕少し他の仕事が〔を〕したくて、やめることにしました〔やめるようになりました〕。

B：お話、聞きました。社長〈様〉は**片腕を失ったって**〔**失われたって言いながら**〕、すごく〔たくさん〕悲しがっていらっしゃいますよ。

A：社長〈様〉には、これまで大変お世話になった〔その間、多い恩恵を着る（着た）〕ので、申し訳なく思う〔申し訳ないこと〕ばかりですね。

B：助けが必要な〔必要でいらっしゃる〕時は、いつでも連絡しろと何度もおっしゃっていました〔おっしゃいました〕。

A 20년 동안이나 비서로 일을 하다가
이제 좀 다른 일을 하고 싶어서 그만두게 되었어요.

B 이야기 들었습니다. 사장님께서는 **한쪽 팔을 잃으셨다면서**
많이 서운해 하고 계십니다.

A 사장님께는 그동안 많은 은혜를 입어서 죄송스럽기만 하네요.

B 도움이 필요하실 때는 언제든 연락하라고 몇 번이나 말씀하셨습니다.

□ **비서**	《秘書》	秘書
□ **그만두다**		やめる
□ **I -게 되다**		～ことにする、～ことになる、～ようになる
□ **서운하다**		悲しい、残念だ、寂しい
□ **은혜를 입다**	《恩恵ー》	お世話になる、恩を受ける〔恩恵を着る〕
□ **죄송스럽다**	《罪悚ー》	申し訳ない、恐縮だ

TRACK 333

ㅎ

PHRASE 333

一寸前を見られない

한 치 앞을 못 보다

一歩先のことが予想できない

A：来週〈に〉、一緒に旅行に〔を〕行こうと思っていた〔行くことにした〕友達が突然、亡くなりました〔世上（世）を去りました〕。

B：残念〔遺憾〕です。持病があったのですか？

A：マラソンを完走するほど〔程度に〕元気〔健康〕な友達だったんですが、突然、心臓麻痺で….

B：**一寸先のことが予想できないのが**〈私達の〉人生だと（は）いいますけれど…。

A　다음 주에 함께 여행을 가기로 한 친구가 갑자기 세상을 떠났어요.

B　유감이에요. 지병이 있었나요?

A　마라톤을 완주할 정도로 건강한 친구였는데 갑자기 심장마비로….

B　**한 치 앞을 못 보는 게** 우리 인생이라더니….

□ **세상을 떠나다**	《世上ー》	亡くなる〔世を去る〕
□ **유감이다**	《遺憾ー》	残念だ、遺憾だ
□ **지병**	《持病》	持病
□ **마라톤**	《marathon》	マラソン
□ **완주하다**	《完走ー》	完走する
□ **II -ㄹ 정도다** ［ーㄹ쩡도ー］	《ー程度ー》	～ぐらいだ、～ほどだ
□ **심장마비**	《心臓痲痺》	心臓麻痺
□ **名詞＋-(이) 라더니 (＜名詞＋-(이) 라고 하더니)**		～だというけれど

TRACK 334

ㅎ

PHRASE 334

おごりを出す

한턱내다

おごる、ご馳走する

A：俺、今日ボーナス出たんだ〔もらったんだ〕。俺が**おごるよ**！
B：本当？ じゃあ、駅前に新しくできたレストランに行こうか？
A：お前が行きたい〔望む〕ところなら、どこでもいいよ。
B：はは、ケチ(な)あんたからそんなこと言われるなんて〔こんな言葉聞くから〕、おかしいわ。ボーナスもらって嬉しいんだね〔がいいことは、いいみたいだね〕。

A 나 오늘 보너스 받았어 . 내가 **한턱낼게**!

B 정말? 그럼 역 앞에 새로 생긴 레스토랑으로 갈까?

A 네가 원하는 곳이라면 어디든 좋아.

B 하하, 짠돌이 너한테 이런 말 들으니 웃기다.
보너스가 좋기는 좋은가 보구나.

□ **보너스 (를) 받다**	《bonus －》	ボーナスをもらう
□ **새로**		新しく、新たに
□ **생기다**		できる、生じる
□ **원하다**	《願－》	望む、願う
□ **-이든/든**		～でも
□ **짠돌이**		ケチ
□ **웃기다**		おかしい、笑わせる

一画を引く

한 획을 긋다

変える、インパクトを与える ※긋다（引く）は、ㅅ変。

A：サッカー選手の中で〔に〕誰（が）好きなの？
B：俺はパク・チソン選手！
A：パク・チソンって〔が〕誰だっけ？
B：この選手について言うなら〔で言うみたいならさぁ〕、〈一言で〉**韓国サッカーの歴史を変えた人**〔**韓国サッカーの歴史に一画を引いた人物**〕って言えるよね！

A 축구 선수 중에 누구 좋아해?

B 나는 박지성 선수!

A 박지성이 누구지?

B 이 선수로 말할 것 같으면 말이지,
한마디로 **한국 축구 역사에 한 획을 그은 인물**이라 할 수 있지!

□ **축구**	《蹴球》	サッカー
□ **선수**	《選手》	選手
□ **박지성**	《朴智星》	パク・チソン（サッカー選手）
□ **-(으) 로 말할 것 같으면** [-껃-]		～について言うなら〔で言うみたいなら〕
□ **한마디**		一言
□ **역사**	《歴史》	歴史
□ **인물**	《人物》	人物

TRACK 336

PHRASE 336

ㅎ

日が西側から昇る

해가 서쪽에서 뜨다

太陽が西から昇る

A：朝に弱い次男/次女〔朝の眠り（が）多い2番目〕が、早朝5時には〔から〕起きて、勉強していたんですよ。

B：あらまぁ、**太陽が西から登るかもしれませんねぇ**〔**日が西側から登るようなことですねぇ**〕。何か〈ことでも〉あったんですか〔あったそうですか〕？

A：実は〔事実〕、好きな子がいたんですが、勉強（が）できないって理由でフラれたみたいなんですよ。

B：ははは、あの年（頃）の時は、そんな失恋が勉強の動機に〔に助けが〕なったりもしますよね。

A　아침잠 많은 둘째가 새벽 5시부터 일어나서 공부하고 있더라고요.

B　어머나, **해가 서쪽에서 뜰 일이네요**. 무슨 일이라도 있었대요?

A　사실 좋아하는 아이가 있었는데 공부 못한다는 이유로 차였나 봐요.

B　하하하, 그 나이 때는 그런 실연이 공부에 도움이 되기도 하죠.

□ **아침잠 (이) 많다**		朝に弱い〔朝の眠り（が）多い〕
□ **둘째**		次男、次女〔2番目〕
□ **새벽**		朝方、夜明け
□ **일어나다**		起きる、起こる
□ **I -더라고요**		～（てい）たんですよ【目撃】
□ **어머나**		あら、まぁ【女性語】
□ **차이다**		フラれる
□ **실연**	《失戀》	失恋

TRACK 337

ㅎ

PHRASE 337

腰が折れる

허리가 부러지다

忙しくて大変だ

A：セギョン、最近（帰ってくるのが）遅すぎるんじゃないの？
B：お母さん、私、最近、仕事が多すぎて**本当に大変なんです**〔**腰が折れる地境（ぐらい）です**〕。
A：そうなの、あまり無理しすぎないで働きなさいよ。
B：はい、少し時間ができたら〔暇になったら〕、一緒に映画でも見に行きましょう。

A 세경아, 요즘 너무 늦는 거 아니니?

B 엄마, 나 요즘 일이 너무 많아서 **허리가 부러질 지경이에요**.

A 그래, 너무 무리하지 말고 일하렴.

B 네, 조금 한가해지면 같이 영화라도 보러 가요.

□ **○○（子音終わりの名前）＋-아!**		○○！【呼びかけ】
□ **늦다**		遅い、遅れる
□ **Ⅱ -ㄹ 지경이다** ［ーㄹ찌경ー］	《ー地境ー》	～くらいだ、～ほどだ
□ **무리하다**	《無理ー》	無理する
□ **Ⅰ -지 말고**		～せずに、～しないで
□ **Ⅱ -렴（<-려무나）**		～てみなさい、～てごらん
□ **한가하다**	《閑暇ー》	暇だ
□ **Ⅲ -지다**		～くなる、～になる【変化（形容詞の動詞化）】

TRACK 338

PHRASE 338

ㅎ

腰が曲がる

허리가 휘다

大変な苦労をする

A：うちの学科〔科〕の代表は、子供の頃〔幼い頃〕、ご両親〔父母様〕が亡くなって、早い時期〔早く〕から家計を支えてきたんだって〔生計を責任(を)負ったんだって〕。

B：うん、私も聞いたよ。弟/妹〈達〉が3人もいて、一日中、**大変な苦労をして**〔一日終日、**腰が曲がるように**〕働いているみたいだったよ。

A：それで〔そうしながら〕学科〔科〕の首席にもなるなんて〔を逃さないなんて〕…。本当にすごい子〔友達〕だよ。

A　우리 과 대표는 어릴 때 부모님이 돌아가셔서
일찍부터 생계를 책임졌다고 해.

B　응, 나도 들었어. 동생들이 3명이나 있어서 하루 종일
허리가 휘도록 일하는 것 같더라고.

A　그러면서 과 수석을 놓치지 않는다니…. 정말 대단한 친구야.

□ **과** [꽈]	《科》	科、学科
□ **어리다**		幼い
□ **돌아가시다**		亡くなる
□ **일찍부터**		早くから
□ **생계** [생게]	《生計》	生計
□ **-이나/나**		～も【驚き】
□ **수석**	《首席》	首席
□ **놓치다**		逃す

TRACK 339

PHRASE 339

ㅎ

腰の帯をきつく締める

허리띠를 졸라매다

財布の紐を締める

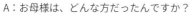

A：お母様は、どんな方だったんですか？
B：うちの〔私どもの〕母は、経済的に大変な状況の中でも〔ない形便（暮らし向き）に〕**財布の紐（を）締め**、子供〔子息〕達の教育に努めた〔力（を）使われていた〕方です。
A：あ、そうなんですねぇ〔そうでいらっしゃったんですねぇ〕。
B：親に〔父母が〕なってみると、こんな（自己）犠牲は当たり前ではないことがわかって〔犠牲が当然なことではないという考えが入って〕、母〔お母様〕をもっと尊敬するようになりました。

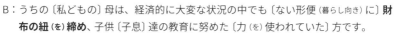

A 어머니께서는 어떤 분이셨나요?

B 저희 어머니께서는 없는 형편에
허리띠 졸라매며 자식들 교육에 힘쓰셨던 분입니다.

A 아, 그러셨군요.

B 부모가 되어 보니 이런 희생이 당연한 것은 아니라는 생각이 들어
어머님을 더 존경하게 되었습니다.

□ **형편**	《形便》	暮らし向き、状況、事情
□ **자식**	《子息》	（自身の）子供
□ **교육**	《教育》	教育
□ **힘 (을) 쓰다**		努める、力を入れる〔力（を）使う〕
□ **당연하다**	《當然ー》	当たり前だ、当然だ
□ **생각이 들다**		気がする〔考えが入る〕
□ **존경하다**	《尊敬ー》	尊敬する

TRACK 340

PHRASE 340

ㅎ

腰を伸ばす

허리를 펴다

のびのびと過ごす

A：ねぇ〔お前〕、子供〔子息〕達ももうみんな、立派な社会人に〔が〕なったんだから、僕達の人生を楽しもうよ〔楽しみましょう〕。

B：そうしましょう、本当に一生懸命〔コツコツ〕、生き（てき）ましたね。あなた（は）本当に苦労しましたね〔あまりにも苦生（が）多かったです〕。

A：お前（のほう）がもっと苦労〔苦生〕したでしょう。もう僕達（も）**のびのびと**生きようよ〔腰（を）伸ばして生きましょう〕。

A　여보, 자식들도 이제 다 어엿한 사회인이 되었으니
우리 삶을 즐깁시다.

B　그래요, 정말 아등바등 살았네요. 당신 너무 고생 많았어요.

A　당신이 더 고생했지요. 이제 우리 **허리 펴고** 삽시다.

□ **여보**		（夫婦間で）お前、あなた【呼びかけ】
□ **어엿하다**		立派な、堂々とした
□ **삶** [삼]		人生
□ **Ⅱ -ㅂ시다**		～ましょう【勧誘】
□ **아등바등**		コツコツ（たゆまず努力する様子）
□ **당신**		（夫婦間で）あなた
□ **고생 (이) 많다**	《苦生－》	苦労する、大変だ〔苦労（が）多い〕
□ **고생하다**	《苦生－》	苦労する

TRACK 341

PHRASE 341

ㅎ

肺に風が入る

허파에 바람이 들다

わけもなくゲラゲラ笑う

A：ジュニョンさん、今日、朝からちょっとおかしくない〔異常じゃない〕？何であんなに笑っているの。

B：まるで**わけもなくゲラゲラ笑っている**〔**肺に風**(**が**)**入った**〕**人**みたい。今日が人生初の合コンらしいんだけど、すごく嬉しいみたいだね〔紹介tingだと言っていたけれど、そんなにいいみたい〕。

A：ははは、やっぱり〔全て〕理由があったんだね！

A　준영 씨 오늘 아침부터 좀 이상하지 않아? 왜 저렇게 웃어?

B　꼭 **허파에 바람 든 사람** 같아.
오늘이 인생 첫 소개팅이라더니 그렇게 좋은가 봐.

A　하하하, 다 이유가 있었구나!

□ **이상하다**	《異常ー》	おかしい、変だ
□ **꼭 ~ 같다**		まるで~のようだ
□ **인생**	《人生》	人生
□ **첫 …**		初めての…、初…
□ **소개팅**	《紹介-ting》	(紹介による) 1対1の合コン
□ **名詞 + -(이) 라더니 (<名詞 + -(이) 라고 하더니)**		~だと言っていたけれど
□ **現在連体形 + 가 보다**		~みたいだ、~ようだ【推測】
□ **이유**	《理由》	理由

혀가 꼬부라지다

ろれつが回らない

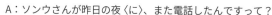

A：ソンウさんが昨日の夜〈に〉、また電話したんですって？

B：お酒をすごくたくさん飲んで〔どんなに飲んだのか〕、**ろれつが回らない状態**なので、何を言っている〔どんな言葉を言った〕のか1つもわからなかったよ。

A：ははは、ソンウさんは酒を飲むと、周り〔周辺〕の人達に電話する癖があるらしいですね。勘弁〔理解〕して（あげて）ください。

A　성우 씨가 어젯밤에 또 전화했다면서요?

B　술을 얼마나 마셨는지
혀가 꼬부라진 상태여서 무슨 말을 했는지 하나도 모르겠더라.

A　하하하, 성우 씨는 술을 마시면
주변 사람들한테 전화하는 버릇이 있대요. 이해하세요.

□ **어젯밤**		昨日の夜、昨晩
□ **下称終止形 (-다/ㄴ다/는다) + -면서?**		～んだって？
□ **얼마나 Ⅲ -ㅆ는지**		どんなに～た（こと）か
□ **상태**	《狀態》	状態
□ **Ⅰ -더라 (고)**		～（てい）たんだよ【目撃】
□ **주변**	《周邊》	周り、周辺
□ **버릇**		癖
□ **이해하다**	《理解－》	勘弁〔理解〕する

TRACK 343

PHRASE 343

ㅎ

舌先を打つ

혀끝을 차다

舌打ちをする（不快感や哀れみを示す）

A：おじいさんは、タバコを吸っている中学生達を見かけたら、**舌打ちをして**、すごく厳しくしかりつけたんだよ〔ご覧になったかと思ったら、**舌先をちっちっと打ちながら**、どんなに怒鳴りつけられたかわからないよ〕。

B：学生達はどうなったの？

A：申し訳ありませんって言って〔過ちを犯したと言ったかと思ったら〕、すぐに逃げてしまったよ、まったく。

A　할아버지께서는 담배를 피우고 있는 중학생들을 보시더니 **혀끝을 쯧쯧 차면서** 얼마나 호통치셨는지 몰라.

B　학생들은 어떻게 됐어?

A　잘못했다고 하더니 금세 달아나 버렸지 뭐.

□ **담배를 피우다**		タバコを吸う
□ **중학생**	《中學生》	中学生
□ **쯧쯧**		ちっちっ（舌打ちの音）
□ **호통 (을) 치다**		怒鳴りつける、怒鳴る
□ **잘못하다**		過ちを犯す、間違える、ミスする
□ **금세**		すぐに
□ **달아나다**		逃げる
□ **I -지 뭐**		〜だよ、まぁ

TRACK 344

PHRASE **344**

ㅎ

舌を振り回す

혀를 내두르다

舌を巻く、ひどく感心する ※내두르다（振り回す）は、ㄹ変。

A：昨日、ピアノの天才〔英才〕が出ている〔出てくる〕ＴＶ番組〔プログラム〕見た？
B：うん、4歳児にはとても見えない〔4歳とは、到底信じられない程度の〕実力だったよ。
A：そうなの〔合っているよ〕。ピアニストの〔である〕うちのお姉ちゃんも**舌を巻いて**〔**舌を振り回しながら**〕見ていたんだから。
B：僕も小さい頃〔幼い時〕、ピアノちょっと弾い（てい）たんだけど、今は楽譜も目に入ってこないなぁ。

A　어제 피아노 영재가 나오는 TV 프로그램 봤니?

B　응, 4살이라고는 도저히 믿기지 않을 정도의 실력이더라고.

A　맞아. 피아니스트인 우리 언니도 **혀를 내두르면서** 보더라니까.

B　나도 어릴 때 피아노 좀 쳤었는데,
지금은 악보도 눈에 안 들어오는구나.

□ **영재**	《英才》	天才、英才
□ **프로그램**	《program》	番組
□ **도저히**	《到底－》	到底、とても（〜できない）
□ **믿기지 않다**［－안타］		信じられない
□ **Ⅱ -ㄹ 정도다**［－ㄹ쩡도－］	《－程度－》	〜ぐらいだ、〜ほどだ
□ **실력**	《實力》	実力
□ **Ⅰ -더라고**		〜（てい）たんだよ【目撃】
□ **악보**	《樂譜》	楽譜

TRACK 345

ㅎ

PHRASE 345

形便（暮らし向き）がよい

형편이 좋다

経済的な余裕がある

A：僕、最近、**家が経済的に余裕がなくて〔家庭の形便（暮らし向き）がよくなくて〕**、新聞配達始めたんだ。

B：本当？ 新聞配達してから、学校に行くの？ とても大変そうだね。

A：大変ではあるけれど、しょうがないね、まぁ。

B：学校に奨学金制度があるから、一度調べてみたら〔みるのは〕どう？

A 나 요즘 **가정 형편이 좋지 않아서** 신문 배달 시작했어.

B 정말? 신문 배달하고 학교에 가는 거야? 너무 힘들겠다.

A 힘들긴 한데, 어쩔 수 없지 뭐.

B 학교에 장학금 제도도 있으니까 한번 알아보는 건 어떠니?

□ **가정**	《家庭》	家庭
□ **형편**	《形便》	暮らし向き、状況、事情
□ **신문 배달**	《新聞 配達》	新聞配達
□ **I -긴 (<-기는) 하다**		～ではある、～することはする
□ **어쩔 수 없다**		しょうがない、どうしようもない
□ **장학금 제도**	《奬學金 制度》	奨学金制度
□ **알아보다**		調べ（てみ）る

TRACK 346

PHRASE **346**

≫ コラム p.363

ㅎ ホットク屋に火（が）出たようだ

호떡집에 불난 것 같다

大騒ぎ（のよう）だ

A：あのお店の前〈に〉、すごい人だね〔人達、本当に多いね〕。何かあったの〔どんなことなの〕？

B：うん、店のオーナー〔主人〕の息子（さん）が実は〔知ってみると〕有名なアイドルグループのメンバーだったらしいよ。久しぶりに両親〔父母様〕（に）会いに来たみたい。

A：そうなんだ。〈まるで〉**大騒ぎだね**。

B：はは、僕達もせっかく近所に芸能〔演芸〕人（が）来たんだし、見に行こうか？

A　저 가게 앞에 사람들 정말 많다. 무슨 일이야?

B　응, 가게 주인 아들이 알고 보니 유명한 아이돌 그룹 멤버였대. 오랜만에 부모님 만나러 왔나 봐.

A　그렇구나. 꼭 **호떡집에 불난 것 같다**.

B　하하, 우리도 모처럼 동네에 연예인 왔는데 보러 갈까?

□ **주인**	《主人》	オーナー、店主、主人
□ **알고 보니 (까)**		実は、あとでわかったんですが〔知ってみると〕
□ **유명하다**	《有名－》	有名だ
□ **아이돌 그룹**	《idol group》	アイドルグループ
□ **멤버**	《member》	メンバー
□ **오랜만에 (＜오래간만에)**		久しぶりに
□ **Ⅱ -러 오다**		～しに来る【目的・移動】
□ **꼭 ～ 같다**		まるで～のようだ

TRACK 347

PHRASE 347

ㅎ カボチャの種を剥く

호박씨를 까다

陰口をいう

A：スヨンさんさぁ、社長〈様〉の前では何でも全部〔全て〕いいって言うのに、裏で**陰口を言っているとはね**…。

B：本当にそう！ 素直な顔をしているのに、よくそんなことができるよね〔純真な顔をしておいて、どうしたらそうすることができるの〕？

A：社会では、皆そんなもんだよね〔社会生活する時、皆達そうだよね、まぁ〕。それでも少しがっかり〔失望〕ではあるよね。

A 수영 씨 말이야, 사장님 앞에서는 뭐든지 다 좋다고 하더니 뒤에서 **호박씨를 까다니**….

B 그러게 말이야! 순진한 얼굴을 하고서는 어쩌면 그럴 수가 있니?

A 사회생활할 때 다들 그렇지 뭐. 그래도 좀 실망스럽긴 하다.

□ **～ 말이야**		～さぁ
□ **뭐든지**		何でも
□ **순진하다**	《純眞－》	素直だ、純真だ
□ **Ⅰ -고서는**		～ておいて
□ **어쩌면**		どうしたら、どうして
□ **사회생활 (을) 하다**	《社會生活－》	社会生活（を）する
□ **Ⅰ -지 뭐**		～だよ、まぁ
□ **실망스럽다**	《失望－》	がっかりだ ㅂ変

TRACK 348

ㅎ

PHRASE 348

呼吸を合わせる

호흡을 맞추다

共演する、ともに協力する

A：今回の映画で、チョン・ウソンさんと**共演することになった**ソン・イェジンです。
B：前回の映画に続いて、今回の映画でもチョン・ウソンさんの相手役をなさるんですねぇ？
A：はい、そうです。配慮がよくできる〔配慮深い〕方なので、私ととても息〔呼吸〕が〈よく〉合うと思います。
B：そうなんですね。今回の映画もとても楽しみにしています〔期待たくさんします〕。

A　이번 영화에서 정우성 씨와 **호흡을 맞추게 된** 손예진입니다.

B　지난 영화에 이어서 이번 영화에서도
정우성 씨의 상대역을 하시는군요?

A　네, 그렇습니다.
배려 깊은 분이어서 저와 아주 호흡이 잘 맞는 것 같아요.

B　그러시군요. 이번 영화도 기대 많이 하겠습니다.

□ **-에 이어서**		～に続いて
□ **상대역을 하다**	《相對役－》	相手役をする
□ **배려 (가) 깊다**	《配慮－》	配慮をよくする〔配慮（が）深い〕
□ **호흡이 잘 맞다**	《呼吸－》	息がよく合う
□ **기대 (를) 하다**	《期待－》	楽しみにする、期待（を）する

TRACK 349

PHRASE 349

ㅎ

矢を向ける

화살을 돌리다

矛先を向ける

A：チーム長〈様〉は、リーダーとして(の)資質〔資格〕がないよ。

B：本人が今回の件〔仕事〕を成功〔成事〕させられなかった(から)って、チームのメンバー〔チーム員〕達に**非難の矛先を向けたんだって**？

A：僕だけじゃなくて、チームのメンバー〔チーム員〕達もそういう態度にとてもがっかり〔失望〕したよ。

A 팀장님은 리더로서 자격이 없어.

B 본인이 이번 일을 성사시키지 못했다고 팀원들에게 **비난의 화살을 돌렸다며**?

A 나뿐만 아니라 팀원들도 그런 태도에 아주 실망했어.

□ **-로서**		～として
□ **자격**	《資格》	資格
□ **성사시키다**	《成事－》	成功させる、成り立たせる
□ **팀원**	《team 員》	チームのメンバー
□ **비난**	《非難》	非難
□ **-뿐만 아니라**		～だけでなく
□ **태도**	《態度》	態度
□ **실망하다**	《失望－》	がっかりする、失望する

TRACK 350

PHRASE 350

》コラムp.362

ㅎ

両腕を振る

활개를 치다

のさばる、大手を振る

A：最近みたいな不況の中でも偽物のブランドが〔名品は〕、**のさばっているんだって。**

B：皆〈達〉、偽物であることをわかっていながらも買うんだろうね？

A：もちろん〔当然〕だよ。買う人〈達〉が多いから、違法なのにも関わらず、あんなに**のさばっているんだろうね。**

B：わざわざブランド〔あえて名品〕を買わなければいけない理由なんてないのに〔が何があるって〕、(どうして) ああやって法を〔不法は〕犯すんだろうね？

A 요즘 같은 불황 속에서도 가짜 명품은 **활개를 치고 있대**.

B 다들 짝퉁인 걸 알면서도 사는 거겠지?

A 당연하지. 사는 사람들이 많으니 불법인데도 불구하고 저렇게 **활개를 치는 거겠지**.

B 굳이 명품을 사야 할 이유가 뭐가 있다고 저렇게 불법은 저지르는 걸까?

□ **불황**	《不況》	不況
□ **가짜**	《假ー》	偽物
□ **명품**	《名品》	ブランド
□ **짝퉁**		偽物、ばったもん
□ **불법** [불뻡]	《不法》	違法
□ **現在連体形＋데도 불구하고**	《ー (不拘ー)》	～のにも関わらず
□ **저지르다**		犯す 르変

317 학을 떼다

マラリアを治す → うんざりだ、冷や汗をかく

「학」というのは「학질（瘧疾）」、つまり「マラリア」を意味する。マラリアにかかったら、発熱・嘔吐・下痢などの症状があり、同じ症状が繰り返されるという。今はマラリアにかかっても医学の力で完治可能であるが、かつてはマラリアを治すのが非常に難しくて命を脅かす病気でもあった。

このような背景から「학을 떼다」は、「マラリアを治す」が本来の意味ではあるが、困難な状況から抜け出そうと、冷や汗をかく時にも派生して使われるようになった。

350 활개를 치다

両腕を振る → のさばる、大手を振る

「활개」とは、人間が伸ばした両腕と両脚、あるいは鳥の双翼を指すことばである。力強く両腕を前後に振りながら歩く姿を「활개를 치다」といい、本来の意味は「力強くて意気揚々とした態度」を意味する表現である。しかし、なぜかこの表現は「大手を振る、横行する」のような否定的なニュアンスで使われることがほとんどである。新聞記事やニュースでもよく目にする表現なので、どのような文脈で使われているか、是非、注目してみてほしい。

346 호떡집에 불난 것 같다
ホットク屋に火（が）出たようだ
➔ 大騒ぎ（のよう）だ

「호떡（ホットク）」は、最近は日本の若者にも人気のある食べ物になったが、本来は韓国の食べ物ではないらしい。「호떡」の「호」は漢字で書くと「胡」であり、この漢字から推察するに、おそらく中国に由来するものと思われる。

「호떡집」はホットク屋を意味するが、どうしてこの「호떡집이 불난 것 같다」ということばが生まれたのか。1920-30年代、朝鮮半島には中国人が運営するホットク屋が大人気だったそうだ。だが、財を成したホトック屋は、金銭に関する事故や事件の温床となることも多く、朝鮮人はあまり良い印象を持たなかった。そして、中国語が分からない朝鮮人にとっては、中国人の話す言葉は、激しい音に聞こえたかもしれない。そのゆえ、朝鮮人は大騒ぎのように見えるホットク屋を「火事が出たようだ」と表現したのではないか。ところで、実に不思議であるが、当時の新聞には本当に「ホットク屋に火事」という記事が掲載されたこともあったようである。

INDEX

見出し語一覧

※番号はページ数です。

著者紹介

髙木 丈也（たかぎ・たけや）
慶應義塾大学 総合政策学部 専任講師。専門は朝鮮語学（方言学、談話分析）。博士（文学）。

金 周祥（キム・ジュサン）
ソウル大学、カトリック大学 非常勤講師。専門は朝鮮語文法論。博士（学術）。

徐 旻廷（ソ・ミンジョン）
慶應義塾大学、上智大学など非常勤講師。専門は社会言語学（朝鮮語）。博士（学術）。

音声の内容
ナレーター：朴 天弘、李 義鐘、金 南听、徐 旻廷
収録時間：約2時間7分

◉── カバー・本文デザイン　松本 聖典
◉── DTP・本文図版　株式会社文昇堂
◉── イラスト　堀 道広

[音声DL付] ダイアローグで身につける韓国語の言い回し・慣用表現350

2022年 5月25日　初版発行

著者	髙木 丈也・金 周祥・徐 旻廷
発行者	内田 真介
発行・発売	ベレ出版 〒162-0832　東京都新宿区岩戸町12レベッカビル TEL.03-5225-4790　FAX.03-5225-4795 ホームページ　https://www.beret.co.jp/
印刷	モリモト印刷株式会社
製本	株式会社宮田製本所

ISBN 978-4-86064-688-2 C2087　編集担当　大石裕子